流动的民族文化用品

——基于藏文化用品街的民族志考察

窦存芳　张勇　著

中央民族大学出版社
China Minzu University Press

图书在版编目（CIP）数据

流动的民族文化用品：基于藏文化用品街的民族志考察 / 窦存芳，张勇著 . -- 北京：中央民族大学出版社，2021.5

ISBN 978-7-5660-1853-3

Ⅰ. ①流… Ⅱ. ①窦… ②张… Ⅲ. ①藏族－民族历史－研究－成都 ②藏族－民族文化－文化产业－研究－成都 Ⅳ. ①K281.4 ②G127.711

中国版本图书馆 CIP 数据核字（2020）第 262347 号

流动的民族文化用品——基于藏文化用品街的民族志考察

著　　者　窦存芳　张　勇
责任编辑　赵　鹏
责任校对　肖俊俊
封面设计　舒刚卫
出版发行　中央民族大学出版社
　　　　　北京市海淀区中关村南大街 27 号　　邮编：100081
　　　　　电话：（010）68472815（发行部）　传真：（010）68933757（发行部）
　　　　　　　　（010）68932218（总编室）　　　　（010）68932447（办公室）
经 销 者　全国各地新华书店
印 刷 厂　北京鑫宇图源印刷科技有限公司
开　　本　787 × 1092　1/16　印张：17.25
字　　数　223 千字
版　　次　2021 年 5 月第 1 版　2021 年 5 月第 1 次印刷
书　　号　ISBN 978-7-5660-1853-3
定　　价　69.00 元

自 序

做研究时，找到好的问题和好的田野点很重要，但解决不了问题却很苦恼，而且出版之前总觉得离研究目标还很远，也许这就是我对这项研究的一个自我评价。

这项研究从2010年开始，10年间，访谈对象中有老人家去世的，有小孩子诞生的，有很多店铺都换了几茬主人，田野中的景致人物都变化很多。最初到藏文化用品街的时候，想象着它在我来之前的10年是什么样子？但相关资料几乎查阅不到，这也增强了我要记录、研究这条街道来龙去脉的愿望，当再有人去询问或研究这条街道时，至少有一个比较完整的记录。

随着研究的深入，我发现这条街道中蕴藏着纷繁复杂的现象，碰撞到的问题也越来越多，最后在各种问题的包围中，不免在研究中出现无法提纲挈领和“非常多的问题导致没有问题意识”的危险。开始的愿望只是认真记录这条街道的来龙去脉，为这条民族街作志，为后来学者们的研究做一个基础性贡献。但是按照民族学或人类学研究要求，呈现和梳理现象还不够，必须要进行理论对话，有理论关怀，比如研究中需要一种理论的运用，或通过田野事实对理论进行批判，或通过田野事实和验证发展新理论。我深知这对于自己是一种挑战，理论对话需要丰富的理论修养和实践经验。我便开始补课，努力复习曾经学过的理论，先对这条街道发问：为什么一条以宗教文化用品售卖为主形成的街道，在都市中心却发展得如此繁荣？对这个问题的回答形成了本研究的主体框架，即维系藏文化用品街的三种力量，联系相关理论，可以简单归纳为三个方面：认同、文化消费及流动性。而这条街道发展过程的结果和解释，最终落脚到对文化变迁理论的应用或对话，因文化变迁理论本身具有丰富性、动态性和包容性，也正好可以解释藏文化用品街道的很多现象，结论通过“物”的变迁和生存智慧，关联到一种民族文化的生存之道。

以上简短序言，希望对本研究内容做个“腰带”式介绍，能够补充文中一些没有阐释清晰的思路。10年过去，这条街道有很大变化，但从高原到城市、城市到高原的人们依旧来来往往，藏文化物品依旧琳琅满目，很多有趣的事情还在继续发生，人们在以多种多样的实践，探索一种新的生活方式，从而创造了很多有意义的空间。

2020年7月7日于成都

目　录

引　言

一、研究的缘起

2012年博士毕业之后，我以非常放松的心态经常去成都藏文化用品街（当地人叫“民族街”），而且从来没有和我的受访者们聊起过打算写书的事情，我们的谈话都是闲聊，听他们怀念草原美景的心声，城市生活的各种奇遇和故事，对生意伙伴或周围邻居的各种吐槽，等等。当然，作为一个接受过田野训练的学者，聊天和田野访谈很难有明确的区分，我虽然从来没有列出提纲或问卷，但不免在聊天的时候会有目的地追问，晚上也会习惯地记录一天的聊天内容。做博士论文期间累积的各种议题已经扎根在大脑当中，在闲聊时也会自然而然地会跳出来成为谈话主题。2015年4月9日，我决定在写作之前再做最后一次正式的田野访谈，其实这次计划原定于三月份，但行程推迟了近一个月，因为对这条街道的熟悉，反而使我拿起问卷或准备访谈时感觉非常别扭，进入田野变得异常困难，就像访谈家人一样的感觉。这一次，我带着写书的目的，而且想验证我头脑里所形成的一系列问题与答案，所以出发前疑虑重重，背着采访的包袱，想象那些朋友会不会觉得我一直在有目的地窥探他们，我们的关系会不会因此而遭到破坏，这是我最不希望发生的，在各种疑问中我的田野推迟了整整一个月。一个月后，我又住进了原来住过的家庭旅馆，坦率地告诉他们我要做的事情，并征求他们的意见，令我兴奋的是他们没有拒绝我，反而说给我提供支持，我心中的大石头终于落地，田野访谈又一次开始。

为了说明博士期间的研究和本研究之间的联系，有必要把博士论文中关于这条街道的缘起再做叙述，同时也会说明它们的联系和议题转换的过程。

博士期间的基础

我最早接触宗教文化用品商铺的时间是2004年，为了撰写硕士论文时，能够衔接本科经济学的背景，选择的方向是寺院经济方面。我选择了甘肃省夏河县的拉卜楞寺作为田野点，当时没有想好具体要写什么主题，当经过寺院门口，看到各类商铺里琳琅满目的宗教文化用品、街道上慢慢转悠的喇嘛、还有在寺院管理会办公室看到使用手机的喇嘛，这些现象极大地冲击了我大脑中对寺院的刻板印象——幽静、内敛、与世隔绝、远离商业等。所以当时留下了很多的疑问：寺院的需求和供给渠道是什么？寺院和市场会有关系吗？宗教用品和商品会有关系吗？宗教和世俗是一对反义词吗？寺院经济现象归属经济学问题还是人类学问题呢？等等。硕士论文就围绕着这些问题开始考察，追溯历史上拉卜楞寺的寺院经济，研究现代寺院经济的变迁。博士期间从导师那里得知成都武侯区有一条特别的藏文化用品街，初次去那里就被特色街景吸引：曾经在藏区寺院见到的唐卡、各种佛像，寺院宗教佛事中的各种用品琳琅满目，以及围绕它们发展起来的藏餐馆、茶馆、藏饰品等等。这里以各类宗教文化用品为主形成了一条独具藏民族文化特色的街区。它看起来像一条文化街，但参与进去它又是一条商业街。这让我很激动，立刻关联到硕士期间考察的拉卜楞寺院周边的商铺，它们在内容上有很大的相似性，但它们却在不同的地方，而且这条街道位于大都市的中心，这种现象背后的逻辑是什么？有没有隐藏着一些共同的规律呢？这些疑问让我坚定选择这条街道，继续研究来寻找答案。

藏文化用品街位于四川成都一环路，这条街道位于一个现代化和全球化背景下快速发展的现代都市中心，离我生活工作地方仅两个小时车程，各方面便利的条件促成了我继续在这里做研究的动力，虽然后来发现交通便利并没有减轻田野的困难，城市中做田野也许更加复杂和艰难，有更多的不确定因素。带着这些疑问和议题，我的博士论文田野调查随即在这条街道上开始。从2010年到2012年，进出藏文化用品街成为我生活最重要的轨迹，我大多数情况住在街道小区藏族开的家庭旅馆里，一是价格便宜，更重要的是可以参与体验他们的生活，于是我逐渐成为那里的常客。这里与刚开始向往的田野——在格桑花盛开、佛香缭绕、圣山圣湖围绕的雪域高原有些差别，看着街道上穿着僧服的喇嘛逛街和谈笑风生，带着藏式珠宝、打扮时髦的藏族青年载歌载舞，起初心里有些失望，感觉和人类学“在村落里做田野”的传统相去甚远，但随着和藏族朋友们深入接触、体验他们真实的生活，这种观念开始发生改变，我在田野中逐渐有了意外收获。正如人类学家项飚说的“你以为那些琐事和很多大道理连接在一起，但你一问现实的人，根本不是那回事，然后一种落空感会逼着你去想更多，发现新的现实背后的道理”（节目“十三邀”第四节第四期：许知远对话项飚）。当那些藏文化用品商铺、藏族家庭旅馆里的藏族朋友们开始放松地跟我聊天，大家聚在一起做饭、吃饭，有时会跟着他们在街道附近的耍都（附近的街道，也有一些藏族老板开的茶馆、餐馆和演艺厅）玩耍，渐渐地，我们之间的话题越来越多，他们也不会背着我讲一些他们比较私密的故事，融入其中让我对田野选择逐渐有了信心，随之开始了博士论文的田野工作。这一经历打破了我对人类学田野的偏执理解和浪漫想象。

博士期间，我主要考察了藏文化用品街的藏人缘何以及怎样进入城市的？他们在城市中的生活状况是怎样的？与他们原来的生活会发生冲突吗？他们的生活哪些地方会发生改变，而哪些方面会保留着原来的习惯呢？这条街道和其他的商业街一样还是有它独特的运行规律呢？这些宗教文化用品变成商品后对他们的宗教和传统文化有什么样的影响？等等议题。通过对藏文化用品街的民族志考察，分析四川藏区内迁移民的社会背景，影响藏文化用品街形成的主要因素及条件。梳理其发展历史和现状时，主要从街道上的卖店和卖店里出售的宗教文化用品，来观察这种“物”的流动背后所隐藏的真正社会文化原因，同时也试图解释宗教文化用品的商业化与传统藏文化用品大众化、产业化的过程和内在的动力，也希望能够通过研究这条街道的形成、发展历程以及藏文化用品的生产、流通、消费过程，发现藏族社会文化的变迁过程。所以博士论文主要通过长期的实地调查方法，包括参与式观察、无结构访谈、个案研究等，采访了不同年龄、性别、不同职业的城市藏族个人和家庭，以及街道周围的住户，相关的机构部门等，对藏文化用品街道上的店铺进行梳理和分类，对主要售卖的藏文化用品进行分门别类的调查研究，对从生产制造到流通销售的群体进行了考察，揭示宗教文化用品中的神圣性如何与大众世俗文化结合及其在现代社会生存下来的智慧或文化适应性。

博士论文本着人类学的“不是研究一个村庄，而是在一个村庄里研究”的思路，研究的最终目的在于和人类学中的重要理论和思想对话。包括关注礼物研究的人类学家马塞尔·莫斯（Marcel Mauss），关注经济人类学的重要学者马歇尔·萨林斯（Marshall Sahlins），还有对商品和礼物之间的关系颇有研究的莫里斯·郭德烈（Maurice Godelier）和C.A.格雷戈里（C.A.Gregory），以及通过中国农村的传统村落来研究“礼物的流动”

的著名人类学家阎云翔，把礼物和社会关系进行共同研究的台湾学者杨美惠等。在藏文化用品街形成的主要动因方面的研究，借鉴了全球化和旅游人类学方面有突出贡献的学者们的观点，主要有纳尔逊·格雷本（Nelson Graburn）、迪安·麦坎内尔（Dean MacCannell）、约翰·厄里（John Urry）等。关于宗教文化用品的商品化主要对话麦尔夫·史拜罗（Melford E.Spiro），他对缅甸南传佛教民族志考察及宗教世俗化的分析对我博士论文的主题——宗教用品商品化的理解有很大帮助，同时也借鉴了谢和耐（Jacques Gernet）对中国寺院经济的研究，他解释了宗教发展过程中对于财富的积累过程。这些人类学中有名的研究议题和研究文献对我博士论文的研究功不可没。

博士论文的具体内容总体上可以分为两大部分，一部分是对藏文化用品街的民族志考察，从街道形成历史到街道上藏族生存状况的考察，以及对藏文化用品的生产过程和宗教礼物演变过程的讨论。另一部分则从文化经济和文化产业角度讨论藏文化用品产业化营销，以及作为一个新的城市聚落如何进行社区建设规划。我认为博士论文最大的贡献在于对于这条街道的形成进行了比较完整的描述，但对于博士论文所讨论的几个议题，尚嫌粗略，对于现实问题和相关学术理论融合的深度不够，对于问题的剖析也不成熟，或者有些解释过于牵强，这也是本研究继续深入的原因。

博士毕业后的延续

通过做博士论文期间积累的资料、建立的田野人脉以及毕业后持续的交往为本研究奠定了基础，当我对这条街道越熟悉，和街道上的人接触得越多，交流得更加深入时，发现他们闲聊最多的话题，并不是他们生意上的事情，而是那些老板的信仰是否虔诚、文化是否深厚（一般他们所说的文化指对佛教和经书的了解情况）、以及他们的生意是否和慈善、寺院和活佛有关系等等，好像这些事才是他们在日常生活中真正关注的中心，是他们做生意的结果，而很少谈起哪家铺子做生意方法高明，营销方式、经营理念先进之类的事情。另外，启发我继续深入做这项课题的真正原因，是我在后来的拜访中发现街道中商人们的各种仪式活动、宗教活动以及慈善活动。在写文章之前的最后一次田野调查中，我还经历了一次驱赶老鼠的仪式。有一位藏族朋友的唐卡店铺总是迎来老鼠的光顾，但老鼠只是咬破了装裱，从没有一个唐卡芯被咬过（画唐卡的颜料是取自各种天然矿石），唐卡店的老板绝对不会去杀死老鼠，因为我知道他连一只蚊子都不杀，曾经住在他们家时，蚊子咬完他以后，他才赶出窗外。这次的老鼠事件，他怕咬坏了唐卡，有些着急，最终请了街道上一个有名的喇嘛在铺子前面念经做仪式，唐卡店的女主人很高兴地说她以后就不用担心老鼠再来。我们关注的重点不是老鼠是否继续到唐卡店，而是对于做仪式这件事情的态度，他们坚信这件事情是一种功德和法力。还有很多类似的例子说明，他们生活在城市里，但他们的日常生活和曾经的生活方式依然很难分离。也让我再度思考人们心里真正向往的生活到底和什么有关系？是生存资源环境还是生活文化环境？

经过这几年和街道上的藏族朋友们打交道，体验这条街道的变化和与众不同，尤其对街道中藏族商人们的特殊性有了更深的认识：作为商人的他们同样有着商人们的种种特征——善察言观色、眼光敏锐、讨价还价、疑心、提防外人等，但这些都是个人行为，而更宏观地看，这条街道上更强大的力量是一种群体的力量。在这条具有特色的商业街道上，必然隐藏着一个民族传统价值观中的独特魅力，并在现代化的城市中发挥着巨大的作用，这条街道发展繁荣并不仅仅是经济问题，而是商业和宗教信仰联系更加紧密，商人跟信徒也无法分离。

所以，这项研究在博士论文的基础上，一方面对这条街道进行更深入思考：在现代化的大都市中，维系这样一条以藏文化用品为主要商品的街道，驱动其繁荣发展的力量是什么？这种独特的价值观是如何在这些生活在城市的藏族人的日常生活中实践的？传统的仪式在城市生活中如何进行？仪式对于生活在藏文化用品街的商人发挥着怎样的作用？城市中的藏族商人们是如何认同他们的身份的？另一方面，除了这条街道，在成都及其周边生活着大量的藏族，他们的经济来源是什么？维生方式又是怎样的？目前的生活状况如何？对于解决了生存问题的他们，未来的生活理想又是什么？等等议题。所以本研究的考察范围从成都藏文化用品街扩大到周边双流、郫都、都江堰等地，样本更加生动和多样；研究对象主要以四川藏区的藏族移民为主，但也涉及西藏及其他四省藏区在成都的流动人口；研究内容从了解生活到理解文化，从人类学的文化关怀到社会学的问题认识，希望能更加全面深入反映四川藏区内迁移民的生存生活状况。

有一种研究方式，不是为了发表，也没有发表的压力，完全是开放的、拥抱式的，自己投入进去的研究方式，这样的成果以后很难超越它。而另一种研究，被一种想被认可所绑架，就会在人们所关注的那些话题上押宝，这对于研究者来说可能会是学术生涯中一直的挣扎。（项飚，2019）

第一章　绪论

波兰尼认为“在19世纪之前，人类经济一直都是嵌入社会之中的”①，道格拉斯也认为“文化中的行为准则”② 对经济制度的形成有巨大影响，文化本身带有地方性特色。我国是统一的多民族国家，各个民族文化特征鲜明，因此不同的族群文化形成不同的符号内涵、民族意识和行为准则，并在不同的社会背景下对本民族经济制度有巨大的影响，尤其20世纪后半期文化经济的崛起，各民族把特有的文化符号、象征意义渗透到生产生

① [英]卡尔·波兰尼.大转型：我们时代的政治与经济起源[M].杭州：浙江人民出版社，2007：15.

② [美]道格拉斯·C.诺思.制度、制度变迁与经济绩效[M].杭行，译.上海：格致出版社，2014：46.

活的各个层面，变成各种文化创意活动的素材（比如原住民音乐、舞蹈、绘画、艺术品等）和全球化互动互补，从而对社会发展产生了巨大影响。比如藏族历史上的寺院经济制度和成都藏文化用品街就是佐证这一观点的理想案例。

藏传佛教形成后，尤其是“政教合一”制度成为统治藏区的主要方式后，寺院的地位居于最高位置，寺院也成为“一个地区的文化中心，甚至起着文化书院和博物馆的作用”①。藏族社会的经济、教育、科学技术等成为宗教的附属，吐蕃王朝形成的“善法”不再起作用，从吐蕃王朝积累的各种先进制度、科学技术、文化艺术等的发展极其缓慢，藏族人民受藏传佛教“因果”“施舍”“解脱”等思想的影响，养成吃苦耐劳、善于奉献的内在精神，很大程度上放弃了提高生产生活水平的外在追求，制约了藏族社会、经济、文化的进一步发展。“公元1737年（清乾隆二年）理藩院册籍记载，在西藏，达赖喇嘛所辖寺院共有3150余座，有僧侣302500人；班禅所辖寺院为327座，有僧侣13700余人。达赖、班禅的寺院分别以拉萨和日喀则为据点，遍布于西藏的农、牧区各地。到中华人民共和国成立前夕，达赖和班禅所辖寺院的数字基本没有变化，寺院僧侣约有40万人，占当时西藏总人口130多万人的3%，占在家人数90多万的44%”②。与此同时，在清中央政府的支持下，寺院文化教育制度（即学经制度）也得到进一步完善。在经典的整理和印刷、文学历史、雕塑、绘画、建筑（主要是寺院建筑）及历算等各方面都有很大的发展。寺院文化替代了藏族的社会文化，寺院成了藏族文化的中心，影响了藏区人民的社会生活、文化、经济等方方面面。寺院经济尤其对藏区社会发展影响深远，自公元767年

① 丹珠昂奔.藏区寺院的社会功能及其改造[J].中央民族学院学报（哲学社会科学版），1992（6）：39-43.

② 安世兴.寺院——历史上藏族文化的中心[J].民族研究，1991（3）：19-27.

建成藏区第一座寺院桑耶寺，松德赞时就将150户属民拨给桑耶寺作为供养，且给每个僧人3户属民。赤热巴巾时，拨给每个僧人7户属民，给寺院、佛殿拨给一定的土地、牲畜、奴隶，僧人已成为拥有土地、牧场、牲畜、奴隶的封建农奴主了。[①] 在随后的发展中，产生了以僧人集团为中心的生产关系，出现了以寺院为核心的"生产形式、分配形式、交换形式和消费形式"等各种经济范畴、制度和行为，最终形成了"以藏传佛教寺院为主体，以寺院僧侣为核心，并与政府、社会团体、社会各界人士发生经济往来而进行经济活动的藏传佛教寺院经济"[②]，寺院成为藏区政治、经济和文化中心，寺院的制度以及寺院发展中形成的思想也逐渐渗透到藏区人们的生产生活当中，成为藏文化的一种传统，并深深影响着藏区社会经济的发展。

成都藏文化用品街的形成是中国现代化建设取得的一个重要成就，也是藏区进行民主改革后，迈向现代化的重要体现。它的形成和发展可以联系到世界范围内文化经济的崛起，更基于中国特色市场经济的形成和开放的民族政策，曾经在地理上、经济上和社会上被边缘化的群体的文化愿望得到多种途径的表达，民族文化产业正是其中的一种文化创意表达。经过60多年的探索发展，藏区的旅游经济和特色文化产业快速发展，成为成都藏文化用品街发展繁荣的前提和保障。

西藏和平解放后的很长一段时间（20世纪60—70年代），主要任务是民主改革和第一二产业的发展，"经过四十年建设工作的开展，西藏建立了较系统的工农牧业为主的产业结构，现代工业从无到有"[③]。这段时间

① 丹珠昂奔.藏区寺院的社会功能及其改造[J].中央民族学院学报（哲学社会科学版），1992（6）：39–43.

② 才让加."藏传佛教寺院经济"正义[J].西南民族大学学报（人文社会科学版），2007(3)：64–66.

③ 格桑塔杰.解放前后西藏商品经济发展之比较[J].西藏研究，1991（2）：62–67.

藏区和内地一样主要追求经济增长，运用突进或跨越发展模式，忽略了经济、资源、环境、劳动力素质等要素的整体考虑，所以“传统的发展模式和旧的产业结构不但未使藏区经济滞后迅速改观，反而加剧了资源配置的不合理以及经济 — 环境综合效益的下降”①。直到1978年“邓小平同志高瞻远瞩地指出要开辟到拉萨的旅游线路。1980年中国共产党十一届三中全会后，民族地区旅游业开始快速发展，西藏（1980）、青海（1982）、云南（1986）等地也先后成立旅游局或游览事业局”②。到20世纪80年代中叶以后，随着藏区交通运输业的发展，各区、县域公路通车，青藏、川藏、中尼公路等主干公路运输网建成，藏区也逐渐开通国内外的航线，旅游业带动下的藏区第三产业也开始发展，区域性的生产和消费市场逐步形成，“西藏从事旅游业的饭店、宾馆从1951年前的空白发展到1988年的16家，从业人员达2500人”（李柏文，2009）。20世纪90年代后期，旅游业一度被定为民族地区的支柱产业、国民经济的增长点进行大力发展，藏区旅游也进入全面发展期，大大改变和提升了藏区人们的生产生活方式，藏区旅游经济的发展研究成为新时代的另一个关键词。

藏区经过几十年的现代化道路探索，累积的经验说明藏区在发展旅游时，因其特殊的历史和文化而存在特殊性。藏区是一个文化力强大而生态环境非常脆弱的社会，人们对文化表达的愿望超过了对经济获利的追求，其他地方实现现代化的方式不能生搬硬套地应用在藏区。“靠山吃山、靠水吃水”是传统的资源依赖观念，依赖就会导致“坐食山空”的后果。“创造”是新时代的原动力，传统和创造本是一个问题的两面，文化的传

① 何景熙.简论藏族聚居区可持续发展与产业结构调整导向[J].中国人口·资源与环境，1995，5（3）：35-39.

② 李柏文.中国少数民族地区旅游业发展30年：业绩、经验及趋势[J].广西大学学报（哲学社会科学版），2009，31（6）：10-16.

承就是在不断的创造中实现的，文化的创新从来也没有完全脱离传统。进入21世纪人们开始讨论藏区文化的多元价值体系，认识到藏文化不仅仅是一种固化的旅游资源，藏区不仅可以通过挖掘藏文化的传统文化价值来发展旅游业，以“创新创意”为核心的藏文化产业化发展将成为藏区实现现代化的有效途径，文化资源优势成为藏区发展文化产业的保障，也成为20世纪80年代后藏学关注的重要研究主题之一。藏区现代化的发展从自发向自觉跨越，从被动的文化消费向主动的文化生产转变，从聚焦于区域性发展扩展到文化产业集中的都市中心，藏区的生产、生活方式，从以“物”为中心的发展向以“人”的需求为主的转变。

经过几十年的探索和实践，西藏的现代化道路最后得出的经验是：“应改变西藏传统的经济发展思路。西藏经济发展不能急于求成，更不能人为地跨越其特定的历史发展阶段。应改变以往那种只有走立足于资源开发导向型工业化的现代化道路”，而应该“改变产业发展模式。由采掘原材料为主的重工业化模式，转向以特色化、民族化、本土化产业为主的轻工业化模式”①。文化产业不仅具有“特色化、民族化、本土化”特征，还是“绿色、无污染、可再生”的生态产品。以第四次西藏座谈会精神为指导，黄建国提出：“在西藏发展特色经济与优势产业‘文化产业’应该占有举足轻重的地位，并完全可以成为促进西藏社会经济发展的支柱产业之一”。② 西藏自治区政府也提出“加快发展文化产业已成为当前我区一项重要而紧迫的任务”[《西藏自治区人民政府关于加快发展我区文化产业的若干意见》(藏政发〔2002〕48号)]。西藏的这些发展经验也是其他藏区所面临的现实。

① 温军.西藏现代化新战略[J].西藏研究，2001（2）：85–91.

② 黄建国.雄鹰在新世纪的风云中翱翔——西藏文化产业发展论[J].西藏文学，2002（3）：82–84.

成都藏文化用品街上的文化产品就是在以传统文化为原材料的基础上，通过科技手段和现代表现方式，创造出链接传统与现代的文化服务形式或文化产品种类。这是成都藏文化用品街形成的经济动因，当然我们研究的目的不是从单一的经济方面考察藏区的变化，或者单一地考察迁入成都的藏族人们经济生活条件的改善，因为成都藏文化用品街的形成和至今的繁荣发展，背后有更深刻的社会背景和文化意义，无论这是一种社会现象还是文化现象，它都理所当然的是一个整体性的研究。这项研究的第一部分仍然以博士论文引用的文献为基础，从影响藏族价值观的重要因素——宗教价值观的变化开始，试图从整体观出发，主要通过与它紧密相关的宗教人类学、经济人类学、旅游人类学等相关文献展开对这个问题的探讨。

一、文献综述：多面向地理解文化

泰勒于1871年出版《原始文化》，首次从人类学的视角给文化明确的定义：文化是一个复杂的总体，包括知识、信仰、艺术、道德、法律、风俗以及人类在社会里所得到的一切能力与习惯（爱德华·泰勒，2005）。这个概念很长一段时间成为研究者最常用的参考，而到1952年阿尔弗雷德·克洛依伯和克莱德·克拉克洪出版的《文化：概念和定义批判分析》一书，归纳文化的定义有两百多种（陆杨，王毅，2015）。从20世纪60年代以后，人类学家开始反思田野经验和民族志撰写，1984年一批西方学者的新观点收在由克利福德和马库斯编著出版的《写文化》（克利福德，马库斯，2006）上，它的出版象征民族志研究出现了新范式，也深刻地影响了文化的定义。他们认为民族志从来就是文化的创作，而不仅仅是文化的描述，将文化定义为：根植于文化学习与象征的一些概念，他将文化描写成许许多多的控制机制——计划、秘诀、规则、步骤——所构成的组合，就像电脑工程师所说的用来控制行为的程序（克利福德·格尔茨，1999）。[①] 这些程序透过在特定的那个文化传统中的濡化（enculturation）过程被人们吸收，逐渐内化成一套先前树立的意义与象征体系，然后运用这套文化体系定义他们的世界，表达感情，做出判断，在生活的每个层面，这套体系有助于引导他们的行为和感知。早期的人类学家习惯将文化视为社会凝聚剂，透过人们的共同过去而将他们凝聚起来，文化能跨越时代传承下去，而不是将它视为在当下不断被创造与重新发挥作用的事物。而实践理论（practice theory）的文化研究认为：在一个社会和文化中的不同个体，具有不同的动机与意图，且有不同程度的权力和影响力（Sherry B. Ortner，1984）[②]。正如科塔克解释文化塑造了个体体验与回应外在事件的方式，但个体也在社会的运作与变迁中扮演主动角色（科塔克，2009）[③]。由此看出，文化的讨论中，个体的主观能动性不断被重视。

藏文化用品街是现在藏族社会变迁过程中的产物，但进入藏文化用品街我们明显感受到的是那些实实在在的个体和他们的日常生活，他们是传统的承载者、传播者，在现代化的社会中他们依然坚守、努力创造。现代城市之于藏文化用品街，正如麦坎内尔所说："现代性战胜其他社会结构的最好标志，并不是非现代世界的消失，反而是对非现代世界的人为保护

① [美]克利福德·格尔茨.文化的解释[M].纳日碧力戈，等译.上海：上海人民出版社，1999：44.

② SHERRY B. ORTNER. Theory in Anthropology since in the Sixties[J].Comparative Study of Society and Histor，1984，26（1）：126–166.

③ [美]科塔克.文化人类学[M].徐雨村，译.台北：巨流图书公司，2009：38–57.

和重构。”[①]（Dean MacCannell，2008）

成都藏文化用品街的形成过程也是全球化过程中中国传统文化的回应。传统的藏文化用品在城市中没有被现代文化淹没，而是如人类学所言“涵化”，即文化的某些部分会产生变迁，但每个群体依然保有其独特性。所以，文化正如人类学研究的并不是各种风俗习惯和信念的杂乱组合，文化是整合的、是有模式可循的体系（科塔克，2009）。成都藏文化用品街和所有商业街一样，进行商品买卖、市场流通，并发展成为一条非常繁荣的商品街和城市景观，但那条街道的商品买卖背后“支撑的是一套传统的文化体系……一套具有特色的中心价值观或核心价值（core values，主要的、基本的）整合了每一个价值，并有助于将这个文化与别的文化区别开来”[②]（科塔克，2009）。藏族传统文化受藏传佛教影响深远，进入现代、开放的城市世界，宗教文化被人为地保护和改造以适应他们的现实生活，历来佛教在中国就是“民众的宗教感完全和日常生活的社会制度合二为一，其宗教功能是通过中国社会的世俗结构而发生作用的”[③]（杨庆堃，2006）。进入城市，神圣的藏传佛教文化用品成为商品进行流通，并与现代文化元素结合，满足不同群体的需求，形成独特的经营模式和消费市场，在新环境中开拓出一种生存之道，最终实现藏族传统文化的再生产。本研究文献部分仍然以博士论文为基础，主要参考宗教人类学、经济人类学、旅游人类学、文化经济学等方面的理论观点，结合新的视角、新的启示深入理解“成都藏文化用品街”这样一种文化实践或者一个社会事实。

① [美]DEAN MAC CANNELL.旅游者：休闲阶层新论[M].张晓萍，等译.桂林：广西师范大学出版社，2008：8.

② [美]科塔克.文化人类学[M].徐雨村，译.台北：巨流图书出版，2009：62。

③ [美]杨庆堃.中国社会的宗教[M].范丽珠，译.上海：上海人民出版社，2006：10.

（一）神圣、世俗和宗教人类学

宗教方面除了梳理藏传佛教方面的文献之外，主要参考了史拜罗（Spiro）的《佛教与社会》和谢和耐（Gernet）的《中国5–10世纪的寺院经济》。

史拜罗主要对缅甸南传上座部佛教进行民族志研究，他研究宗教“不是宗教经文本身，而是经典的教义本身与信众的观念两者之间的互动关系。所以说，人类学家所探讨的是宗教观念和一般社会秩序与文化生活间的关系”①（Melford E.Spiro，2003）。在方法上他尤其强调宗教的规范性传统与处于这种传统下的社会行动者之间的互动关系。主要关注了上座部佛教的“大传统”和缅甸人之间的互动关系，通过实实在在的生活案例说明宗教其实就是大多数人认知的，对大多数人发挥作用的，而不是只有少数人知道的一套经典。而他通过观察缅甸人对宗教的态度，影响缅甸和缅甸人生活的是能为现世或来世求得善业的“业力宗教”（Kammatic），而不是视人生为苦而彻底解脱的“涅槃宗教”（Nibbanic）。他认为大多数人理解的宗教是用来提供希望、满足期望、消解冲突、应付灾祸，以及将失败合理化，能够在“苦难”中寻找意义，目的在于处理好活生生的生活现实。在他考察的缅甸社会中少数人追求“涅槃的宗教”，他们是人数不多的僧侣，忠实奉行佛教的特殊规范性，关心的是从苦难的轮回中解脱出来；普通规范的佛教信众更在乎“业力的宗教”，他们注重自己如何累积福德、消除业障，以提升自己在下一世投生的地位，还有世俗居士们，一方面渴望能从轮回中出离，另一方面却安于轮回；最常见的是“祈福的宗教”（Aportropaic），普通信众注重于当下一生的福利，如治病疗伤、驱鬼辟邪、卜筮择吉算命、求财得子、官禄功名等务实眼前的好处。不论社

① [美]MELFORD E.SPIRO.佛教与社会[M].香光书乡编译组，译.嘉义：香光书乡，2007：36.

区居民对佛陀教义经典的听闻学习或言行举止上的道德指导是否如实遵守奉行，这些人都宣称且认同自己为佛教徒。即使经常发现与出世、苦行、舍离、虚无或涅槃背离的案例，如执着于自我、爱情、子孙、权势、财产等，当事人或乡里亲友都能不着痕迹地自圆其说来化解其中的矛盾。接着说明缅甸俗民虽然以“涅槃”作为最终人生解脱的目标，而其内涵早已变质为世俗化的欲望，其中一些人的策略为宁愿仍然留在轮回中，并积极期待来生投生为王室富人家庭或是更好的“天界”，对他们来说，这就是解脱，涅槃可以等到以后再说。其他人的策略则有些许差异，人们转化了涅槃意义，把“不苦”的状态想象成像“天堂”一般，类似于天界的快乐，甚至更加地享乐。就取得功德的方法上，布施比持戒在心理上能得到更多的满足，布施的可计量性（频繁度、数量、现金）使储蓄功德抽象的概念落实至可见的帐册登记上，让当事人节衣缩食且乐在其中，终生奉献无怨无悔。

谢和耐（Gernet）应用大量官方正史、佛教史、高僧传及敦煌文书里的第一手的碑铭、写本等文献，说明佛教自传入中国以来，一开始就以消耗大量的物力、人力为特点。他通过分析比较佛教教义戒律在中国的变化，指出佛教从传入开始就同时适合了宫廷中的仪轨，也满足了中国社会的各种需要，它的作用在中国胜过了任何一种信仰，团结了整个帝国，无论是贵族阶层还是庶民百姓。他分析了佛教与中国社会的关系，尤其是商业和宗教的相互渗透的现象，认为“佛教僧众传入中国的是一种近代资本主义的形式：通过积累供物和商业收入而组成的供品资产形成了一种公共财富，对它的公共管理要比单独经营的收效要大得多，但最重要的是这种形式是上述观念的宗教起源”[①]（谢和耐，2004）。他举出一系列的事实描

① [法]谢和耐：中国5—10世纪的寺院经济[M].耿昇，译.上海：上海古籍出版社，2004：231.

述了中国佛教经济现象，几乎是以一种经济运动形式出现，大量的奢华的寺院建筑，在佛教艺术方面的巨额开支，从寺院精美的钟、磬、佛像和品类繁多的法器，从材质和技艺上都是精挑细选的，一方面偏爱贵重金属和稀有原料、独特艺术，另一方面还有追求多而大的癖好，宗教的本质因素在其中似乎不起任何作用。所以佛教在中国从生根发芽直到开花结果，形成了一套适合中国土壤的发展模式。

总之，谢和耐（Gernet）通过大量的文献资料分析了5—10世纪中国佛教的成长历程及其形成的特征——佛教的适应性，对中国经济发展的影响，佛教和社会各阶层的互动关系等。不管是谢和耐主要分析北方的大乘佛教，还是史拜罗（Spiro）所关注的南亚小乘佛教，他们研究的共同特点是通过不同的视角透析宗教与社会的关系，体现了宗教“活生生”的世俗特征。也说明宗教总是在某些方面发挥其积极的功能而生存下来，尤其是中国的宗教从来就没有从中国政治伦理秩序的发展中去除，因为“信仰的重要社会实在，建立在其积极的政治伦理功能之上”[①]（杨庆堃，2006）。

藏传佛教从内地和东南亚两端传入青藏高原，并结合本土宗教，在寺院经济方面的发展上总有或多或少承袭的历史脉络。所以，以上文献所揭示的宗教和社会方面的关系，为解释成都藏族文化用品街宗教商品/礼物市场的形成、发展和繁荣提供了一个视角，宗教商品并没有因为宗教戒律而反对市场，反而有力地支持了这条街道的发展和繁荣，藏传佛教的信徒们，正如史拜罗在“六道轮回”的追求中选择了现世的各种达成途径，如史拜罗（Spiro）所说的“业力宗教”或“祈福宗教”，也像谢和耐（Gernet）所说的，藏传佛教的发展也是适合了中国社会的各种需要。

① [美]杨庆堃.中国社会的宗教[M].范丽珠，译.上海：上海人民出版社，2006：171.

（二）礼物、商品和经济人类学

藏文化用品街在现代化的大都市是怎样形成、如何生存并如此繁荣？它的经济发展模式和其他的商业街道一样吗？如果不一样，到底有什么特征？通过对这条街道的考察发现，它比仅仅是一条商业街的定位复杂得多，这些宗教文化用品的交换经过了两个阶段，即市场中的商品阶段和具有宗教内涵的礼物阶段，并且因为社会背景不同而产生商品与礼物的区别（C.A.格雷戈里，2001）。整个宗教文化用品从生产到消费，既和藏族原生地的社会文化及价值观紧密相连，同时又受现代性、全球化和市场经济的影响，所以这种经济形式既包含了互惠和礼物，也包含着交易和商品，这个主题是人类社会发展中非常重要的方面，人类学家关于它们的理论在人类学研究中占据非常重要的位置，内容也异常精彩。我们将主要参考杨美惠、阎云翔、马塞尔·莫斯（Marcel Mauss）、C.A.格雷戈里（C.A.Gregory）、莫里斯·郭德烈（Maurice Godelier）等学者们的讨论。

藏文化用品街的商业行为不是单纯的经济，而是和交换主体所处的社会、文化尤其是宗教紧密联系在一起的，表面上看起来单纯的商品交换背后其实真正发挥作用的是一种礼物经济和一种新的互惠方式，杨美慧认为这种经济的特点就是：交换本身比被交换的东西多得多（杨美惠，2005）。关于传统礼物的研究，两个人物是不可忽略的，一位是莫斯，另一位是阎云翔。莫斯关心旧社会（archaic society）交换行为是一种整体性的社会行动或社会活动，这些行为既属于经济、法律、道德、美学，又与宗教、神话及社会形态学等现象相关。莫斯提出了以“整体性呈赠”为特征的“礼物经济”的概念，提到了两种礼物，即“送人的礼”和“送神的礼”，人们在互赠礼物时“绝对不是呆滞的，它是活生生而具有人性的”，因为这个礼物凝结了送礼者的“自己精髓的一部分”。（莫斯，2004）

阎云翔认为交换背后实现了一种社会关系网络的连接，这就是他所描绘的“礼物的流动”。他认为礼物的背后表现出的是人如何与物，以及物如何通过物与他人相互联系的。赠礼者和受礼者通过礼物授受的义务巩固了人际关系，否则这些关系就可能由于同化入更大的社会中而消失。所以他赞同萨林斯（Sahlins）所概括的：“实物流动和人际关系之间的联系是相互的。某一特定的社会关系可以界定物品的既定运动，但某一特定的交易也同样能促成特定的社会关系。如果说朋友创造出礼物，那么礼物也能创造出朋友。”[①]（阎云翔，2000）藏文化用品转化成一种布施实现赠礼的目的，同时凝结了信徒们积累功德，求得此世或来世的福报的愿望。所以这赋予物品不可让渡的价值，信众们购买商品，这些商品通过特殊的仪式转化成礼物，在特定的个人、群体和寺院当中流通，把人与神，人与人、人与群体之间的关系紧密地连接在一起，因此把宗教、宗教用品、市场、藏传佛教信众、藏族社会文化等等连接在一起，支撑了一张牢不可破的网络。因此我们也能理解，藏文化用品街如何在陌生的城市中创造熟人社会。如莫斯说：凡物皆有感情上与物质上的价值，但是有时候这种价值是全然感性的，因为我们的道德不光是商业性的斤斤计较。正是这种关联形成一股强大的力量，长久的紧密关系，成为藏文化用品街繁荣的动因，即宗教商品通过仪式转化成具有特殊意涵的“礼物”，礼物可以通过赠与或者布施累积成功德，为了功德增长，信众们会想办法得到能带来功德的礼物，这种种动机构成和维持着一种环环相扣的关系，从而促成了“礼物经济”或者“关系经济”，在许多方面与市场经济形成了一定程度的不同，并成为藏文化用品街这种独特模式的优越性。

莫斯相信有一种社会制度，曾经被大多数人类采用过，并且经历过漫长的转变时期，他所指的这种制度就是他在《礼物》中认为的大多数社会

① [美]阎云翔. 礼物的流动：一个中国村庄中的互惠原则与社会网络[M]. 李放春，等译.上海：上海人民出版社，2000：95.

经历过“全面性报称阶段”，在这个阶段缺乏纯粹的个人性契约、金钱市场、商业货品、固定销售及计量货币和铸币等商业特征，他认为这正是“礼物社会”的特征。因为礼物经济强调一种关系，礼物交换建立的是一种“全面性”的关系，在“这些社会中，氏族、年龄群、性别群等团体互相缔结契约，进而产生各种不同的团体关系。由这许多关系来看，这些团体不断地处于一种经济上的兴奋状态，而此现象与物质主义鲜少关系，又不像我们社会的买卖行为及服役雇工，投机生意那样平淡无奇”[①]（莫斯，2004）。

莫斯把商品看作现代社会的标志，而格雷戈里（Gregory）认为即使在“传统”社会里商品显得十分重要，而在“现代”社会里礼物又显得颇有生机。他从来不曾用商品和礼物来作为社会分类的标准，也从来没有想做出“我们是商品社会”“他们是礼物社会”的区别。就像他描述的PNG（新几内亚）社会的经济一样，那些物品现在是礼物还是商品要依据社会背景而定，即使一些相同的东西在不同的地点和时间里，会呈现出不同的社会形式。他用Trobrands的妇女的故事作为例子解释了这个理论。这个妇女怎样把商品转换成了她想要的礼物。通过了四个阶段：商品 — 货币、货币 — 商品、商品 — 商品、商品 — 礼物，妇女为了购买其他烟草，她先出售Carvings给游客，然后购买烟草交换到一捆bundle，这些bundle是作为礼物送给她去世的姨妈。所以他支持萨林斯的论点，即不应该把礼物经济与商品经济视为相互对立的两极，相反，应视为一个连续体的两个极点（C.A.格雷戈里，2001）。

郭德烈（Godelier）对巴祜亚社会礼物的论述中，把另一种不能被售出或赠与，而只能被保留来传承的物件纳入视野，从此打破了商品与礼物

① [法]莫斯.礼物：旧社会中交换的形式与功能[M].汪珍宜，等译.台北：远流出版公司，1989：63.

之间的关系图景。他提出应该注意到“非交换”或“宗教性”的交换，以彰显现代社会里慈善事业不公平的、不被返还的礼物机制，尤其是一些神圣之物。他认为：“人类不仅生活于社会之中，还生产社会以期自存，而为了生产社会，人们必须将三种活动和三种原则加以结合。必须有一些东西被赠与，有一些东西被出售或交换，而另一些东西必须被保存。”①（莫里斯·郭德烈，2011）

总之，对礼物和商品的讨论经历了几个重大的过程，莫斯（Mauss）强调古罗马习惯法和印度古典礼物法则，认为一件将被送掉的礼物，人们必定假设有某件东西或劳役在先，因而产生这项送礼的义务。同时也认为送走的东西会为此生或来生带来回报。它可能自动带给施舍者价值相当的报酬——所以对施舍者而言不是一种损失，而是一种复制；也可能物归原主并且连本带利。当然，莫斯也提醒我们：古日耳曼语里Gift一字具有礼物及毒物的双重意义。所以格雷戈里通过“双重意义”认为把商品和礼物看作连续体，而郭德烈在礼物与商品中间提出了第三种没有被返还的圣物。

若从微观的角度观察藏人街的经济形式，这些宗教文化用品通过市场消弭了宗教的神秘，而将其变成一种民族文化的符号，走向大众，走向世俗。通过市场，这些宗教文化用品凸显它的经济价值，而购买者又通过仪式使这种价值远远超越了单纯的经济价值，当它们通过仪式变成一种具有宗教意涵的礼物时，这种象征意义成为其主要的价值构成。不管是开始阶段的商品经济还是最终转化成为礼物经济，这个过程不仅涉及交换行为，它还包括了习俗、宗教、认同、审美等因素，所以“整体性”分析维度是必要的。它与简单的经济理性人或利益最大化的经济学有区别，这也

① [法]莫里斯·郭德烈.人类社会的根基：人类学的重构[M].刘宏涛，等译.北京：社会科学出版社，2011：62.

是经济人类学分析问题的主要倾向。宗教物品经过市场的阶段最后形成一种礼物商品，包括送人的礼物和送神的礼物，将人、物和宗教等各文化要素、社会背景联系在一起，形成一个稳定的，以宗教为核心认同的群体或市场。

（三）地方、全球与旅游人类学

"从1985年到2001年，在这不到20年的时间里，中国村落的个数由于城镇化和村庄兼并等原因，从940617个锐减到709257个。仅2001年一年，中国那些延续了数千年的村落，就比2000年减少了25458个，平均每天减少约70个。它们悄悄地逝去，没有挽歌、没有诔文、没有祭礼，甚至没有告别和送别，有的只是在它们的废墟上新建的文明的奠基、落成仪式和伴随的欢呼。"① 这描绘了中国社会转型中的农村社会变迁。

从《农民的终结》（孟德拉斯，2010）到《村落的终结》（李培林，2004），我们在担心地方/传统文化会不会随着政治、经济的发展而消亡或者被全球化的浪潮所淹没？这也是人类学家们较关注、关心的问题之一。约翰·汤姆林逊（John Tomlinson）认为"如果我们只将焦点局限在持续扩大的网络上，而未加阐释或深入……我们也可能因此被全球化的潮流所蒙蔽"②（John Tomlinson，2005），汤姆林逊（Tomlinson）认为全球化并不像同质化理论认为的那样使世界看起来大同小异，就像走出机场后才会发现机场外面的世界缤纷多彩，他说：当你来到这种未被同质化的环境，意味着本地事务主宰着社会生活的秩序，且社会生活中没有全球化的要求，反而表达出强烈的"本土"的文化色彩，全球化不仅"单向的"受到庞大全球结构的影响，也牵涉到全球化过程中各地区的参与机会。他

---

① 李培林．村落的终结——羊城村的故事[M]．北京：商务印书馆，2004：1.

② [英]JOHN TOMLINSON．最新文化全球化[M]．陈惠慈，等译．台北：韦伯文化国际出版有限公司，2005：3.

举例说：比如有一群在周末午后逛街，好为当晚排队置装的欧洲青少年的消费行为，其实正好给予了菲律宾廉价劳工的工作机会。但是，这并不意味着所有的地方文化和社会组织都将必然演化为欧美生活方式和思考方式的苍白翻版，多种事实已经证明地方和传统在创新中不断复兴，不断再构地方性。所以，格雷戈里倡议“预期宣称已穷尽了地方社会的复杂性，不如探索地方与全球之间的新边接”①（C.A.格雷戈里，2001）。

将全球化与本土化（locality）的关系具体到笔者考察的“藏文化用品街”也表现出类似的特征。藏族商人及其商品进入现代化的城市，遇到市场经济和全球化，为了在市场站稳脚跟，他们建立起标准化的市场和商业街，必须尽可能地缩小文化差异，使商业文化的运作能够通行，但实质上它仍旧保持了本土的文化色彩和社会秩序，而这恰恰是他们的商品取得现代人们的青睐的一个主要原因，即寻找传统和异域文化成为时髦。那么，到底是什么连接了地方与全球化，什么因素在城市中支持了藏族文化“本土化”？汤姆林逊（Tomlinson）说：商业人士乘坐各地几乎一样的飞机，入住标准化了的国际级的饭店，不会参与本土的风俗民情，而只有那些为了体验差异、真实、传统而去旅游的游客们，他们才会很快地变为熟练的文化诠释者，充分体验了在全球商业文化之外，文化邻近感的真实延伸。这正是当代旅游业的特征，它的发展对这条街道的形成有直接的影响，尤其从这条街道的现实情况（包括地理位置、政策支持等）分析，它和旅游业的发展紧密相关。

纳尔逊·格雷本（Nelson Graburn）是旅游人类学的代表人物，他将旅游解读成为一种世俗的仪式，他说：“如果将旅游、游戏、娱乐视为仪式行为，那么它们与日常生活会截然不同，但同时在某些方面有强化着日

① [英]C.A.格雷戈里.礼物与商品[M].杜杉杉，等译.昆明：云南大学出版社，2001：63.

常生活的结构与价值。”[①]（Nelson Graburn，2009）他提出当现代性通过政治、技术和社会文化渠道（当然包括社会主义），以人们可很快察觉的速度在改变人们的生活时，“传统”之类的概念就会应时而现……当面对被摧毁的过去，某种因失落、悔恨与内疚而形成的反省力量，迅速导致了诸如“怀旧”这样相当现代的概念形成。人们厌烦枯燥乏味的日常生活和工作，他们寻找一种疏离感，似乎在那些和他们不一样的社会或者偏远的村庄等有差异性的地方才能找到自己丢失的“真实性”，这就是格雷本（Graburn）界定的旅游本质，通过一场“现代仪式”，暂时远离结构性的日常。

对于身处藏地的藏族，尤其是年轻人，通过各种渠道和世界发生联系，他们向大都市中心迁移，其目的既是为了旅游，也是为了工作和寻找挣钱的机会，这些迁移可能寓（娱乐）于商（经商），所以时代的需求总是催生新市场的产生。旅游的大众化创造了这条街道形成发展的有利条件，而游客对“仪式”体验的追求恰恰繁荣了具有传统、差异特征的藏族文化用品市场，让藏族找到了“文化自信”，全球化和当代旅游观念的转变为藏族文化用品街道的形成和发展培育了土壤，而这种相向而行的文化碰撞更是催生了新的文化力量。

旅游使得藏族文化产品的全球流动成为可能。当代游客越来越倾向于从游山玩水的欣赏性旅游转变为感受不同文化的体验旅游，追求一种“疏离感”“真实性”，所以居住在雪域高原上、广阔的草原上和深山丛林中的中国少数民族文化有着更强大的吸引力。正如格雷本（Graburn）所说：旅游者们来来往往，并非只出于个人的原因，而是作为两个不同地域的文化的接触者和搬运人，在截然不同的精神世界之间搬运这些象征或实物形

---

① [美]NELSON GRABURN. 人类学与旅游时代[M]. 赵红梅，译. 桂林：广西师范大学出版社，2007：112.

式表现的“货物”。在城市和家乡之间移动的这些“搬运者”，把凝结着藏族文化、具有象征意义的符号/商品搬运到世界各地，而在文化产品流动中，能把有着同样文化背景的陌生人聚拢在一起，通过熟悉的东西，他们都知道应该期待什么，能感觉到一种亲近感和团结感，同时也创造宗教文化商品的供求，加速了资本的流动、相关人群的汇集，最终形成了这样一条街道。

麦坎内尔（MacCannell）尤其对旅游和纪念物品有独特的见解。他谈到“商品已经成为人们达到目的的一种手段，这个体验式内省经验的大量积累，这些体验把虚幻和现实结合成一个巨大的象征主义的现代世界”，“社会生活的方方面面，各个历史时期都要通过大量的象征符号才成为可能”[①]（Dean MacCannell，2008），而当今世界把商品和文化的结合、物质符号象征意义的表达到了一个极致。麦坎内尔（MacCannell）对日本旅游、旅游纪念品以及日本的社会和文化结构完美结合，分析了日本的旅游结构中物质文化成分所携带的意义，他认为所有的人类社会都会发明承载着重要象征意义的人工制品，以此来传递人类与超自然关系的本质和内涵，但日本应该是将物品和象征功能发挥到极致的一个国家。如此说来，中华文化从象形文字说起，上下五千年的历史、五十六个民族社会生活的方方面面，凝结在各种符号意义中的例子的丰富程度更是精彩纷呈。

约瑟夫·派恩用不同的社会特征解释体验经济时代的到来：“农产品是可以加工的，商品是有实体的，服务是无形的，而体验是难忘的。”[②]（约瑟夫·派恩，2008）他认为当前人类已经从服务经济转入体验经济时

① [美]DEAN MACCANNELL. 旅游者：休闲阶层新论[M]. 桂林：广西师范大学出版社，2008：24.

② [美]约瑟夫·派恩，詹姆斯·吉尔摩. 体验经济时代[M]. 夏业良，等译. 台北：经济新潮社，2008：54.

代，从生产变成表演，而且体验展示者所必须具备的最重要的一种产品，可能就是纪念品，这些纪念品使客人将体验的记忆长留心中。藏族文化用品作为一种民族文化的象征符号，负载着当今藏族文化的意义体系，成为商品进入市场然后转化成一种体验，并决定着这些宗教商品的价值构成。而这种纪念品重要的价值在于要体现一种文化或艺术内涵，它与单纯的工业产品不一样，工业产品和文化产品是两个不同的概念，并代表着不同的时代特征，前者是工业时代的标志，工业产品以追求经济利益为目标，而文化产品则是新的社会结构中的新型商品，它的主要特征在于“体验价值”，这种体验不只是存在于偏远的藏区，“现代化把这些东西（自然、历史、及文化环境）与他们所在的民族和地域分离开来，打破了这些族群的完整性，并把这些族群从传统的依附带入了现代的世界，游客们在现代世界里可以努力发现或重新构筑某一文化遗产或某一标示物”①（Dean MacCannell，2008）。藏文化用品街道，包括许多中国其他城市存在的各种具有类似特征的街道，比如北京宣武区（现西城区）那条历史相当悠久的民族文化街——“牛街”，就是在中国现代化过程中，中国社会转型的过程中，以及在全球化力量的推动下，民族同胞离乡并随着他们的迁移和理想的追求，一方面他们把原来的文化带到城市，另一方面在城市生活的理想促使他们不断改变自己，同时不断改变或建构他们的文化及文化遗产。

（四）传统、创新与文化产业

20世纪80年代后网络技术高速发展，高科技制造业、新工艺消费品和多样化服务在改变着经济体系，现代资本主义的特点之一就是文化经济的持续增长和扩展，不仅是可支配收入增长的结果，而且是通过符号价值

① [美]约瑟夫·派恩，詹姆斯·吉尔摩. 体验经济时代[M]. 夏业良，等译. 台北：经济新潮社，2008：14.

渗透生产活动领域的表现，文化消费需求不断扩大，文化产品的生产部门不断的增长和扩展，所谓的“新经济”已经在西方主要经济体系中稳步上升到举足轻重的位置。[①]（多米尼克·鲍尔，艾伦·J. 斯科特，2016）中国从20世纪90年代后经济体制改革到了新阶段，文化经济的价值也逐渐得到认可，进入21世纪，文化产业成为国民经济发展的重要力量之一，其重要性可窥一斑。

藏文化用品对于藏民族来说，既是新的时代和社会背景中出现的新型商品，也是他们非常熟悉的，或者曾经非常敬畏的，或者曾被当成落后的文化物品，而在社会的转型中，这些文化产品的角色和功能都发生了改变，曾经是普通的日常生活用品，曾经是非常敬畏的宗教物品，现在也可以成为贩售的产品；曾经是日常生活方式，现在成为流行的表演艺术；等等。我们无法确定真正的原因是什么，但可以确定的是：藏族社会正在或已经发生翻天覆地的变化。

当前人类处在一个不断解构与重构的历史过程中，正如郭德烈（Godelier）提出：当前人类学面临的任务就是“必须分析当这些社会面临着内部变迁和外部影响时，其生活方式和思维方式对历史发展带来的影响以及对个体命运造成的后果”[②]（莫里斯·郭德烈，2011）。而且，我们到处都可以看到一些传统社会一方面经历着经济的全球化，另一方面在文化方面极力争取表现地方特色和传统，这种传统或以复兴的形式出现，或以传统创新的形式出现。

对于藏民族文化用品街，不仅仅考察了民族商品的传统和创造的过

① [美]多米尼克·鲍尔，艾伦·J. 斯科特（Dominic Power，Allen J.Scott）编. 文化产业与文化生产[M]. 夏申，赵咏，译. 上海：上海财经大学出版社，2016：5.

② [法]莫里斯·郭德烈. 人类社会的根基：人类学的重构[M]. 刘宏涛，等译. 北京：中国社会科学出版社，2011：164.

程，这条街道也是藏族社会文化变迁过程的一个结果，所以它的研究是立体的、多维的，是一种类似长镜头的聚焦，它不但反映藏文化和藏族社会内部的变迁，当然也离不开中国社会，甚至全球的发展背景；它以追求“真实”“传统”或“原始”为动机的旅游观光业为背景，以藏文化用品为其“传统与新传统的现身”，并“制造力量、发出力量”（谢世忠，2004）[①]，发展成为一条特殊的民族用品文化产业链。

对于文化产业的研究，目前人类学和民族学在理论的指导和实践的应用中都为国家软实力的建设发挥了它应有的作用，尤其在文化资源的开发与保护、转换及发展模式等方面付出了很大努力，10年来取得了一定的成就，积累了一些经验，出现了一批这方面的研究成果，尤其运用文化资本理论，将其应用在少数民族社会经济的研究，把更广阔的文化现象，如习俗节庆、传统技艺及文化产品等视为群体的一种文化资本，这些文化资本可以转化文化价值、创造经济价值，极大推动了少数民族文化产业的发展。但目前对民族文化产业的研究主要集中在狭义的文化资源的开发与经济价值的转换上，对于文化产业的重要社会意义缺少关注，即“它具有影响人们思想的力量；并用各种方式来管理符号创作者的作品；更扮演着引领产业、社会及文化变迁的角色”[②]（David Hesmondhalgh，2006）。

文化产业不仅是经济形态，它更体现了一个国家、民族的集体意识，一种社会的经济秩序和文化表达系统，它体现出一个民族的文化自觉。当旧社会的中国背着“东亚病夫”、贫穷饥饿的形象负担时，我们的自信心低落，不敢放声自由歌唱，我们避免做错事、说错话。而随着中国的强大，人们生活水平的提升，各种艺术、各类演出、各类媒体等文化各展风

---

① 谢世忠.族群人类学的宏观探索：台湾原住民论集[M].台北：台大出版中心，2004：46.

② [英] DAVID HESMONDHALGH. 文化产业[M]. 廖佩君，译. 台北：韦伯文化国际出版有限公司. 2006：24.

采、争奇斗艳。随着环境的改变，人们的思想也发生了变化，我们开始认识自己、欣赏自己。藏区文化博大精深，但是从来没有像今天这样在老百姓中间变得习以为常，它体现在人们的吃穿用住、电影电视、音乐舞蹈、绘画雕刻、游戏网络等方式中，“将这个世界的再现提供给大家知晓，也相当程度的协助个人建构内在的、私人的生活：亦即我们的幻想、情感及认同”①（David Hesmondhalgh，2006）。由此观之，文化产业的研究意义更加深远，我们还缺乏文化产业与经济、社会及文化变迁等方面深度融合的研究，而这些恰恰是反映文化产业为何如此重要的原因。

自20世纪80年代以来，文化产业在全球各地和许多国家都成为经济、政治活动的核心。“文化产业”一词是从“文化工业”演变而来的，20世纪40年代由法兰克福学派的两个代表人阿多诺（Theodor Wiesengrund Adorno）和霍克海默（M. Max Horkheimer）在他们的著作《启蒙的辩证法》中将“文化工业”（cultural industry）作为章节名称的一部分出现，他们指出在资本主义民主社会里，文化已经商品化，人们可以自由买卖，他们认为文化因为批量、标准化生产而降格。后来文化工业被法国社会学家和政策制定者所采用，并用文化产业（cultural industries）代称，他们对文化产业有更积极的态度，认为把工业化和科技引进文化生产的过程中，确实会导致商品化的现象，但同时也带来令人激动的创新思想。“创意”是文化产业的一个核心特征，所以以英国为首的欧洲国家用“创意文化产业”来替代“文化产业”的说法，而美国习惯用“娱乐产业”这个词，文化产业不仅涉及地方特色的文化产业与大量制造符号消费的文化产业，而且可以在文化产业的基础上不断扩大范围，涉及整个社会和文化政策层面。中国的文化产业不但展现了文明古国的内涵和力量，更加突出了丰富

① [英]DAVID HESMONDHALGH. 文化产业[M]. 廖佩君，译. 台北：韦伯文化国际出版有限公司，2006：3.

多彩的多民族、多元文化系列，形成大小传统齐头并进的发展趋势。

文化产业的内涵非常丰富，它不同于文化工业要达到最大经济效益目的，更重要的是实现一种文化理念与艺术的推广，从而引起心智反应，通过充满丰富的表征意涵，借此达成沟通的目标，而功能性的目标在此则不是重点。这正是消费社会的特点，随着可支配收入和休闲时间的增多，人们已经从工业社会的“物质购买 — 拥有 — 享受”的理念脱离出来，消费所代表的意义，是一种符号系统化操控活动，消费的重心已从商品的功能意义转向商品本身带来的文化意象，而这种消费的符码化会影响个人与集体的认知系统，产生新的价值观，从而又带来新的生活形态。由此，文化产业不仅受经济的影响，还受科技、社会以及文化自身特征的影响，同时它也进一步推动着整个社会的价值观念和生活、生产方式的变革。

具体到藏文化用品街，它是当代藏文化产业的一个集中体现，对它的研究不仅在于呈现藏族特色文化产业的发展情况，还涉及传统与全球化如何通过这条街道实现对话，藏文化用品的商品化对藏族传统文化和社会有什么样的影响？文化产业的发展策略和传统文化的存续有何关系？这一文化现象背后隐含了什么样的文化与社会逻辑？文化产业的研究价值在于更深刻地了解当前藏族社会文化的变迁。

根据以上思路，需要观察的不仅是这条街道目前呈现的琳琅满目的民族文化物品，还需了解那些街道上的商人们怎样设计和策划藏文化商品的式样和运营，寻找文化产业发展的有效途径，更多的还要关注它和承载它的社会如何互动共生，即运用人类学的发展观 ——“发展的目的是提升人们的生活，它不仅仅是完成一件事情，而是不同的思想、见解、价值观之间的交流过程。尽管技术、资金和管理是发展的重要内容，但关注文化背景（context）却是发展的基础”[①]（Riall W.Nolan，2002）。

结合以上笔者博士期间累积的文献知识，和后期继续深入阅读关于文化变迁、文化认同及冲突理论等方面的一些经典著作和最新理论，比如克莱德·M. 伍兹《文化变迁》、曼纽尔·卡斯特（Manuel Castells）《认同的力量》、李俊石《何故为敌》、李培林《村落的终结》、孟德拉斯《农民的终结》、多米尼克·鲍尔（Dominic Power）和艾伦·J. 斯科特（Allen J.Scott）《文化产业与文化生产》等，结合新的启示，继续深入理解宗教文化用品、商品及礼物之间的各种关系，宗教商品和礼物市场的形成，最终通过“物”与“人”关系的转化来理解一种文化存在逻辑。

二、研究方法：持续的田野考察

笔者从博士论文开始选择了藏文化用品街为研究对象，近6年的时间中，我不断地来往于这条街道，如果仔细梳理一下可以粗略分成三个阶段。第一阶段，博士论文期间按照民族学和人类学的训练一切按部就班的调研。观察、参与观察、发放问卷、个案访谈、录音写日志，谁主谁客，界限明确，所关注的重点、所使用的方法以完成论文为目的，什么学科、哪个专业和研究方向一一对应，很规矩地对照学过的理论知识和田野方法，限定了观察的内容和渠道，寻找访谈的人数，认真地分析现象背后隐藏的一套文化规律。第二阶段，毕业后和原来访谈对象的生活交往。博士毕业后再去街道上，那便是走亲访友拉家常，没有获得对方信息的强烈的愿望和目的，放下功利如释重负，藏族朋友们也因为我态度的转变而变得自然随性。我听他们对生活的各种牢骚，生意方面的夸夸其谈，偶尔夹

① RIALL W.NOLAN. Development Anthropology：Encounters in the Real World[M]. Cambridge：Westview Press，2002：18.

杂着城市生活中的各种趣事。第三阶段，重新认识田野调查。在这条街道上往来的几年，认识了不少朋友，知晓了不少事情，对这条街道和这个群体的变化多了一份关注，走过路过都不错过，去吃藏餐也不忘顺带几个问题，日积月累里面的故事就更多了，如果继续写写他们的故事，也许会看到更全面、更深远的事情，这是申报国家社会科学基金项目时的想法，然后便开始对已经封存起来的毕业论文重新阅读、重新思考和继续深入研究。

（一）曾经的田野：相遇藏文化用品街

出生于20世纪70年代的我，无论是个人、家庭和社会层面都留下了传统和现代两种记忆。儿时的大院落，大家族中的生活背景，跟着大人们参加各种农耕秋收的祭祀活动，亲手给村落里的各家各户赠送秋收时的第一个馒头，新年的第一碗猪肉，送灶神和接大神的祭品，去赠礼和盼回礼构成我儿时的一种快乐，各个季节的庙会让一年时光过得很快，很轻松。当阅读到阎云翔的《礼物的流动》，作者提到的每一个场景都特别清晰和鲜活。等我上了中学后，大院落逐渐变成独院、小楼房，小麦谷物的种植被西红柿、草莓等各种蔬菜、水果种植替代，没有了打麦场自然没有了打麦场的祭祀活动，塑料大棚让人们一年四季都有活儿干，人们没有时间再去做那些作为互相赠送的礼品，后来各家的电视、网络把一家人都捆在了自己的家里。现在回到老家，经常会听到人们抱怨“这日子熬着咋就没点劲”。后来学了民族学，觉得很多主题其实就在讨论那些经历过的生活，也了解到那时候生活的社会是由一套有意义的文化系统维持，缺少和破坏了世代传承的文化系统，会让人们因为没有秩序而感到焦躁，找不到意义而感到沮丧，所以那些世代相传的仪式活动、文化习俗表达着人们认识人生、世界的方式方法和观念，它对个体和社会的健康都是必要的，而且它也会通过各种斗争方式跨越时间和空间来继承，只是当它们的表现不够强烈时，或许被暂时忽略，或正在抵抗之中，或者已经用另一种方式重新表达记忆和传统。文化产业也许是现代经济发展带来的焦躁、沮丧、迷茫后的反思。

在传统与现代的讨论中，现代社会表现出的一切说明，现代化的进程并不能吞噬传统，而是让传统更加自觉的发展壮大，虽然形式总是丰富多彩的。传统文化具有种子般的基因和力量，尤其在成都碰到藏味浓郁的藏文化用品街时，看到商铺门前被行色匆匆的行人们带动的五彩风幡，感受着霓虹灯下的锅庄，楼房窗户上的经幡，在城市的喧嚣中依然踏着草原上的舞步，念珠和经幡依然传递着祖祖辈辈的祈祷。琳琅满目的宗教用品、各种藏族日常用品、酥油茶飘香的藏餐馆、藏歌飘扬的藏歌舞厅，街道上身着藏装的人们悠闲地逛街，买卖各种商品，虽然没有叫卖声和广告宣传，却呈现出一片欣欣向荣的景象。街道店铺中不仅贩售传统的宗教用品，还有流行的藏文化艺术品，结合了现代高科技的民族文化创意产品，等等，突然心中升起一种希望，这就是文化的力量、韧性和智慧。即使土壤换成了水泥、熟人和陌生人近在咫尺，但那看不见的传统如石崖中的种子，即使身子有些歪曲也会继续成长，这是他们接触新环境的办法。文化产品往往比文化本身更快地嗅到变革的味道，也会自然地做出判断和选择，不断“创造力量、发挥力量”。如果选择一个参照物来理解文化这个极其复杂的“复合体”，选择这条街道，然后在这条街道里做研究应该是一个理想选择。

找对方法选好题

博士论文的选题经历了一个过程，起初关注到藏文化用品街上的特色文化店铺和产品，以“物品”为中心来研究民族文化用品如何变成商品，如何流动，最终形成一个特殊市场的过程。当进入街道几次后，发现这里不仅是一条商品街，它不仅和中国社会转型密切相关，和历史有着千丝万缕的联系，也是全球化在成都的一个缩影，而且还关系到文化变迁和适应、民族政策等复杂的问题。一方面深深感到自己研究力量的不足，另一方面这条街道的来龙去脉，对现状的认识以及隐含的一些文化规则等研究就显得非常必要，这是我决定做一个民族志考察的缘由，以期对这个现象的发生做力所能及的记录，同时期望自己后期或者更多的学者关注这条街道，用更多元的视角客观地解读这种现象。

田野调查是民族学和人类学的一个重要方法，传统的民族学和人类学者总是选择一个村庄对它进行全面的考察，了解它的历史发展脉络，熟悉它的地理、生态环境和世俗事物，掌握其各种文化构成、结构、功用、意义等，真实地记录整个调查过程，作为人类学的“立足之本”，也作为本研究的初心。但民族学和人类学的训练始终告诉我们：研究主题和重点并不是所选择的村庄本身，而是在村庄里做研究，用人类学独特的观察方法和理论来解释发生在村庄里的社会文化现象。所以我将博士期间的田野调查和后期继续的田野调查的过程记录下来，它们既是一个连续的过程，同时也反映出研究对象自身的变化和我的心路历程的变化。

1.确定并深入理解研究主题

博士期间的田野调查最初只是没有确定的主题和想法，看到的文化现象也是极其散乱的，所以在零碎的文化现象中穿来穿去，很长时间都处于迷茫和无厘头状态。最终凭借民族学和人类学的训练，坚持马林诺夫斯基所言“不能诉诸观察的任何东西都不是客观的”，所以观察再观察，每天认真地记录日志，不断地整理资料和思考总结，最终发现了现象之间的联系。从20世纪80年代的藏商到大量藏族在成都定居，从西南民族大学的影响到藏区医疗的需要，从藏区旅游的兴起到政府政策的支持，从藏文化产品的创新到藏传佛教影响的扩大，从藏区等级制度的解体到文化大众化，看似一条文化用品商业街，它却连接到全球和地方的文化现象，呈现着一个社会文化变迁的内部动力和机制。从这些关系中逐渐理清了论文的线索，围绕主要线索整理出了研究的主要议题，比如这条街道形成的主要动力是什么？这条街道与一般的商业街道会有哪些区别？街道上做生意或生活的这些藏族在城市的生活状况怎样？他们的文化会发生变化吗？他们与周边的左邻右舍的关系怎样？这些问题让我确定了选择藏文化用品街作为田野调查点的信心。

2.研究主题的理论支撑

田野点和主题的确定让论文在实践层面有了可行性，但研究意义的思考是选题面临的又一大困难，它会涉及很多理论的运用。文化作为一个极其抽象和模糊的概念，如何在实践层面操作？商品化作为一个极其庸俗的经济学概念，与民族学和人类学研究又有何牵涉？唯一的办法就是顺着研究议题大量阅读，从文化概念入手拓展到宗教、民俗、美学、旅游、经济等领域，系统学习和研究宗教人类学、旅游人类学、经济人类学等人类学分支学科，学者们提出的观点对于藏文化用品街的形成发展提供了研究思路和理论方面的支撑；关于藏文化用品的研究，参考了谢世忠提出的“显性文化”和“隐性文化”的变迁特征（2004），爱德华·T.霍尔（1991）对于文化变革和显性、隐性规范的关系处理，这些概念和理论解释了藏文化用品在形象设计上的改变，以及访谈的一些藏商们对于传统的守护。这符合学者们的研究，他们的研究指出，在文化变革的过程中，最容易变化的部分是显性文化部分，比如外形、材料、构造等，而这些物品所凝结和固守的一些价值观念、文化信仰等方面的隐性文化部分的改变却是非常缓慢的过程，比如佛像造像的尺度、宗教类唐卡绘画的规则等。爱德华·T.霍尔进一步将他提到的文化——显性文化和隐性文化归纳为十大信息系统，包括互动、联合、生存、两性、领土、时间、学习、消遣、防伪、利用，这些讯息系统反映了文化的生物基础和行为模式，记录了人类文化的形成过程，并在每个系统周围形成了公开、隐蔽和技术三个文化层次，不同层次的文化变迁具有不同的特征。也正如费孝通（2009）先生所说的文化的“历史性”和“社会性”，文化所拥有的根性或文化是有基因编码的，不会轻易随着社会的变迁发生改变。

表 1–1　爱德华· T. 霍尔的文化理论

十大信息系统	三大层次	
1. 互动 2. 联合 3. 生存 4. 两性 5. 领土 6. 时间 7. 学习 8. 消遣 9. 防伪 10. 利用	1. 正式的 2. 非正式的或者 3. 专业的	1. 公开的 2. 隐蔽的 3. 技术的

根据这个文化层次理论，可以更深层次地理解藏文化用品街上那些琳琅满目的藏文化商品，包括传统宗教用品和那些新兴的时髦民族风礼品。对于宗教文化的隐性文化系统和显性文化系统所对应的商品和礼物，技术文化系统对应文化产业，也可以通过十大信息系统的分析，分别研究文化系统的构成及其特征，以及他们所构成的制度和规则。这些概念的确定让论文研究有了一个更加具体的切入方向，即藏文化用品街上出售的这些宗教文化商品和其他行业的商品在生产、流通、市场等方面有没有区别呢？经济利益是形成这条街道的主要推动力吗？宗教文化用品商品化的过程在传达藏族社会的什么信息呢？

我清楚地记得第一天进入藏文化用品街的场景，和所有的人类学家的经历一样，田野调查工作的开始，你所观察到的现象、听到的消息或者别人讲给你听的故事可能都不是事实，正如马林诺夫斯基先生强调的：你必须在田野调查地点待上至少一年的时间。即使这样也有真相难辨的情况，比如玛格丽特·米德（Margaret Mead，1901 — 1978）的萨摩亚人研究，其著作《萨摩亚人的成年：为西方文明所作的原始人类的青年心理研究》是20世纪最流行的人类学著作，一度被选入20世纪100本最重要的书籍，对后来的女权运动和性解放运动有深远的影响。后来澳大利亚国立大学人类学教授德里克·弗里曼（Derek Freeman，1916 — 2001）在萨摩亚做了四年的追踪研究，重新采访米德曾经采访过的年轻姑娘——已经变成老太太的关键报道人，她们说当时年轻的米德过于轻信她们所说的话，把采访对象讲的笑话当成了事实。弗里曼出版《玛格丽特·米德与萨摩亚：一个人类学神话的形成与破灭》一书，否定了《萨摩亚人的成年：为西方文明所作的原始人类的青年心理研究》的主要发现，弗里曼认为萨摩亚年轻人的性生活绝非米德所说的那么开放，是米德用来迎合其导师博厄斯的文化决定论观点。1999年，弗里曼出版《玛格丽特·米德的致命欺骗》一书，进一步提出米德被其采访对象骗了。且不评判文化决定论的是与否，田野调查工作中经常“失实”的说法是有道理的。

当我进入藏文化用品街的第一家店铺，听到了一个关于这个店铺和女主人的美丽故事，包括她所售卖的宗教商品的神秘性，她的店铺和遥远的西藏寺院联系在一起，她在商业之外附加了很多关于文化和意义的故事，我当时就被这个内容吸引，也极大地影响了研究主题的确定。但在后来数次的田野调查中，我收集到了这家店铺和女主人的几个完全不同的故事版本，随着不断收集到类似的故事，我发现这是田野调查中普遍而又合理的事情，对于一个陌生人，人们为什么发自内心的、没有掩饰的表达呢？但我很好奇他们为什么把自己的生意和那么多的故事关联起来，无论是真的还是自己构想的。

进入田野：从美丽的故事开始

2010年10月3日，在成都民族用品街上的第一天，我在街道上逛了一天，进入店铺时大多数人认为我是游客，但他们不会向我推销他们的商品，除非我问起那件商品。为了打破无声的尴尬，我买了各种小物件，包括藏族首饰、吉祥小挂件等，然后问问那些物品的来源、他们的家乡之类的话题，等渐渐熟悉了这种对话方式，我试图采访一位汉语说得很标准的藏族女孩，并向她说明来意，她很不解地问：“为什么是我，为什么你们选择我们来做采访?”我不知道该如何跟她解释，因为曾经我也遇到过同样的情况，以前也有人类学家在我的家乡做研究，说要研究我们的生活，当时我也问过这个问题，但同样没有得到合适的理由和解释，也许每个人都会成为别人眼中的他者，同样会提出这样的问题。最后，我的访谈因为太匆忙而失败，我微笑着离开她，并告诉她那是我的一项作业，如果她有什么问题问我，我也会回答她的，这是一次没有结论但有意义的对话，让我明白进入田野调查是需要时间的。

那天晚上，我第一次在藏餐馆吃饭，虽然藏餐的味道和平时的饮食习惯有差别，但我的适应能力比较强，很快喜欢上藏餐，而且在这里吃饭也是我的必修功课。以后的事实证明，我确实会经常地想起浓浓的酥油茶、酥油饼、酸奶饭，还有忘不了的是和几个藏族老板一起吃的生牦牛肉，喝的藏地青稞酒。就这样，和这条街道的真正认识从这家藏餐馆开始。这家藏餐馆在二层楼上，三四十平方米，厅内有八九张餐桌，和一般餐馆没有什么区别，大厅最里面有一块特别的空间，墙上是佛像、萨迦法王的照片、还有一些大喇嘛和上师的照片，下面的书架上各类的宗教书籍整齐陈列，两张沙发是留出来读书喝茶的，经常会看到一些喇嘛坐在沙发上看书、喝茶吃饭，让餐厅增添了几分雪域的味道。大厅里面有一间单独的套间，完全是藏式设计，用八宝吉祥图的门帘遮着，里面是藏式的家具和摆设，那天有一群人席地而坐，吃喝聊天，时不时有人亮出高亢的歌喉。我吃了一碗牛肉面片，一碗12元，分量非常足，和甘肃藏区藏家里吃过的面很相似，他们说并没有雇佣特别的厨师，是自己的亲戚过来帮忙，所以做的时候并没有特别的讲究，还有一壶酥油茶15元。吃完饭后，我和店主已经熟悉了一些，他们几个男人在制作一个木头箱子，说要把一尊佛迎到（快递邮寄）五台山，女店主这时比较空闲了，便和我聊起来，从她绿松石的耳坠聊到她的生活、她开店的经历。

图 1–1 进入田野调查的第一家藏餐馆

她很自豪地边说边介绍店里的产品："我之前上过大专，学前教育专业，曾经在西藏教过学，会藏语和普通话，后来店铺需要人来经营，所以就没再工作了。我的绿松石耳坠和我店里卖的是一样的，是从印度进口的，做工比较好，店里的东西也都是从印度、尼泊尔进口过来的，那边的布料和唐卡是纯手工的，我们直接从尼泊尔、印度手工艺人家进货，因为堪布叔叔现在在印度，进货比较方便。而且哥哥在日喀则有自己的萨迦寺，这个店铺和餐馆都是寺院的，寺院有200多个徒弟，在当地还建有一所希望小学，店铺和餐馆的大部分销售收入都会用来维持寺院的运转和修缮，所以这些是'慈悲的生意'。而且他们曾得到过一个叫'美丽'的姑娘的赞助，所以店的名字会带上'美丽'二字"。

当我咨询有关住宿的事情时，她告诉我这条街道上有很多家庭旅馆，他们相互都是朋友，可以给我介绍，然后她用藏语打电话，让我到指定的一个小区门前等，会有人出来接我。就这样我住进了一家家庭旅馆，并在旅馆中认识了房主和很多的房客，这条街道中的人并不只是生意人，他们或是同乡，或是亲戚，或是朋友，这样的关系网络也方便了我顺利地进入田野。每次我有住房需求时，他们都相互推荐，一家客人满了就会介绍我到另一家，所以我熟悉了很多家庭旅馆，这些房东和客人的故事成为本研究的重要的案例来源。通过他们的介绍，我也认识了第一批走出高原做生意的老板们、教我学藏语的小喇嘛、我教他们英语的藏族小店员……一个个故事拉开了帷幕，终于越过了田野调查的“冷冰和寂寞期”，藏族街的记忆也在故事中浮现出来。

博士期间的田野调查与启示

在博士期间断断续续一年的田野调查为本研究奠定了研究基础，虽然自己仍觉得没有达到理想的状态，但总结了很多田野调查的经验，这些经验成为这次研究过程中的重要指导。为了和本研究的田野调查心得有所衔接，特将博士期间的田野调查心得简要归纳如下：

1.不能被田野调查的挫折打败，多次尝试

在刚进入调查时候，因为“文化震撼”感到兴奋，随后便遭受了一系列的打击，包括被访者的拒绝和质疑，获得毫无用处的信息，因此而引起各种不适，情绪低落。硬着头皮经过了两到三次的努力，最终才被逐渐的接受。

笔者前后六次正式进入藏文化用品街进行田野调查，每一次都有新的资料、新的认识和收获，而且在每一次离开后，经过远距离的思考，再进入的时候，观察的对象会更加客观，更加有意义，之前的资料也会得到更进一步的验证。

2. 不断来往于调查点，主客位转换

当对调查点的人和事情比较了解，和访谈者走得较近以后，各种信息会迎面扑来，日常交往变得轻松，从而经常会忘记自己的角色，主客位混淆。所以当走出调查点以后，经过不断地回顾田野中的自己和他者，对所记录的田野笔记进行资料整理和分析，思路再一次清晰，然后再进入调查点。这样不断地来往于田野，从里到外、从外到里不断观察，不断进行学术研究，和实践生活相结合，实现主位和客位相结合的民族志研究方法。

3.进行多重角色转换和三角论证

在田野调查中碰到的每个人都有可能成为研究对象，和他们聊天，和不同的人聊同一个故事，因为在一个社区中，尤其像这样一个看似松散实际民族认同感很强的群体之中，大家像生活在一个村落一样，其中发生的故事在村落里是流通的，有一个看不见的“公告栏”。所以，当一个故事通过几个人的陈述和补充后，几乎能显露出它的原型。还俗的喇嘛只是给我讲了他当时还俗是为了一段感情，通过后来与很多人的聊天，证实了他确实是因为喜欢一个姑娘放弃了喇嘛生活，谈了好几次恋爱，现在已经结婚，成为一个商人，在成都过着普通人的生活。

4. 寻找合适的访谈方法

在书本上接受的田野调查训练也许并不完全适合你的研究，比如常用的问卷和结构性访谈在我的田野调查中无法实施，生活在城市中的藏族，被人们有意无意地仔细观察或者成为研究对象，所以他们对填问卷、记录、录音等都是非常抗拒的，当我一天只做完3份问卷，而且是非常困难时，我意识到必须要找到适合这里的田野调查方法。对于那些非常愿意跟我接近的藏族朋友，我再也没有拿出问卷，完全成为他们忠实的倾诉对象，一起生活显得比其他方法更加重要。

5. 田野调查中不能停止专业请教

博士论文从选题到田野调查，每一个阶段中都不断地拜访相关领域的专家，请教遇到的各种困难。西南民族大学的很多专家也很熟悉这个街道的情况，所以一旦遇到新问题，有了新结论我就会找他们请教，避免顺着自己孤立的观点误入歧途。

6. 主题转变是可能的

做田野调查是非常复杂的过程，方法不断调整变化，研究对象、研究内容也会突然出现转变，终于理解了为什么实践才是检验真理的最好途径。带着假设和已学习到的理论进入调查点，发现理论和方法完全是不适应的，很多问题不是只有一种结论，也不是一个长效的结论，它们非常具有时效性，带着随时可能变化的主题进入调查点是理智的。这种体会在毕业之后进入那条街道后更加明显，因为角色的变化，从研究者变成探亲访友，从访谈纲要和问卷的框架中出来后，发现了这条街道更有意义、更加突出他们生活背后的逻辑，正是现在要研究的主题，即这里虽然也是一条商业街，但它的存在和繁荣背后不仅和商业有关，也和文化意义有关，包含仪式、信仰等。

7. 短期访问、长期朋友

因为研究方法发生了变化，朋友对我来说更加重要，但交朋友也是非常难的事情。我通过买菜做饭、游戏玩耍、相互帮忙、赠送礼物、一起学习等各种方式，付出真心帮他们解决问题，比如教会他们如何在网络上找工作，如何用新的方式经营生意等。成为朋友后，我们听到的故事就更多了。

毕业以后作为朋友看望他们，我虽然是完全放松的心态，但之前的调查让他们一开始还是有所警惕，我告诉他们我要做的比较严肃的事情已经做完了，现在就是在写这样一本书，如果他们愿意成为书里的角色我就写进去。经过一番解释后，他们不紧张了，说“也没什么，可以写的，还可以提供一些照片之类的”，接下来就是“扯闲话”了，送礼物的我却接受到了他们的一些“礼物”，当我收到一个一直对我有戒心的朋友的唐卡时，我说那太贵重了，他却说“我们是朋友了，没关系”，这句话对以后的田野调查既有好处也有负担。

离开调查点并不意味着结束田野调查。毕业后和访谈的朋友们的联系并没有结束，所以田野调查似乎也没有结束，我们通过各种方式保持着联络，从开始的电话沟通到各种网络社交媒体的应用，我可以从QQ、微信中经常看到他们的生活状态。在新的研究中，这也成为我访谈的一种新途径。

从2010年开始准备以藏文化用品街作为博士论文的调查点，之后大约一年的时间便往返于街道、家和学校之间，其中约有六个月住在街道的藏族姐妹家里，2012年3月份大概完成了毕业论文。但是，我毕业后并没有“离开”那条街道，经常会去住一段时间，在藏餐店里喝酥油茶，找老朋友们聊天。街道每年都发生着变化，有的店铺转让了，又有新的店铺和商品进入街道，还会认识一些新的朋友。当放下做论文的目的，和其他游客一样住在那里，才发现一年左右的田野调查并不能观察那条街道完整的生活，尤其是带着很多预设的前提和目的。虽然近一年的考察，并结合写作论文的任务，了解了街道的基本状况和生活在街道中藏人的生活，但对他们的深度理解还相差很远，所以又开始继续写田野日志，对藏文化用品街的理解逐渐深入，也更细致地理解了这条街道藏人生活的世界及意义体系，在这个过程中接触到了很多藏族商人，无论他们是自己做生意还是为寺院管理生意，他们表现出来的不仅仅是商业行为，还包含着更复杂的意义，这些隐形的力量也许正是形成这条街道并驱动其商业发展的重要动力，这个体验让我决定重新进入街道，把这几年的观察、记录以及思考呈现出来，让更多人阅读，也许会带来更完整的理解。

从重新阅读民族志著作，重新翻阅几年前的田野日志开始，一幕幕或感动、或尴尬、或新奇、或熟悉的情节浮现在眼前，当时的碎片逐渐形成一个整体，一些行动和意义也开始关联起来。其中有些人至今我们仍时常来往，已成为熟悉的朋友，或是像家人一样，会一起聊一些更加家常的话题，同时又认识了很多新的朋友，听说了很多新的故事。越接近这条街道，越感觉到街道中这个群体饱满的生活，他们的生活并不只是和商品、市场联系在一起，他们把遥远的藏区家乡、藏族社会的文化历史及人们的生活世界连接起来。那里是一条小街道，也是一个大世界，还蕴藏着很多故事。

本研究的期待

我希望本研究第一部分的价值更多能通过田野调查的过程体现，它是民族志的基础任务和核心工作，它也是引导我们看到更深层次文化意涵的来源，所以，当决定进一步研究这条街道所隐含的文化、社会逻辑时，我仍然觉得民族志是必要的基础。通过田野调查的过程，我希望从文化陈述过渡到文化诠释，最终实现深度的文化理解，并试图有些许的文化批判，做一本有意义的民族志。真实的文化陈述是第一步，主要有尽力去记录报道人的原话，包括他们的家常闲话；描写日常生活中的细节和行为，包括对厕所的疑问；陈述个人的故事，以及各种风俗发生的过程和风俗物件，等等。文化诠释不免有两种观点，一种是来自直接观察的当地人观点，他们对自己的文化知识体系、行为模式等有一套自己的理解和解释，另一部分解释基于观察者自己的观点，虽然存在差异，但希望尽量避免偏见，“以尊重、真正理解的态度，掌握其他社会的根本观点”（马林诺夫斯基，2009），这是民族志努力达成的重要目标之一：理解文化和文化理解。

文化的变迁与适应是一个漫长复杂的过程，世代生活在高原上的藏族人进入城市，很多风俗习惯和文化特征与城市生活的对接有一个过程，很多城市规矩对于他们来说是新事物，就像小孩子才开始学习拿筷子吃饭、学习走路一样，家长对孩子总是耐心的教导，给孩子学习的环境，还要鼓励孩子产生学习的动力，这些是非常重要的。而且和基因一样，文化的基因也是世代传承的，文化的多样性特征表现出文化的丰富多彩，我们不仅要从其他文化的观点看待他们的文化价值，同时我们自身的文化只有在观察这些丰富多彩的文化特征时，才能给我们的价值观带来启迪，更加明白我们自己，这就是文化批判。民族志的文化批判并不是驳倒哪一方，而是像圆圈中的锅庄舞，任何人都可以随时加入舞蹈，有圈却无界限。我们需要这样的心胸来认识这个人类共同生存的时空。

归纳博士期间的田野调查工作，总体上还是按照人类学传统的训练，基本上按照传统的方法完成，虽然困难重重，但这次田野调查的过程本身反映出这条街道的封闭性和街道上的藏族人对外界的防范心。论文完成后我紧张的心终于渐渐放松，以后每次到这条街道，我的角色要么是纯粹的顾客，要么是串亲戚访朋友，从来没有设计过问卷，也没有任何的访谈纲要，只是认真地倾听了许许多多事无巨细的故事。当然，毕竟这里曾是我的田野调查地点，无意间必然带着观察者的意识，但这时候的交谈是互动的，彼此更加深入认识的过程，也相互成为对方的观察对象，对田野调查有了进一步的认识：像一个锅庄舞一样的圈但并不封闭。

（二）田野心得：城市民族志的过去与现在

走进城市：城市民族志的过去与现在

2009年我进入中央民族大学攻读博士。西方人类学从对外的殖民主义应用研究模式开始反思性的对内研究，中国人类学已经从传统的人类学研究范式向更加适合中国本土的研究方向发展，中国人类学和西方人类学形成的分歧重新开始对话。这个时候我们学习人类学的重点更多地接纳了后现代、后殖民主义以及更多的反思，中国的人类学、民族学的视野越来越朝向全球，从农村、边疆和民族地区开始走向城市、中心和中国。所以我的毕业论文也和导师们观念的转变有关系，他们鼓励我走进城市（成都）做田野调查。

当我做完毕业论文，并以毕业论文为基础申请了国家社科基金的赞助，继续做田野调查时，我发现我的田野调查从来就没有做完，我对这个城市的群体没有深层次的理解，无论是陈述还是描写，都不是立体和饱满的，研究的基础和得出的结论都显得缺乏足够的力量。所以，当多次进入调查点时，我发现它是一个移植的、完整的社会文化群体，它不但承载着原生地文化的传统，也在所在城市环境中呈现出新的特征，它不仅连接着原生藏区的人和社会，也呼吸着所在城市的各种气息，它是一个古老的民族，又是一个新生的群体，它可以实证文化自力更生的创造力量，也发出了城市发展的另一种声音，这些议题需要更加深入地去研究，更仔细地观察，更加近距离的体验才能感知这个群体，理解这个群体的日常生活和文化结构。所以，详尽描述这些城市的藏人及他们的文化生活有很大的现实意义，无论作为藏族文化社会变迁的一部分，还是属于现代城市文化的新现象。而且，暂时放下把它作为城市或者民族问题来研究的想法，重新进入这些藏人的生活，观察他们、理解他们，在现代城市语境中和他们对话，我们可以重新理解这样的城市民族志。

民族志是建立在对一个民族、一群人或一个文化群体的观察和体验基础之上的，对其进行详细的、动态的、整体的描绘，然后还要探究文化群体的日常生活习俗、文化社会结构以及行为态度模式，等等，希望通过观察和了解各种文化群体的文化模式，内省自己的文化发展进程，更全面地掌握人类世界的“本相”。更加具体的民族志就是对某一“社区”的文化生活所做的全面描述和探究，吴文藻先生界定“社区”时包含了三个要素，即人民、人民所居处的地域和人民生活的方式或是文化，社区是按照一种或几种特征居住在一起的社会聚落，可以是民族部落、民族、村落、都市街道等，有些社区是由于文化特征而自然聚集成的，有些是按照行政区划人为规划形成的。“如果没有民族志，文化研究不可能完整。”① 民族志既

① LUKE ERIC LASSITER. 欢迎光临人类学[M]. 郭祯高麟，等译. 新北：群学出版有限公司，2010：8.

是研究文化的田野调查方法，也是书写文化的方式，作为一种书写文类，民族志为研究民族性提供材料，而民族志最终的目的是为了引发更广泛的探讨文化在世界各地人们的生活中究竟扮演什么角色。需要“以尊重、真正理解的态度，掌握其他社会的根本观点……我们必然能拓宽自己的视野，如果我们不能摆脱打从出生以来就浸染的风俗，信仰与偏见之束缚，那么我们将不可能拥有如苏格拉底般的智慧，彻底明白自己。更重要的是，没有什么方法比从其他社会的观点看待他们的信仰与价值更能启迪我们了。当今之世，恶意和仇恨正分化着欧陆国家，一度被视为能展现文明、科学和宗教最高成就的珍贵典范，如今早已灰飞烟灭；文明的人类比以往更加迫切的需要如此相容并蓄的心胸。这个探讨人类的科学正以它精微、深邃的版本，在理解他人的观点的基础上，指引我们达到这种见识、包容和宽大”①。

但是，在民族志的发展进程中，无论是西方还是中国，也无论是古代游记式民族志还是从博厄斯、马林诺夫斯基等人类学家开始的专业性民族志，远方的、原始的“异族”“他者”一直是民族志正统的研究范畴。所以，美国西北海岸的印第安部落、新几内亚等太平洋岛国、非洲及世界各地“原始”部落等都成为民族志实地研究的重要区域，城市社区在民族志的早期研究中只是个别的关注，直到近代，随着民族独立运动的胜利、殖民时代的结束，传统的民族志的田野调查发生了翻天覆地的变化，就像马林诺夫斯基在20世纪早期预言可能在一到两代之间，他们或者他们的文化在实质上就会完全消失，从如今的事实看来，文化消失的速度要比自然中的河流湖泊、气候变化等要慢得多，而且它还可以蔓延到其他地方生根发芽，开辟出另外一番天地来，只是文化和自然界一样有自己的生态系

① [英]布罗尼斯拉夫·马林诺夫斯基. 西太平洋上的航海者[M]. 张云江，译. 北京：中国社会科学出版社，2009：15.

统，也怕被人为过多干涉和污染，而且被毁坏后的文化比被污染的自然生态更加难以修复和复得。比如生活在青藏高原的藏族，目前在全球化、现代化的影响中，在朝圣旅游、慈悲经济的推动下，他们的身份和文化成为当前流行的资本，给他们带来实际的经济收益和新的世界观念，他们从高原走下来进入现代城市中寻找新的生存空间，逐渐在城市中成为带有特殊文化的群体。像成都藏文化用品街这样的模式，已经成为全世界很多城市的一种社会文化现象，包括欧洲、美国、意大利等国家。这些流动人口将带动各种文化的又一次大碰撞、大融合。城市化并不是将城市之外的世界隔绝，城市化不但需要形成一大批的现代城市，“化”是一个动态，一种关联和开放，是越来越紧密的和城市外连接，不但不能缺乏乡土气息，还将背负起承载和储存多元文化，并保持这些文化生态链不能断裂的责任，这才是有生活气息的现代城市，而不至于让城市变成珍贵的幻影。民族志从早期就记录了一些城市中很多特殊群体的状况，目前全世界的城市正经历着更加快速、更加复杂的成长，也记录着人类所经历的这个时代的重要特征，城市民族志应该真实描述城市当中的各种“小传统”，成为我们认识人类当前处境的一面镜子。

成都藏文化用品街是在时代背景、政策制度、文化特征、现实需求等多种力量的推动下形成的一个民族街区，另外在成都周边的县区也有不同形式的藏族聚落，构成了现代城市中一种新型的社区，成为都市当中一道亮丽的风景线。无论在成都，还是在四川其他很多县市城镇的小区中经常有进进出出、身穿藏服或带藏饰的藏族；在超市、商场、街道上也不乏藏族男女和身着喇嘛服的喇嘛们采购东西。以前人们觉得惊讶，后来多看几眼，渐渐感觉没什么大惊小怪。“知乎”（https：//www.zhihu.com）网上的一则帖子内容可窥一斑：

成都人一枚。小时候住在西南民大附近，感觉没什么不同。有些藏族人还保持自己的装束，有些穿的跟其他人一样。幼儿园最好的朋友是藏族，除了那条油光水滑、每次睡觉起来都要老师重新编很久的大辫子之外，没有什么特别的地方。后来我们搬走了以后把房子租给一个叫扎西的虫草商，他用我们的洗衣机捣酥油 …… 太机智。高中的藏族同学也有取汉名的，不过长相一下就看得出来。体育好，观察红细胞的时候发现人家的红细胞不管从哪个方面都比我这个轻度贫血的人牛多了 …… 总之，成都的藏族生活方式完全现代化了，当然，信仰、饮食也有保留的地方。我在外地上学的时候看到四川的藏族感觉比外省的汉族亲切多了，谁让大家都说一口标准的椒盐普通话呢。（作者：薄荷味的小怪兽）

过去我们也许也会把这样的现象作为城市问题去研究和治理，因为城市民族志的过去 —— 社会问题式趋向。如果像福特斯（Meyer Fortes）把社会文化人类学的研究分为两个传统，即一个为“社会的”，另一个为“文化的”。前者主要研究亲属制度、社会结构等，后者更加关注信仰、宗教、仪式等文化结构传统，那么早期的城市人类学或城市民族志更多地趋向于“社会的”传统，尤其在西方世界，从17世纪以来思想家和政治家们为了社会管理和社会改良开始进行各种调查。随着现代化和城市化步伐的不断加快，一系列的社会问题随之出现，在此背景下出现了社会学者们对城市各种社会问题的调查研究，其中部分成果和结论也为城市民族志研究铺垫了道路。比如美国历史上第一个获得黑人博士学位的黑人杜波依斯通过学术的力量提出美国黑人文化的价值，通过描写黑人多方面的商业活动，讨论黑人对费城政治生活的贡献等，唤醒和激发了黑人群体意识，他的著作《费城的黑人》（1899）成为早期城市民族志的典范。布思（C.Booth）从1886年开始经过18年写成了17卷的著作《伦敦人民的生活与劳动》，通过对社区生活的个案研究，并在此基础上综合了访谈法、问卷法和观察法等多种方法，运用地图、图表和统计表等各种工具，成为社区生活调查的创始人，开创了城市社区的研究方法，他的研究对英国1908年颁布的“老年抚恤金法”起了很大的推动作用。保尔·凯洛葛的《城市化的社会结果》（1907）、托马斯（W.Thomas）和兹纳涅茨基（F.Znaniecki）的《身处欧美的波兰农民》（1927）、帕克（R.Park）的《波兰移民》等对城市内不同的少数民族群体、亚文化群体进行了研究。早期的都市人类学无论是研究对象、理论和方法都和都市社会学区别不大，关注的焦点主要是人和社会。

当然，这并不是说城市民族志完全抛弃社会问题式的研究，只是关注的问题更加多元化，比如2016年文卡特斯的《城中城》再度出版，就表达了这样的观点：“社会学家认为，民族志研究者在街头巷尾漫无目的地‘混’，是以现象学姿态进入被观察的世界，是探究生活本相的必经之路。民族志书写总是企图在日常生活的池底将沉淀物搅动，使原本清澈的图景变得混沌。民族志确实可以让一些原本耸人听闻的人或事变得可以理解，但这种理解的代价是不断直面生活从规范框架中旁逸斜出的乱枝。”“为撰写博士论文，文卡特斯变身‘流氓社会学家’，亲自打入黑帮内部，开始了他长达十年的‘街头生活’和与‘黑鬼们’的深入接触。”“作者如解剖生物一样将皮毛之下的脏腑都暴露出来，意在揭开城市华服的另一面，让虱子跳蚤显形。”“文卡特斯及许多城市问题研究者早已证明，即使没有实体围墙的‘保护’，低收入群体及其他边缘人群也很难渗入不属于他们的社区。”①

城市民族志的转变——“文化传统”研究的介入。当现代化的足迹

① 袁长庚.《城中城》：文卡特斯的城市民族志[EB/OL].（2016-09-12）. http：//cul.qq.com/a/20160912/025093.html.

踏遍世界的各个角落，民族志传统中所专注的“他者”或“异文化”不再是孤岛，人类学家们从所谓的海岛、山林等蛮荒之地走进城市，和城市居民一起生活，体验和自己相近的处境中不一样的生活和文化状况，城市问题的研究越来越具有了人类学的意味。林德（Lynd）夫妇的城市研究，问题性研究开始转向文化探讨，研究对象的形态变得立体和饱满，从个体的心态到群体文化的各个方面，比如他们的著作《中镇——美国现代文化研究》（1929）、《过渡中的中镇——文化冲突研究》（1937），怀特（W.White）的《街角社会》（1943），对波士顿市的一个意大利贫民窟的一项实地研究，街头巷尾的意裔青年的生活状况以及他们所处的社会环境、面临的社会关系等进行的记录和分析，运用实地调查的方法，以讲故事或叙事的方式，让研究显得生动，有血有肉。

二战以后随着殖民地国家的先后独立，全球化的进程加快，世界性的人口移动浪潮随之而起，其中包括美国黑人、华人、东南亚国家移民，欧洲各国的少数族群，另外包括一些国家的政治难民等，纷纷迁移到欧美各大城市，成为城市中一个特殊的群体，同时也成为都市民族志的重要研究对象之一。对这些群体的研究结果，形成了都市民族志的一些研究学科、研究机构和一些重要的民族志著作。比如，国际上通常认为都市人类学作为独立的人类学分支学科是从20世纪60年代开始的，1978年12月在印度德里举行的第十届国际人类学和民族学大会（首届国际人类学和民族学大会于1934年在伦敦举行）之后，印度人类学者学者G.安萨里先生提出和准备筹建都市人类学委员会，并于1980年在荷兰阿姆斯特丹召开的第十一届国际人类学与民族学会上正式提出建立常设机构并得到批准，紧接着都市人类学研讨会于1982年7月在维也纳召开，主要讨论了都市人类学研究的主题和方向，会议上学者们提交和讨论的会议论文编辑成为《城市对话：都市人类学启动》。同时具有影响力的美国人类学会内部分支机构都市人类学会（SUA）于1979年成立，是都市民族学研究发展过程中的一个重要事件。另外，都市民族志方面研究的重要期刊杂志《都市人类学》1972年正式创刊。从20世纪60年代开始，人类学对城市的研究便成燎原之势，迅速展开，正如罗伯特·V.肯伯（Rovert V. Kemper，1991）所说："从1990年起的将近20年中，人类学对于都市研究的重要性已得到了学术界内外很多同行的公认，甚至我们的人类学同行也理解了都市方面研究的必要性和价值。"① 都市人类学的研究内容在人类学和民族学的基础之上不断地完善自己的体系和内容，一方面对城市特征、城市主体、城市社会和文化有了更深入和多元的解读，同时也对传统的民族志的理论和方法带来了新的挑战和机遇，视野变得更加广阔。在内容方面，都市民族志研究不仅保留了民族志的传统研究主题，亲属制度、宗教、仪式等，也结合了新的时代背景和环境中出现的社会文化变迁与适应、民族关系、人口流动等等新主题，同时也参与其他跟城市相关的各研究领域，比如城市规划、社区建设、城市建筑、城市经济等等，成为研究城市的一个重要角色。这些城市问题的研究对现代城市发展具有重要的意义，所以都市人类学的地位也日益提升，人类学者们对城市研究的兴趣日益浓厚。

中国的城市民族志和国外都市人类学兴起的原因一样，20世纪80年代以后，中国城市化运动开始掀起浪潮，随着城市化的发展，城市的开放性和包容性越来越凸显，尤其城乡一体化的建设推进了我国城市特性的变化，城乡人口流动加速，城市群体多样化，城市文化多元化。与此同时，城市化过程中带来的城市问题越来越复杂化，顺应我国城市民族问题研究的需求，城市民族志的工作首先从一些相关的部门开始，从城市的民族问题着手，调查研究城市民族关系、城市民族文化变迁与适应问题、社会融

① ROVERT V. KEMPER. Urvan Anthropology in the 1990s：The State of its Practice[J]. Urban Anthroplgy，1991，20（3）.

入问题、城市民族文化传统存续等问题。城市相遇民族文化成为中国城市发展中的一大特色，促使人类学领域开始关注城市群体社会文化的研究。对这些问题的关注也催生了中国都市人类学的发展。20世纪80年代后期，中国开始筹备中国都市人类学大会，并于1989年12月在北京召开第一届都市人类学国际会议，主要讨论了中国都市人类学的理论和方法，地位和研究方向，都市民族的文化和民族关系，都市民族移民及社会适应等问题。随后开始讨论中国都市人类学的机构建设问题，并于1992年成立了中国都市人类学会，在研究内容方面根据中国国情和城市社会发展的现状，提出了人类学和民族学不仅要研究少数民族和偏远地区，都市人类学也不只是研究城市中的少数民族，作为56个民族之一的汉民族研究也是都市人类学的主要研究对象，并强调用发展的、多元的观点来观察都市和研究文化。改革开放后中国人类学重新获得发展的机会，与国际人类学的交流恢复正常，中国人类学研究的世界地位也逐渐提升，到2003年中国获得了“国际人类学与民族学联合会”的举办权，在政府支持和各相关领域的努力下，第16届国际人类学与民族学大会于2009年在中国昆明召开，通过这次国际性的会议，中国都市人类学逐步进入了国际人类学的视野，并将都市研究方面的论文编辑成《都市族群与族群关系》出版，这本编著反映了我国都市人类学的研究方向，即中国人类学对都市的研究传承了中国人类学（民族学）的传统，为党的民族工作服务，所以中国都市人类学初期的主要议题是“在收集资料和实地调查的基础上对城市建设和城市民族关系、城市化进程中与民族有关的社会问题以及城市在推动民族地区经济文化发展中的作用进行研究”（《中国都市人类学章程》）。

中国都市人类学经过近20年的发展，无论从理论的成长还是实践的道路探索都有了很大的收获，从研究成果的内容来看，主要体现在三个方面：一是城市民族关系研究，二是城市民族问题研究，三是城市化进程与民族相关问题，少数民族在城市化进程中的角色地位以及功能意义等研究也成为都市人类学研究的重要方向。比如张继焦的《城市民族工作》（2001）、《城市少数民族的人口流迁与民族关系》（2000）、林钧昌《城市化进程中的城市民族问题研究》（2006）；蒋连华《当代中国城市民族关系研究》（2011）、江曼琦《少数民族民族经济发展与城市化问题研究》（2009）、李吉河《中、东部地区城市民族关系研究》（2013）、梁警宇《牛街：一个城市回族社区的变迁》（2006）、麻国庆《文化生产与民族认同——以呼和浩特、银川、乌鲁木齐为例》（2012）、白友涛《熟悉的陌生人：大城市流动穆斯林社区适应研究》（2011）、马胜春《中国城市少数民族流动人口的生活适应性研究》（2012）、张实《云南香格里拉县“藏回”族群研究》（2012）、马艳《一个信仰群体的移民实践：义务穆斯林社会生活民族志》（2012）、操竹霞《皖江城市带回族文化涵化研究——以几个胡祖传统社区为例》（2014）等等。近几年来“问题”研究和“文化”研究结合得越来越紧密，对城市族群的研究从集体偏向个人，从政治形态向文化生态转向，从被抽离的部分问题研究转变为饱满、生动、真实的社会生活民族志书写。2013年张春海在《中国社会科学报》发表《都市人类学聚焦城市人文关怀》，更加凸显出现代城市发展不仅仅是经济问题，文中采访了相关的学者，周大鸣提出文化研究是都市人类学的下一步重点，沈清基提出都市人类学能够加强城市规划中的人文关怀，徐杰舜认为中国都市人类学的关怀是对乡村关怀的延伸。

通过中国都市人类学的发展过程来看，中国人类学和社会学对于城市研究总体上倾向于“问题”，无论是城市民族工作、城市民族关系以及相关的城市民族问题等，都建立在国家政策和制度的框架内，为满足解决面临问题的需求而做的应用性研究，关注的落脚点多放在城市发展，比如城市规划、城市治理等等各种城市工作。整体观结合个案研究民族志基本范式并没有广泛应用到城市民族志研究中，而创立了科学主义民族志的马林诺夫斯基，在其民族志先锋著作《西太平洋的航海者》谈到整体观时说："必须把社区中社会的、文化的和心理的所有方面作为一个整体处理，因为这些方面是如此错综复杂，以至于不把所有方面考虑进来就不可能理解其中的一个方面，尽管本书说的是经济，但却常常涉及社会、机制、巫术力量、神话传说。"①

城市民族志在其特殊背景下整体观显得界限模糊，难以琢磨，但一个人、一个社区或一个群体研究需要把城市、国家甚至全球背景都考虑其中，才能全面深入地理解城市的各种群体，城市民族研究也才不会显得骨感而不饱满。所以，城市民族志的研究应该参考人类学传统民族志的一些基本观点和范式（田野基础、整体观、相对观、跨文化比较、文化分析等），在成熟的经典人类学民族志经验引导中找到其特殊性（比如跨学科、跨社区、跨地域等），这也是一项长期而复杂的工作，但必须有更多这样的民族志学者和作品去尝试。成都藏文化用品街，在空间上突破了社区的地域空间，也跨越了文化界限，这条街道及街道中的藏人不仅和城市有关，而且和他们的原生地关系非常紧密，现代化、国际市场等对其的形成和发展也有着巨大的影响。同时，在做城市民族志考察时，应多一分理解少一分判断。城市族群被作为问题研究了很长一段时间，而且也成为前期城市研究的主要方向。以文化相对论的观点解释城市不同族群间的文化逻辑，看待和理解不同族群的行为习惯，并能够在"差异"中找到和谐共处的"相似"之道，这应该是城市民族志对城市的研究和社会学对城市的研究的重要区别之一。

本研究田野调查地点跨出了成都藏文化用品街，从一个相对封闭的社

---

① [英]马林诺夫斯基. 西太平洋的航海者[M]. 梁永佳，译. 北京：华夏出版社，2001：1–3.

区走进更多形式的城市藏族聚落。在民族志方法方面，本研究的重心从比较全面的文献研究、参与观察、问卷调查等整体研究向关键报道人、非正式访谈、深度访谈、生命史、关键事件等方法转移。正如梅瑞迪斯·高尔（M.D.Gall）等在《教育研究方法》中总结民族志研究的特点：重点研究文化或文化的某些方面；在实地对个体进行自然研究，研究者经常对自己身边的亚文化进行研究，主要依赖比较隐蔽的数据收集方法，让参与者感觉比较自由自在的参与或非正式交谈；变熟悉为陌生，即以局内人的视角了解文化现象的同时，以局外人的视角对文化现象进行分析；深描，即对实地的情景进行非常详细的描述，大量应用实地参与者的原话，给人一种永恒甚至普遍性的印象。①

希望通过和那些居住或流动的城市藏族朋友们一起讲故事——各种不同地方、不同人物的不同类型的故事，还包括不同的文化产品表达的情感和意义，沟通他们对世界、对自己的真实想法，也能提供一些客观认知他们的世界、他们的生活和想法的参考资料。

三、主旨和结构安排

本研究计划分为上下两篇，上篇在博士论文的基础上，主要从文化人类学的视角对藏文化用品街进行民族志考察，下篇试图对博士论文继续延伸，从社会学的视角对内迁藏族移民的生活状况进行调查研究。但是，著作分为两部分并不说明这两部分内容是完全割裂的，研究的主题仍然以四川内迁移民在都市中的生活状况的整体研究为目的，只是由于他们进入城市中的方式、生活的方式、居住的方式等等不同，他们的生活状况有所差

① [美]梅瑞迪斯·高尔（M.D.Gall），乔伊斯·高尔（J.P.Gall），等. 教育研究方法[M]. 徐文彬，等译. 北京：北京大学出版社，2016.

异，但从民族整体或者城市整体来观察，他们都是属于民族和地域分离的群体，他们存在着更多的共同之处，面临的各种问题也都是大致相同的。

博士期间的研究主要通过对成都藏族街聚居的藏族商人、各类顾客、街道卖店、所在社区、藏传佛教文化用品流通情况等，进行长期的调查，结合开放及结构式问卷，参与观察、正式或非正式访谈，并对主要报道人进行深度访谈与个案研究，以多元对话形式从事民族志考察。博士论文期间收集的文献材料、问卷及访谈材料都将成为本研究的重要基础，其内容将是本研究的一个重要组成部分。这样做有两方面的意义：一、它在博士论文的基础上，经过持续几年的考察，调查资料比较详尽；二、这条街道的发展历史和发展现状是当前藏区流动人口在城市生活的一个缩影，所以通过这条街道的研究，一定程度上可以反映藏区内迁移民发生的历史原因和现实影响因素以及目前的生活状况等。

所以上篇的研究，通过藏族街的民族志考察，分析四川藏区内迁移民的社会背景、影响因素及形成条件，梳理其发展历史概况。改革开放以来，一方面内地汉族和其他民族同胞到四川藏区经商、打工、旅游等第三产业的交流增多；另一方面四川藏区常年有大量藏族民众自愿进入或迁入成都市及附近县市，在迁入地经商、求职、求学、购房安居或养老。这种“双向”性流动不仅受现代化、全球化、城乡一体化等因素的重要影响，也是民族社会自身发展的需求和结果。本研究希望达到“在街道做研究，而不是研究街道”的结果，即通过一个特殊的例子来说明一个发生在中国民族地区的故事，发生在中国城市的故事。

本书的下篇在博士论文的基础上扩大研究范围，和课题组的成员共同参与，深入研究内迁藏族各种生活现状及其面临的问题。研究范围将从成都武侯区扩大到成都市以及附近的郫县、双流市和都江堰市等地方；考察研究内容主要是迁入城市藏族的生产生活状况，比博士论文的研究内容更加全面、系统、宏观；研究的核心和意义也不同。博士论文主要考察藏文化用品街的形成，街道中藏族商人的生活状况，以及他们在城市中所依附的藏文化产业在城市的发展状况、运行机制及动力，通过“人”和“物”的关系，探讨人们创造的“文化物品”和创造者之间的互动关系，宗教文化的商业化、世俗化与神圣性之间的关系，主要讨论文化的变迁现象。下篇研究主要通过对藏区驻成都机构、藏族社区居民、藏族游客、进入城市看病、做生意、打工、读书等的藏族进行长期的调查，结合开放及结构式问卷，参与观察、正式或非正式访谈，并对主要报道人进行深度访谈与个案研究，以多元对话形式从事民族志考察。主要研究四川藏区的内迁移民聚落或社区的形成过程、类型及特征；内容包括内迁移民的基本特征、内迁原因、内迁方式及内迁时间等方面；目前的生产生活状况，包括经济类型、衣食住行、风俗信仰、社会交往、文化适应、城市融入、身份认同等方面；藏区内迁移民的各种权利保障问题，包括城市民族的法律政策、社会支持、子女教育、养老保险等方面。下篇研究的意义在于考察研究四川藏区内迁移民的现实生活状况，反映四川藏区内迁移民自由迁入城市并融入城市生活的过程，分析少数民族在城市生产生活规律及存在的各种问题，希翼为城市内迁藏族的相关研究以及解决内迁藏族当前面临的各种问题提供有价值的参考。

需要强调指出的是，基于藏区内迁移民流动性强、对城市融入和认同都不高的实际情况，本研究在考察过程中收集数据的难度大，为了避免不必要的干扰，本研究的入户调查方式主要以访谈和讲述故事为主，尤其在上编中所涉及的案例，自然和放松的故事表达也反映出了本研究的主要考察内容。

小结

藏文明的东向发展史是新时代背景下四川藏区内迁移民的历史引子，20世纪中期开始的全球化是形成藏族内迁的现代背景，这一切让这个世界再也没有秘密和看不见的角落。另外，现代化的反思中人们开始追根寻祖，人的意义被重新思考，多元文化的共存、人类命运共同体的意义被高度重视，以经济增长为主的发展道路被重新探讨。20世纪80年代后掀起，至今没有衰落的“民族文化旅游”某种程度上是现代人的一种情绪表达，“人们借此得以从一切中解脱出来，这里的‘一切’指千篇一律的工作日、凡俗的生活、尤其是指工作状态，包括身处工作场所、处理家庭琐事、干家务活”[①]，而旅游的意义正好让人们“与蝇营狗苟的生活、奔波忙碌的事业相脱离，进入另一种道德状态；在此状态中人们心理意义的或文化的需求占了上风”。寻找香格里拉不仅是《消失的地平线》一本书推动的结果，是人们内心深处对传统的、神圣的迷恋和全球化、现代化巨浪的一种恐惧的反应，也是当代人信仰缺失后的迷茫表现。而在这种思想和行为的影响下，处在世界“第三极”的青藏高原被想象为现代化中的“香格里拉”和“诺亚方舟”，生活在那里的藏人被想象为人性本真的代表。中国改革开放后民族地区发展的需要和这种世界性的思潮重叠在一起，成为推动民族地区旅游发展的契机，很快旅游业成为藏区现代化的一股新力量，古老的寺庙、神秘的宗教、传统的高原生产生活等都成了文化旅游资源，高原人民的文化自觉意识很快培养起来，文化自信随之增长，高原年轻人中开始传唱“外面的世界很精彩，外面的世界很无奈”（齐秦《外面的世界》，1987），内地的年轻人也大声唱着“回到拉萨，回到了布达拉宫，在雅

---

① [美]NELSON GRABURN. 人类学与旅游时代[M]. 赵红梅，译. 桂林：广西师范大学出版社，2007：112.

鲁藏布江把我的心洗清，在雪山之巅把我的魂唤醒”（郑钧《回到拉萨》，1994），如果说高原与内地有界限，那就只剩下地形和气候了，而文化的意义就在于跨越。20世纪80年代在中国已经成为事实。所以我们在拉萨看到了八廓街，在成都又出现了“藏文化用品街”，在内地的其他城市还有各种类似名称的社区。

我们不是研究村落，而是在村落中进行研究。（克利福德·格尔茨，1999）

成都藏文化用品街，一条极其普通又非常具有特色的街道，在这里我们可以观察和理解一条街道如何记忆民族文化的变迁。

第二章　成都藏文化用品街的记忆

现代化对世界较大的影响之一是促进了公路和交通工具的快速发展，导致居住地之外的空间不再神秘，里面和外面、中心和边缘都无法严格排序。“道路建设”也是中国向现代化、全球化交出的优秀作业之一，茶马古道成为川藏公路、滇藏公路、青藏公路的历史影子和美丽传说，如今古道换新颜，已不见马帮的铃声和背子们的吆喝声，换了装的柏油马路上飞驰的越野车，车载运送的不仅仅是茶叶，里面或载着去藏区朝圣的游客、信徒，或载着怀抱各种梦想的藏人，走向另一个遥远的地方，来来往往。

现代藏族人的梦不仅寄托在拉萨的布达拉宫，佛祖所在地印度的菩提伽耶，活佛们曾经巡礼的五台山，他们也梦想着去辉煌西安城、北京城，还有传说中生产治好赞普疾病的那片叶子的地方。[①] 城市生活逐渐成为现代藏人向往或生活的一种新状态。成都因气候宜人，并且自古具有休闲、宽容的城市风格而成为藏族人喜爱居住的城市，经过近30年的自发迁移、逐渐集聚，形成以武侯祠横街、武侯东街、西南民族大学周围为主的藏文化用品街，成为他们在城市中认同的地理空间，他们所承载的文化也成为成都一道亮丽的风景线。本章内容主要考察藏文化用品街的形成过程，通过生活在这条街道上居民的口述，包括第一家商铺的倡导者、第一家藏餐馆老板、第一家藏文书店、当地的老居民、还俗做生意的喇嘛、西南民大的老教授等等，并努力感受居住在这里的藏族同胞对他们的目前生活的看法和未来生活的向往。

① 马丽华．藏东红山脉[M]．北京：中国社会科学出版社，2002：15.

第一节 图解成都藏文化用品街

成都藏文化用品街位于成都市一环，属于成都市中心。成都藏文化用品街镶嵌在成都市武侯区浆洗街与武侯祠大街之间，主要由武侯祠附近的武侯祠横街、武侯祠东街和洗面桥横街三条街道组成（三条街道全在一环路内），呈“十”字形分布。（如图2–1所示）

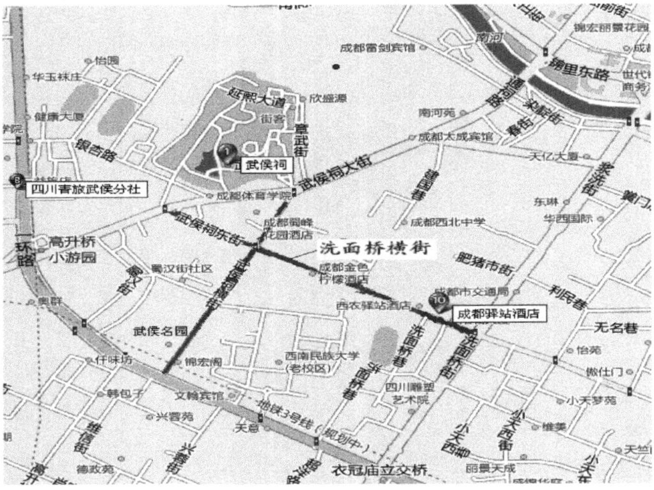

图2–1 街道的地理位置（红线为藏文化用品街）

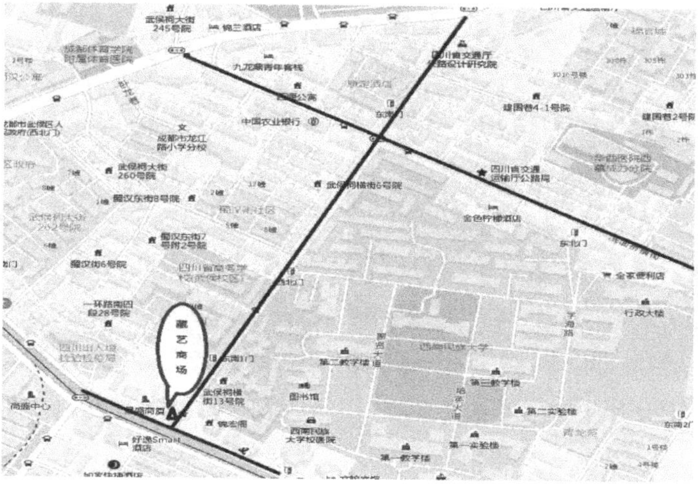

图 2–2　店铺不断延伸和扩大的藏文化用品街

这条“十字街”被人们习惯性称为“民族街（gai）”或“藏族街（gai）”，在成都你告诉出租司机这个称呼，他们大多数都会知道方位。这条“十”字街道因为主要买卖藏文化用品逐渐延伸和扩大，最终形成现在的样子。街道上充满浓浓的藏族文化味道，街道上集中了500多家店铺（2015年调查数据），其中80%以上是各种藏文化用品店铺，所以我称呼它为“藏文化用品街”，应该能够体现出这条街道的特征。

走进街道就看到很多来来往往的藏族同胞，街道店铺传出具有高原特色的声音，一种是现代音乐播放器中的诵经声，另一种就是高原歌手的歌声。晚上街道口还时常聚集着很多人跳着锅庄舞，街道上几个小区内的窗户上飘着风幡，有时候恍惚难辨这是现代都市还是雪域高原，有些人把高原生活搬到了城市当中。

图 2–3　十字街角落

图 2–4　街道藏族家庭客厅角落

藏文化用品街行政区位上属于浆洗街办事处管理，区位方面既有优越的自然条件，也有厚重的人文历史资源，北面临着锦江，南面接着一环路，从街道步行到滨江公园非常近，乘车穿梭成都的交通非常方便，与川藏公路的连接在交通上为进入这里的藏区移民创造了条件。除此之外，还有西面具有蜀汉文化风格的现代锦里公园，是成都现代公园文化的名片，紧挨锦里公园的就是享誉海内外的武侯祠，把这个现代休闲城市与古代三国文化融合在一起，东面是负有盛名的西南民族大学，通过学校教育把丰富多彩的民族文化带到城市中心，成为城市文化的特色，也是藏文化用品街之所依。在这样优厚的自然人文条件孕育下的藏文化用品街，受到这里自然和人文的影响，形成了独具特色的民族文化商业街。这条街道所属的街区商业网点齐全，各类服务机构也很完善，省交通厅、省农牧厅、611所、西南民族大学、成都体育学院、省市机关、大专院校、科研院所等120余家机构，社区非常成熟，家居条件好，交通非常方便。街道办事处的工作人员说，这条街道的发展定位是：努力把浆洗街辖区建设成为以现代商务、旅游休闲为主导的现代服务业优势街区；生活、生态、人文协调发展的高品质生活街区。当然，藏文化用品街是构成这一辖区的主要特色，也成为四川藏区在现代城市中的一个主要窗口或者一个入口。

图2-5　街道中的小区（作者考察时长期住处）

图 2-6　街道特色商铺

中国城市的成长记录了中国现代化历史的进程。成都武侯区的这条十字街的形成记录了现代成都的成长过程，同时它是城市向现代化发展的结果——开放性、多元化，也是“西藏文明东向发展”（石硕，1994）中民族融合发展的现代呈现，它记录了藏区的人们怎样跨出封闭的世界，如何向现代化靠拢的进程。所以，这条街道不仅仅是中国改革开放后的一个经济发展成果，它是中国现代化进程的一个组成部分，也是中国“多元一体格局”[①] 发展表现出的新特征，是我国当前构建“民族相互嵌入式的社会结构和社区环境，促进各民族交往交流交融”[②] 中自发形成的一个典型范例，它向外展示着中华文明所具有的强大辐射力和吸引力。虽然成都藏

① 费孝通．民族研究文集[M]．北京：民族出版社，1988.

② 中共中央政治局召开会议研究进一步推进新疆社会稳定和长治久安工作[N]．人民日报，2014-05-27（01）．http：//www.aisixiang.com/data/35601.html.

文化用品街在中华人民共和国成立之前还没有形成，但它的前奏曲已经在上千年前就已经奏响。所以我们有必要简单追溯一下藏汉之间双向流动的历史，建立一个更加久远的历史视野来理解现代成都藏文化用品街。

第二节　历史上的成都与藏族

成都作为进入藏区的西南门户，长期以来一直与藏族地区保持着密切的联系，所以，成都也自然而然成为青藏高原地区少数民族进入中原地区的首选目的地，或理想的中转站。唐宋以来形成的茶马古道，包括明代形成的川藏茶道，都是从成都出发，经雅安、康定、昌都，最后到拉萨、尼泊尔、印度等地，充分说明了成都历来就是汉族与西部各少数民族开展经济、政治、文化交流的重要窗口。袁庭栋先生所著的《成都街巷志》，从其街道名称来源追溯历史上藏族在成都活动的情况，他提到了三条街道，一为喇嘛寺街，即“今天的东珠市街到府河南面清代城墙的一段，原来叫‘喇嘛寺街’，因为过去在这条街道上有一座喇嘛寺。寺中所祭祀的是喇嘛教的黄教创始者宗喀巴，在清代的主要功能是用来接待从藏区来成都的喇嘛、达赖与班禅每年派往京中进贡的使节，以及其他的藏族客人……1925年寺毁于火灾，寺庙未重建，佛像全部不存，只是留下了一个喇嘛寺街的街名，一直使用到1989年”[①]。另一条是过去的厅署街，“厅署街（今江汉路东头）也有一座喇嘛寺，是民国时期由资功县（今小金县）的藏族喇嘛们募捐修建的。还有一条更早一些的喇嘛命名的街道，就是今天的祠堂街。在清代的满城东南角，清朝就叫喇嘛胡同或蒙古胡同，康熙以

① 袁庭栋. 成都街巷志[M]. 成都：四川教育出版社，2010.

后才改名为祠堂街”[①]。从这些街道的命名缘由和它们的历史，我们可以想象清代成都藏族在成都活动的状况。其实，藏族在西南内地的活动历史可以追溯更远。

历史上，自贞观八年（634年）松赞干布首次遣使入唐作为藏汉交流的起点后，从此，吐蕃迎亲队伍（迎娶大唐文成公主）跨过黄河源头，而后又有吐蕃的军队驰骋到长安城的脚下。元朝，西藏真正归属中原，帝师、国师们满载着经书，携带着弟子进入皇城。而有一条古道上的马帮和骡帮从西汉开始就行走在通往汉藏之间的高原峡谷中，传说中的古道已经变成现代公路，但它仍然是让梦放飞的方向，它在西汉时叫蜀（四川）身毒（印度）道。[②]后来，一群云南青年学者在20世纪90年代，反复推敲后起名“茶马古道”。[③]其实，高原吐蕃在唐以前境域不出雅鲁藏布江流域，未与中原交通可知。[④]由史籍记载情况看，虽然西藏在秦汉时尚未通中原，但是任乃强先生引用考古和专业的地理知识考证研究，认为康藏高原东部诸国或部落，中原或称为“夷”，或称为“羌”，比如他说“凡今喜马拉雅山以北，积石山以南，大雪山以西，西康、西藏及青海南部地，古代党项，宕昌、白狼、附国、嘉良、吐蕃、羊同诸部，原皆自称‘白巴’，自称为神猴之裔。中原人不尽晓其部分，概目为‘羌’。《唐书》云：‘吐蕃本西羌属’是也”[⑤]。各部落与汉民族之间的联系应追溯到上古时期，任先生认为黄帝为求得养蚕抽丝之法，与岷江上游产丝部落发生交换关系，此时可能与西陵氏嫘祖婚媾，因此生长在若水的颛顼和江水的高辛才能入主中原。并推断岷江、若水（今雅砻江）之间必有一条与中原地区交

① 袁庭栋. 成都街巷志[M]. 成都：四川教育出版社，2010.

② 东·华尔丹. 从西藏与周边地区的沟通看藏族文化变迁[J]. 宁夏社会科学，2008（6）.

③ 马丽华. 藏东红山脉[M]. 北京：中国社会科学出版社，2002：15.

④ 任乃强. 任乃强藏学文集[M]. 北京：中国藏学出版社，2009：11.

⑤ 任乃强. 任乃强藏学文集[M]. 北京：中国藏学出版社，2009：11.

往的通道，即从岷江而上，经松潘草原北去，进入甘肃南部的陇西草原，从而与黄河上游的氐羌部落相联系，或进而东向与中原地区相联系。到了秦汉时期其管制地域已经到甘孜州及凉山州境内的一些氐族部落。“汉以前，康、滇、黔之境皆夷部落。百里内辄数十国。统称‘西南夷’。其在今宁、雅两区者，邛（今西昌）、笮（今汉源县）、徙（今天全县）三国最大。秦置蜀郡，辖临邛县（治今邛崃），县境南抵邛崃山（今大相岭），常按凿山开五尺道，与诸国交易。”①（任乃强，2000）所以，远古时期的汉地就已经听到了来自雪域高原的声音。

虽然古代历史推断性地记载了西南各民族交往情况，但是唐朝与吐蕃交流是藏区与内地有确切记载且真正意义上成规模交往的开始，并开始出现多样化交流渠道，尤其从元朝开始，藏区真正纳入中央王朝的统治，并且藏传佛教的大喇嘛们享有了“国师”“帝师”等地位后，藏区和内地的联系更加紧密。石硕先生总结了历史上藏人向中原地区流动的三个高峰期：一为吐蕃时期以吐蕃军队为主，其他还有吐蕃遣唐使臣、吐蕃降部安置和流散战俘等；二为元代后西藏归属中央统治，藏传佛教受到皇室的青睐，这是以僧人为主的藏人向内地流动再次达到的高峰，仅“西藏僧人被封为帝师者达14人之多”，“西藏僧人对元朝时开辟的元大都通往西藏拉萨的驿站和驿道系统的使用‘较之诸王、行省之使，十多六七……’仅成宗大德九年（1305年）至十一年（1307年）三年间的统计，赴京的僧人即达850人，计乘马1540匹’”；三为明代时出现了第三个高峰期，中央政府继续元代的治藏政策，采用“多封众建”政策较之元朝时更大区域、更多派别的分封系统，“从藏区的东部到西部，从后藏的萨迦到前藏的帕竹和止贡、康区的噶玛噶举和新兴崛起的格鲁派，先后分封了‘大宝法

① 任乃强.康藏史地大纲[M].拉萨：西藏古籍出版社，2000：37.

王’‘大乘法王’‘大慈法王’三大法王和‘阐化王’‘赞王’‘护教王’‘阐教王’‘辅教王’五大教王，还有大量的世俗首领和头人”，每年赴京僧人和朝贡队伍比起元朝更胜一筹。①

总之，从唐朝吐蕃开始，到元朝西藏真正纳入中央政府的统治之下，经过明清两代，藏区和内地的交往主要是以官方朝贡交流或僧人赴京弘法为主，民间和民众的交流总是寥若晨星。中华人民共和国成立后，尤其是改革开放后，藏区社会向外开放，经济文化现代化步伐加快，社会阶层逐渐向扁平化变动，藏人向内地的流动渠道和方式呈现更加多元，民间和民众的流动成为主体部分，已经从唐以来以军队、使臣、喇嘛为主的特殊阶层逐渐转向以农牧居民、学生、商人、游客等各种普通大众为主。

① 石硕.历史上藏人向中原地区的流动及与西藏社会发展的关联[J].中国藏学，2012（2）：33–39.

第三节　藏文化用品街简史

现代藏文化用品街经过近40年的发展，基本形成了一个简单的历史。经过了20世纪80年代的初步形成、2000年之前的缓慢发展和2000年以后的快速繁荣三个阶段，在多种力量的共同推动下，特别是改革开放以来，现代藏文化用品街经历了从无到有的发展过程。包括全球性旅游的崛起，地方政府的发展远见和支持，以及藏族社会现代化发展取得的成就，民族文化自觉的力量，庞大的宗教文化用品消费市场，才使得藏文化用品形成一条规模化生产的文化产业链，有条件跨入商品化、市场化的世界，最终形成了一条以藏文化用品生产和流通为特色的商业街区。归纳成都藏文化用品街的形成原因，有几个重要的背景：一为川藏公路的修建；二为成都驻藏区办事处的建立；三为中国市场经济的发展，个体经济的兴起。当然，在各种环境的影响下，藏区内部社会文化变迁成为藏文化用品街兴起的主要动力，尤其是宗教文化大众化和现代商人阶层的兴起。

（一）成都武侯藏文化用品街的形成因素

从老南门大桥说起。老南门大桥原名万里桥，在秦朝李冰修建都江堰时起名长星桥，传说三国时诸葛亮曾对孙权的使者说，长星桥下的水可以奔流到万里之外的扬州，因此桥便更名万里桥，代代相传，直到1939年因为其下游建成了新南门大桥，万里桥被对应的称为老南门大桥，1998年万里桥被拆毁，在原址上修建了混凝土拱桥，2003年在桥上又修建起高架桥，万里桥的风貌已荡然无存。

图 2–7　老南门大桥（万里桥）的旧貌新风（来源：网络）

万里桥不仅是诸葛亮南征时的出发点，也是古时成都通往外界的陆路要冲和水运码头，现在从万里桥出发，经过武侯祠大街、高升桥路、佳灵路，通过川藏立交桥，就踏上通往雅安、康定、巴塘的道路，或经过马尼干戈、甘孜县、德格，从江达进入西藏，这就是现在成都连接甘孜、西藏的主要交通干道——川藏公路。这条公路从20世纪50年代起，因为西藏解放，在毛主席“一面进军，一面修路”的号召下，11万解放军、工程技术人员和各族群众以高度的革命热情和顽强的战斗意志，于1954年和1958年分别完成了号称“天路”的川藏公路北、南两线的施工。东起现在的高升桥，西至西藏自治区的拉萨，南线全长2146公里，北线全长2412公里。川藏公路是中华人民共和国成立以来的一个壮举，是中国交通史上的一个奇迹，川藏公路通车改变了有史以来“人拉马驮至少走半年”的交通状况，改变了藏区单一的生计方式，突破了有史以来只有部分特殊群体才能进入内地的状况，促进了藏区和内地各方面的交流交易，经济发生了翻天覆地的改变，人们打破了相互因陌生而产生的种种误解，从此，这条公路跨越了藏区和内地的隔阂。藏文化用品街所在的浆洗街社区，是川藏公路的起点和重要节点，迎接着来来往往的藏区人民，也输送着两地的各种物资，民族文化交流从历史上的政治交流发展成为人们日常生活的交往，所以越来越多的藏族老百姓搬到了城市，他们或因为工作的需要，或因为学习目的，或为谋生创业，无论什么原因，越来越多的藏族开始来往于藏区和城市之间，有些也长期居住到城市，藏文化用品街逐渐成为藏族进入城市的窗口。

目前的川藏公路也是在旧的川藏老路的基础上完善修成的，因为“康藏地域虽广，但受此三条件之限制，路线固定，殆不可易”①，“蕃地交通，有两大干线，一经雅江、理化、巴安、昌都、拉里入藏，曰‘南路’，即清代之军台旧道。巴安，其中枢重镇。一经泰宁、道孚、甘孜、石渠，暨青海玉树县，穿玉树草原入藏，曰‘北路’。旧仅藏商往来”②。成都至拉萨经过气候地形多变的康藏高原，“此高原南以喜马拉山脉俯瞰印度，西北以喀喇昆仑山连接帕米尔。北以昆仑山脉连接陕甘盆地。东面以邛崃山脉相接四川盆地。东南山谷盘错，降为云贵高原。面积210万平方公里，高与阔度，并为世界首屈”③。高山下的河谷成为高原通往内地的主要孔道，川藏公路就要越过二郎山、折多山、雀儿山、米拉山等14座海拔3000米以上的高山，经过岷江、青衣江、大渡河、金沙江、澜沧江等12条奔腾而下的激流，穿过冰川、流沙、泥沼、原始森林、大草原等等各种地形，一路虽是高山峡谷、地势陡峭、气候变化莫测，但一路风景美丽诱人，文化风俗神秘莫测，吸引着藏区和内地的游客、商家等穿梭其中，他们承载着汉、藏、彝等各民族文化，顺着这条公路上的山山水水不断地穿

① 任乃强. 康藏史地大纲[M]. 拉萨：西藏古籍出版社，2000：26–29.
② 任乃强. 康藏史地大纲[M]. 拉萨：西藏古籍出版社，2000：26–29.
③ 任乃强. 康藏史地大纲[M]. 拉萨：西藏古籍出版社，2000：26–29.

越和流淌，交汇和融合，形成美丽的民族走廊。

民族院校在各城市的设立是民族人口向城市流动的一大重要因素。1950年政务院第60次政务会议批准的《培养少数民族干部试行方案》（以下简称《方案》）明确指出："为了国家建设、民族区域自治与实现共同纲领民族政策的需要……在北京设立中央民族学院，并在西北、西南、中南各设中央民族学院分院一处。"[①] 以《方案》为指导，西南民族学院开始了筹建工作，其选址经过多次考虑，最后考虑到藏族干部的各种适应条件，最终"校址选在成都，以训练藏族学生为主；另外在云南、贵州各设1分院，以训练彝族和苗族学生为主"[②]，1951年6月1日召开西南民族学院成立暨开学典礼大会。西南民族学院成立后，首要的目的就是培养少数民族干部，所以主要从四川、西藏等地慕名而来的藏族干部、知识分子成为西南民族大学的第一批学生，还有在西南民族大学任教的藏族教师也成为藏文化用品街的定居者，他们以及他们的亲属就成为建国后第一批居住或来往于浆洗街社区的居民，也为藏文化用品街的形成拉开了序幕。

驻于中央政府所在地的办事处是中央政府和地方信息交流、指令传达的有效机构。我国驻办事处最早的历史可以追溯到战国的上计吏，上计吏是专门到中原朝觐的一些地方官员，在中央有专门的郡国邸供其及随从人员起居之用，这些郡国邸相当于当时地方政府的驻京办事处，后来隋唐时期出现了专门和朝廷沟通的朝集使、进奏官，朝廷专门安排统一住房供他们生活起居，尤其进奏官不仅有专门的办公场所，而且有专门的代表常驻京师，沟通信息，传达上下指令和要求，派驻人员待遇优厚，居住地理位

① 王立桩. 西南民族学院选址及管理模式决策过程考释[J]. 西南民族大学学报（人文社会科学版），2012（8）：195-199.

② 王立桩. 西南民族学院选址及管理模式决策过程考释[J]. 西南民族大学学报（人文社会科学版），2012（8）：195-199.

置优越，已经和现在地方政府驻京办事处的性质非常相似。中华人民共和国成立后，驻京办事处成为一项建设项目，“一五”期间，各省、市、自治区都在京建立办事处，到了21世纪大约有上千家地方的办事处，为执行政务接待、信息交流、经济文化协调发展等方面作出了很大贡献。与此同时，各州县驻省机构也纷纷建立，改革开放前主要执行地方的接待任务，改革开放后尤其是经济体制改革以后，从中央到省一级的驻办单位由工作接待转向经济服务，从计划经济时代的官办机构演变为官办的产业结构，办事处附设有招待所、酒店甚至企业等。一方面办事处为地方经济文化建设服务提供政策信息咨询，为投资、引资等经济活动牵线搭桥，另一方面也开展各种业务。成都武侯祠横街的商铺正是在办事处功能转型时兴起的，现在最热闹、生意最兴旺的是甘孜驻成都办事处和西藏驻成都办事处周围的商铺。

从采访中得知，西藏工委驻成都办事处于1953年成立，原址在重庆，1956年迁至成都，1982年由原来西藏工委驻成都办事处更名为西藏驻成都办事处，考察时它的地址位于武侯祠横街3号。因为办事处的迁入，办事处的工作人员以及家属就住进了办事处的家属楼。随后1971年，西藏自治区驻成都办事处附属医院（今华西医院西藏成办分院）成立，主办单位是西藏自治区人民政府，注册于成都市卫生局。1997年经卫生部批准，西藏成办医院与四川大学华西医院（原华西医科大学附一院）联合办院，是四川大学华西医院唯一分院，也是西藏自治区和四川省、成都市医保定点医院。同时西藏驻成都办事处的下辖单位（如招待所，今圣地阳光酒店）相继成立，大批来自西藏的公职人员及家属进入浆洗街道社区。

甘孜藏族自治州驻成都办事处的成立情况，没有找到相关的文献资料，据办事处的人介绍它创建于1974年，最早办事处的地址在成都的春熙路，1982年从春熙路搬迁至武侯祠横街，并建立了招待所（今三星级宾馆康定酒店）方便办事人员的工作需要。当时很多来自甘孜州、阿坝州的藏族商人们来成都做生意时最喜欢住在办事处开设的招待所里，既亲切又安全。随着国家政策的开放，后来甘孜州、阿坝州各县也在成都纷纷设立驻蓉办事处，由此带动了大量来成都的藏族。直到2015年，国家精简各地的办事处，四川也撤销了部分驻蓉办事处，但甘孜州、阿坝州、县办事处全部保留下来，目前它们还发挥着重要的纽带作用，也是藏文化用品街道的重要组成部分。

所以，在这些机构、单位、学校的带动下，在亲戚乡邻之间的相互影响中，越来越多的藏族年轻人进入城市追寻他们的梦想，而他们带来的民族文化和民族文化用品就是他们赖以生存的资本，他们也开始更加重视自己的民族文化。民族文化用品融合了创新的现代元素成为受欢迎的商品，不仅是藏族，而且包括城市里的人和很多游客，这些商人和消费者们成就了藏文化用品的再生产、再创造。现在一些藏文化用品都是供不应求，做生意的藏族也越来越多，从小摊贩到商铺再到商业街，目前还建成了专门的藏文化用品商城，几十年这条街道没有变，但街道上的人和商品却在不断的变化着，不断的向周边延伸。藏文化用品不仅记录着这条街区的变化，也记录着藏族社会文化的变迁。

既然是历史简述，那么这条街道上的第一家商铺是谁？是什么时候开始经营的？几年的田野调查中对这个问题经历了一个探索过程，经过几个不同访谈，答案看起来终于合理。卖僧衣的老大爷（在这条街道没有形成之前，他是这里的菜农）说：他们是最早开始卖僧衣的商铺。而有些被访者说餐饮是这条街道上最早的，最早的藏餐是哪一家，他们也不断地争论。另外，我还访谈过几个藏族朋友团，他们用艰辛的创业史说明他们是最早进入这条街道的商人。2018年去甘孜州的时候又访问过一些地方干部，从他们的介绍中了解到几个大商人，他们认为20世纪80年代后第一批走出甘孜州的商人，应该是首批到达藏文化用品街道做生意的。虽然最终没有确定下来谁是这条街道上进驻的第一家商铺，找到了很多不同的回答和结论，但从访谈中得到一个比较确切的结论：许多人都想作为这条街道上的第一家商铺的主人，体现出他们在这条街道上的自豪感，进入城市和创业已经成为令人骄傲的事情。最后根据各方不同的回答和我的搜索，我的结论是：这条藏文化用品商铺的兴起不仅仅是个人在起作用，它和国家的民族政策是紧密相关的。藏文化用品街商铺的兴起和藏区驻成都办事处及相关的一些机构建设有着紧密的关系，其中围绕这条街道的三个主要的机构，即西南民族大学、西藏驻成都办事处和甘孜州驻成都办事处，对这条街道发展成经营民族特色用品的商业街有着关键的影响。商铺一定是从提供最基本的藏族生活用品开始的，而且随着经济条件和生活的改善，不断进行文化生活的交流，商铺种类不断增多。另外，也反映了藏区社会对外界的感知，以及文化从保守向开放发生的巨大变迁。

（二）成都武侯藏文化用品街的发展

为了进一步具体了解藏文化用品街的历史故事，经多方打听求证，找到了据说是第一个在这条街道经营商铺成功的藏族人B先生，他提供了比较具体详细的材料。他说：20世纪80年代末开始，他住在西南民大的院子里，已经明显感受到中国改革开放给藏区和街道周围带来的变化，并不断向身边的朋友们宣传市场意识、鼓励创业，在他的帮助指导下，街道上有了第一家藏餐店，开了第一家售卖藏族歌曲的唱片店。随后，藏人经商的一股风气开始在这条街道上蔓延，并随着中国市场经济体制改革，改革开放的步伐越迈越大，民族文化商品的生产崭露头角，琳琅满目的各种藏文化用品商铺次第成长起来。经过30多年的发展，形成了目前内地藏族人口流动量最大、藏文化用品最集中的繁华街道。

商铺的起点——源于甘孜州驻成都办事处。受访人B先生说：

1988年，当我来西南民院（现西南民大）上学时，武侯（祠）横街有几座主要的建筑，包括西南民院、甘孜州驻成都办事处、西藏（驻成都）办事处，还有蜀汉宾馆（是当地农民的安置房）、公路局和中国农业银行，其余都还是农民的菜地，我们当时认为我们仍旧在农村上学，只有到了人民路才算是真正进城了。

根据对B先生的访谈，这条街道上的第一家商铺是从甘孜州驻成都办事处发展出来的。20世纪80年代后，办事处的工作人员及其亲戚家属在成都居住或往来的越来越多，而且西南民族学院有来自各地的民族教师和学生，其中包括很多藏族，来到城市这些藏族群众需要一些特殊的民族日用品及宗教用品，在当时交通不是非常便利的情况下，甘孜州驻成都办事处于1990年内部成立了一个民族贸易公司，属于国营性质，主要由甘孜州驻成都办事处的工作人员来经营管理。但是民族贸易公司销售的民族用品非常有限，据B先生记忆大概只有十多个种类，主要是茶叶、盐巴、藏布、饰品、糌粑、油灯等生活日用的必需品。

商铺的兴起——中国个体私营经济。成都藏文化用品街商铺的出现和发展与中国经济制度的转变是一致的。在改革开放前，个体经济因为私有生产资料和存在雇工而被认为有资本主义成分，所以始终是被打击的对象，直到1978年12月中共十一届三中全会召开，中国农村个体经济得到承认，摘掉了“资本主义尾巴”的帽子。到1979年出现了所有制的形式多元化的讨论，根据我国的具体国情，多种经济成分并存的模式适合当时中国的生产关系和生产力具体发展情况，直到1982年12月第五届人大五次会议召开，会议上通过的《中华人民共和国宪法》中也有了明确的规定：“在法律规定范围内的城乡劳动者个体经济是社会主义公有制经济的补充。”宪法中明确规定承认了个体私有经济的合法地位。但是对于个体私营经济的“姓社姓资”问题也讨论了近十年，直到1992年邓小平同志的“南方谈话”。讲话中邓小平指出：“改革开放迈不开步子，不敢闯，说来说去就是怕资本主义的东西多了，走了资本主义道路。要害是姓‘社’姓‘资’的问题。判断的标准，应该主要看是否有利于发展社会主义的生产力，是否有利于增强社会主义国家的综合国力，是否有利于提高人们的生活水平。”[①] 才给老百姓吃了颗定心丸。一直到“十五大”召开，报告中明确规定“非公有制经济是我国社会主义市场经济的重要组成部分”，个体私营经济的地位从“补充”上升到“重要组成部分”。个体经济的繁荣发展时期基本上从20世纪90年代后期开始，个体私营企业的合法化、制度化让压抑很久的市场如雨后春笋般成长起来，成都武侯祠横街正是在这个时期也进入快速发展时期。在成都各个机构中工作和学习的一些藏族青年意识到中国经济制度中这个巨大的变革，街道上个体经营藏文化用品的小店铺次第开花，密布在街区之中。

B先生带着一丝骄傲地说他非常关注国家的政策，所以成了第一个个体经营商铺的人，在这条街道上第一个分享到了改革开放的红利。他在读书期间经常观察甘孜州驻成都办事处经营的民族贸易公司的发展情况，也发现他周围的同胞有各种生活需求，包括他自己的需求在这里无法满足，因为民族贸易公司的商品种类太少，远远不能满足在成都日益增多的藏族人的需求。所以他很早就有开发这块市场的愿望，但他和大家一样，对私营企业的担心到改革开发后还是持续了很长的一段时间，直到进入20世纪90年代，人们才彻底地消除了这种疑虑。这时候B先生也有机会实现他的愿望——他一直想在这条街道上开一家书店，他说不但这条街道上的藏族人需要读书，了解藏族文化，熟悉藏文字，这是一个民族活着的象

① 邓小平．邓小平文选（第3卷）[M]．北京：人民出版社，1993：373.

征，发展的重要动力；而且改革开放后，藏区的各派藏传佛教寺院恢复起来，需要大量的宗教书籍，所以这个市场需求是非常巨大的，同时他认为这也是一个大的善举。大概1990年他从甘孜州驻成都办事处租出一间5平方米左右的房间，开了第一家书店，虽然规模非常小，但打开了这条街道上个体私营企业的源头，是很多成都藏族人接受市场经济思想传播的一个起点，在他的鼓励下，接二连三的几家商铺在甘孜州驻成都办事处周围开始出现，这条藏文化商品街就此拉开了帷幕。

藏文化用品街的成型期。武侯祠横街的街名取自跟它相连的“武侯祠”，四川先后有过的40座武侯祠中，最有名的就属位于成都的武侯祠了，它一直是成都人的记忆，为成都人所钟爱和自豪。据记载：在唐朝时它就已经是很有影响的景观了，杜甫在他的诗《蜀相》中描写道：“丞相祠堂何处寻，锦官城外柏森森。”现在的武侯祠是清朝康熙年间重建而成，解放前夕曾遭到国民党部队的毁坏，后来经过修缮，到1953年首次作为文物古迹对游客开放，以后经过几次扩建，现拥有14公顷的规模，已经成为成都的三张名片之一。武侯祠大街的东边，武侯祠正门对面就是现在藏文化用品琳琅满目的武侯祠横街，过去这里是郊区农民的菜地，在城市建设的过程中才逐渐成为城市街道，到1985年才有了成都武侯祠横街的名称，又由于到20世纪90年代以后成为藏人在成都居住最集中的地区，并且是藏文化用品最集聚的地方，所以人们俗称它为“民族街”“藏族街”或“藏文化用品街”。

邓小平“南方谈话”后，不仅让中国东南沿海市场经济蓬勃发展，改革的春风也吹到了中国西部的成都武侯祠横街上，从20世纪90年代的第一家私人经营的书店开始，这股思潮就逐渐在藏族人中间悄悄传递。在书店开始经营后不久，另一位甘孜州丹巴县的藏族青年在书店旁边开起了一家藏族唐古拉风的歌碟店铺。艺术是最能跨越文化界限的，曲风高亢的藏歌是藏族人心目中的骄傲，也是他们民族认同的一个主要文化元素和一种情感表达的主要方式，就如同一位藏族老师所说：他们可以缺粮食，但不能缺歌舞。在城市生活的藏族人，需要有一种方式来自我表达，他们很多人不会说普通话，所以用音乐表达民族情感，用音乐来和世界交流，这些歌曲代替了语言交流方式，同时形成了民族音乐产业。20世纪90年代是藏族流行歌曲的一个高峰期，出现了如德乾旺姆、容中尔甲、亚东等一些著名藏族歌手，他们将藏区的各种美丽文化用歌声咏唱到祖国各地，同时内地的各种流行歌曲也唱进了藏区，武侯祠横街上的第二家私营店铺就是唐古拉风歌碟店铺。歌碟店铺紧邻着书店，也只有几平方米大的地方，从访谈人的口气能听出这个市场确实是非常好，当时的主人现在已经从那间小个体户变成了拥有上千万资产的大老板，小歌碟店也已经发展成连锁的演艺厅，生意依旧兴旺，他说："藏族人不管走到哪里都要把草原的声音带到哪里。"随后歌碟店的老板便把自己的妹妹从丹巴叫到成都，一起开了一家藏餐馆。当时这条街道上已经有很多藏族人，能吃上家乡的饭，是很多人向往的，所以第一家藏餐馆在武侯祠横街出现。于是，这里不仅成为成都藏人吃饭的地方，也成为他们聚会交流、增进情感的一个社交场所。如同我在博士期间访谈时有一位藏族大姐所说："我们虽然不在武侯祠横街住，但我们经常会到这里来吃饭，我们走进这条街道，进了藏餐馆就像回到藏区，心里踏实多了。"从这里开始，成都的藏餐也开始逐渐流行起来，到目前，仅在武侯祠横街已有十几家藏餐馆，如同成都人的茶馆文化，藏餐文化也成为武侯祠横街甚至成都的另一种空间、另一种独特的文化景观。当年的第一家藏餐馆和演艺厅的发展一样，在很多城市有了连锁店，从云南昆明到北京、康定等。藏餐馆从人们的舌尖上推广了藏族独特的文化味道。

经过访谈和口述，这三家店铺是武侯祠横街第一批个体经营户，从他们兴隆的生意可以证明，当时有大量的藏人已经进入成都，创造了一个特殊的市场需求。也说明人们对自己文化的怀念是距离无法阻隔的，文化的“根性”有足够强大的力量可以把承载它的群体凝聚在一起，虽然他们也用现代的、流行的手段和方式进行表达。经济体制改革为个体经营创造了机会，同时城市中藏民族认同的力量增强了藏文化市场的力量，几年的时间，武侯祠横街的商铺如雨后春笋般成长起来。

20世纪90年代，可以视为武侯祠横街发展成为藏文化用品街的成型期。

从甘孜州驻成都办事处的民族贸易公司到个体经营的几家小店的发展，已经向人们透露出了这里的市场需求和发展特征。武侯祠横街上的几家单位机构也看到了这样的需求和商机。首先是甘孜干休所，他们把干休所的楼下一层作为门面出租或出售，这些门面后来就改装成经营哈达、宗教用品和藏族文化日用品等商铺。据采访，当时的租金每月100元左右，而房价也只有每平方米100—200元，这些铺面是武侯祠横街上最早发展起来的，这里到目前为止也是做生意最好的地段。现在的价格与当时相比较就是天价，有些面积很小的小商铺只是转让费已经高达60万元，而且一铺难求。第二家开发单位紧随其后，是位于甘孜办事处对面的西藏驻成都办事处，在楼下也开发出一排商铺来，现在是排在第二位的黄金地段。后来其他机构，比如银行、西南民大、公路局以及后来的经贸学校，都开始租售铺面，商铺从武侯祠横街延伸到武侯祠东街和洗面桥横街，形成了现在的这条“十”字形分布的商业街。在各种因素的共同作用下，逐渐不断发展成为以经营藏族文化用品为主、藏族人居住最集中、流动最频繁的“藏文化用品街”。

新世纪藏文化用品街的新面貌。世纪之交的藏文化用品街已经呈现出一片繁荣景象，街道上一位经营僧装的老板告诉我，大约进入2000年，这条街道上的藏文化用品商店每年都会增加20—30家，发展速度非常快，进入街道的藏族越来越多，周边小区里也都住满了藏族住户，也使得这条街道上房价、商铺的租赁费逐年上涨，所以街道所在的社区管理任务也增加不少。2000年以后，城市民族管理的相关部门、社区管理处等机构开始总体规划这条街道的发展，规范街道上商铺的正规化经营，让他们合法安全的开展商业活动，启动打造“民族用品一条街”的发展规划，动员商铺经营者装修美化铺面，鼓励少数民族地区商人投资经商，简化办理手续、为企业提供优惠政策，也组织开展工商税务等部门在街道上开展相关服务，现场解答问题和办理相关营业证件等。笔者在考察期间也亲眼见证了这些活动的开展。

因为改革开放、经济体制改革推动社会经济环境不断改善，政府从各方面支持民族经济发展，藏文化用品街在2000年以后更加快速发展，在武侯区形成了一个多民族居住和生活的新型“互嵌式”社区。据第五次人口普查统计及浆洗街街道办事处提供的数据，2000年辖区内散居少数民族46个，少数民族年均流动人口30万人次；2006年，辖区内民族成分达56个，少数民族年均流动人口达100万人次，其中藏族占少数民族流动人口的90%以上。街道上铺面和商品从开始的几家到几百家，藏文化用品从开始简单的几个日常用品种类发展成规模巨大、种类品种繁多、特色鲜明的藏文化用品产业体系。新世纪的藏文化用品街是中国少数民族社会发展与变迁的一个缩影，也凸显了中国新时期民族关系发展的趋势，尤其成为通过现代的方式解读传统文化的一个注脚——文化是如何在跨越界限中发挥作用的。

（三）藏文化用品街上的藏人和商铺

藏文化用品街的藏人。最早进入成都武侯藏文化用品街的一部分藏族是西南民院的师生及其家属，另一部分是西藏驻成都办事处的工作人员及其家属，到20世纪80年代后期，一些出来创业的商人成为一个新成分。据访谈人介绍，个体私营的商铺刚发展的时候，街道周围阿坝州的藏族人占大多数，到20世纪90年代后期尤其是近20年来从甘孜州来的藏族人逐渐成为这条街道上的主体。现在阿坝州来的很多人主要汇聚在成都西门，临近阿坝州驻成都办事处所在的一条街道上，据说那里曾是成都到阿坝州的交通起点，而藏文化用品街道上的甘孜人越来越多。随着藏文化用品街的形成和发展，一扇藏族进入城市的窗口随之打开，吸引更多从藏区来成都的藏族，他们或出来打工，或游玩购物，或看病就医，或买房定居等，形成了既相对稳定又随季节流动的城市藏族社区。稳定性主要指武侯藏文化用品街成为他们在城市的地域认同，流动性指这些在武侯藏文化用品街上的藏族的居住情况。街上的大多数藏人并没有稳定的居住地方，他们临时租住在街道周围的各小区里，也因此这条街道上多出了一种称为“家庭旅馆”的房屋出租类型，很多在成都买了房的藏族，分出部分房间或者出租整个房子来专门接待从藏区出来临时居住在成都的人，有些是同乡，有些是亲戚等。很多藏人已经习惯冬天居住在成都，夏天天气炎热时候便回到藏区，过着“候鸟”般的迁徙生活。

通过几年在这条街道中的观察，来成都的藏族人主要有以下几种类型：①藏区驻成都办事处的各类工作人员；②西南民大以及政府和企业等各单位工作人员；③有钱有闲来成都旅游玩耍的藏族人；④患病治疗或者暂住康养的藏族人；⑤在成都买房长期居住的藏族人；⑥在成都短期租住，候鸟式在成都和家乡两地移动的藏族人；⑦从寺院出来到成都办事和为寺院购买东西的喇嘛或寺管人员；⑧从藏区去内地各处弘法中转或暂住的寺院僧人；⑨各类来成都求学的学生，这个群体人数较多，一类是年龄较小由家人陪伴在成都读书，另一类是已成年，在各高校院所上学、参加各种职业培训或者职业学校的学生，还有从寺院出来专门在成都学习汉语的喇嘛；

⑩另一大群体是进城做生意或务工的藏族，是构成藏文化用品街的主要群体。这些类型是笔者在访谈时遇到的藏族，从他们来成都的主要目的把他们简单划分为不同的群体类型，这些类型并不包括所有来成都的藏族人。

作者2011年在藏文化用品街发放160份问卷，收回有效问卷141份，从问卷的描述性统计结果来看，反映了这样一些特征：流动的藏族大多数来自四川藏区，男性比女性多出近8%，文化程度大多数以初中文化水平为主，整体教育水平不高；从社会经济方面来看，在城市打工或以做生意维生的藏族所占比例最高，其次是退休养老的，然后是学习培训的，最后是旅游度假的人。调查显示，成都的藏族，大多数人年收入在3万—5万元，在成都不是很高。从每年在成都居住的时间和在原居地居住的时间对比来看，78.7%的藏民在成都居住半年以上，在原居地居住时间一个月以下的占35.1%，1—2个月的占15.7%，3—4个月的占23.1%，5—6个月的占9.0%，即82.9%的藏民在原居地居住的时间在半年以下。由此表明，多数流动的藏民呈钟摆式往返于两地，流动频率较高。但是经过几年的发展，从街道上流动的藏族来看，女性越来越多，总体上越来越年轻化。

以上讨论了最早几家商铺的形成，目前藏文化用品街的商铺数量和种类都很丰富，特色鲜明。据笔者2010年调查，藏文化用品街最热闹的摊位或商铺主要集中在武侯祠横街、洗面桥横街和武侯祠东街，街道上经营藏文化用品的店铺大概有200家，店铺的装饰总体上非常简单朴素，店铺里面的各种装饰也是最基本的功能性展柜，所售卖的藏文化用品种类非常繁杂，大类有两种，即宗教文化用品和藏文化日常用品。宗教用品类的包括佛像唐卡、各类法器、面具、贡品设备等等。各种藏文化日常用品涉及衣食住行的方方面面，包括糌粑酥油、藏服装饰、藏式家具家居用品、藏餐馆，还有各类藏文书籍、唱片歌碟，藏族风的各类纪念品，等等，满足了藏族在成都生活的各种需求，藏区有的东西在这条街道上几乎都可以买到，而且现代商业气息不断渗透，藏文化用品也根据手工和机器、原料来源、创作者的身份符号等分成不同档次、不同品味的消费品。这条街道每年都在发生变化，商铺不断变化，或者重新装修了，或者又增加了新商铺，或者店铺扩大了，每次去的时候都会发现新变化。2015年考察统计时店铺大概有500家，其中350多家是经营藏文化用品，并且附近形成了一个大型的藏艺商城，规模化地销售各类藏文化用品，对于这个藏艺商城在本项目中没来得及深入研究。

文化成为商品进入另一个社会有复杂的原因。当文化整体由于历史发展、文化冲突等原因分割成政治、经济和文化因素，并和其他文化接触，最容易被其他文化吸收的是经济因素，政治因素次之，文化因素总会经过漫长的适应过程，尤其是隐性文化层面。所以，当藏文化原有的传统模式已经无法适应新时代的发展要求，文化在自我适应的过程中依托现代技术、新材料、商品化等时代特征实现显性层面的转变，形成文化自我存续的新途径。

小结

本章内容主要描述成都武侯祠横街如何发展成藏文化用品街的历史，充分说明历史不是个体英雄人物创造的，它是一个复杂的过程，需要我们耐心谨慎地处理这个过程。

中华民族历来主张“和而不同”的社会观，崇尚“百花齐放春满园”的审美观。多民族在历史的场合中相互交往，互惠往来，已经形成了大杂居、小聚居、交错散居的分布格局，嵌入式“结合性”发展。随着社会主义市场经济的发展，国家各种政策更加自由民主，体制保障更加健全，民族地区现代化程度越来越高，城乡之间的各种界限逐渐消失，城乡和民族跨区域大流动成为新时期的一个重要社会特征，更多的人口流向了城市。

2010年第六次全国人口普查显示，我国有43个少数民族在各省区市都有分布，分布范围最小的民族也遍及25个省区市，少数民族人口在100万以上的城市已经达到12个，56个民族齐全的城市已经有13个，民族关系日益成为一种全社会范围的关系。① 各民族同胞在城市里学习在一起、生活在一起、工作在一起，将成为一种新常态，相互嵌入式的社会结构和社区环境已经形成。

藏文化用品街成为成都的一个特色街区，不仅是藏族社会文化发展变迁的一个结果，也是城市发展中的一个进步，才能出现都市中的这道“亮丽风景线”。

藏文化用品街的历史描述主要是通过访谈和口述资料，笔者通过访谈，找到原来居住在这条街道上的老成都人，第一批来这条街道做各类生意的藏族商人，在甘孜州驻成都办事处、西藏驻成都办事处和西南民族大学的老一辈工作人员的帮助下，从他们的口述中整理出街道的形成发展历史，成为这本藏文化用品街民族志考察的基础。本章简单追溯了有史以来藏区与内地的联系，不仅展现了当前进入都市藏人的生活状况，也试图说明这种民族文化互动的延续性。这两种文化自古以来持续通过不同的方式进行交流沟通，地理上天然存在着边界，但文化交流却一直开放着“友好之门”。中华民族的文化从来就不是哪一个民族单独直线行进的过程，不断地有新的文化因素加入后产生的动力才能让中华文明持续至今。所以汤因比说：“一个幽灵远不如一个活生生的重要存在 …… 如果一个社会接受旧事物的复兴，而不是去寻求一种新的创造起点，那么一个文明本身产生的天才就会被扼杀。” ②

① 着力推动建立相互嵌入式的社会结构和社区环境[N]. 中国民族报，2015-01-30.

② [英]阿诺德 · 汤因比. 历史研究[M].刘北成，郭小凌，译.上海：上海人民出版社，2005：396.

远走他乡不仅仅是藏人的故事，更是无数个中国人的故事，也是中国的故事。

克利福德·格尔茨确信："这种人亲土亲的联系随时可以接续起来，源自呱呱落地就具备的先天性，可以延伸进入信仰某种宗教、说某种语言，甚至只是一种方言，以及遵行某种社会规范的社群。"①（哈罗德·伊罗生著，邓伯宸译，2008）。

从青藏高原进入成都平原，许多藏人克服了包括生理、心理以及经济、文化等方面因素的影响，他们发现自己在新环境中不得不重新认识自己并重新定位自己，这个困惑引导他们去寻找自己的"姆庇之家"，一方面希望在陌生的环境中寻找一种支撑，归属感与自尊心，另一方面也努力挣脱"初级连带"变成更加独立的个体，并且转换认同。

① [美]哈罗德·伊罗生．群氓之族：群体认同与政治变迁[M].邓伯宸，译.桂林：广西师范大学出版社，2008：43.

第三章　寻找“姆庇之家”：维系藏文化用品街的第一力量

“‘姆庇’是基库尤人共同的母亲，姆庇之家即孕育基库尤人的子宫与养育基库尤人的家园。族人以此宣誓效忠部族，并以此为最大责任。”① 对于这个群体而言，“姆庇”是一个有着重大意义的符号，如同在藏文化用品街上的每家商铺里都要供奉他们的佛，都会烧香和诵经一样，有一个和他们的神灵、祖先或者土地、家相联系的象征。

在街道上开茶馆的藏族大姐说：“刚来的时候住在天府广场附近的一个地方，因为我们在那里开了一个酒吧演艺厅。我一个外面来的人非常害怕和担心，在外面吃饭总觉得浑身都不自在，似乎每个人都在看我、笑我或议论我，虽然我没有穿藏装。后来我走很长一段路到这条街道来吃饭，因为（这儿有）很多藏族人，就像回到了家一样，熟悉感带来安全感，心里轻松多了，心情也好起来了。所以，后来我放弃了那边的工作搬到这条街道上。”

这是作者第一次住在藏族家庭旅馆里时一位藏族大姐（她从天府广场搬到藏文化用品街后，就开始经营家庭旅馆）讲的故事，这是她十几年前

① [美]哈罗德·伊罗生. 群氓之族：群体认同与政治变迁[M]. 邓伯宸，译. 桂林：广西师范大学出版社，2008：16.

刚来成都的感受，回忆中充满了艰辛，也表现出她对藏文化用品街的留恋和感激，她对这条街道已经充满着深深的感情。这条街道是许多藏族人进入成都寻找新的生活方式的入口，通过这个入口来找到一种自在感，减少陌生带来的各种麻烦，并观察和认识他们所到达的陌生世界，然后渐渐地熟悉、放松并重新认识和发现自己。作者在成都采访过的很多藏人都经历了这样一个过程，他们对此都感同身受。他们寻找并为建立这样一个入口而努力，并且像建立自己古老的部落一样在城市凝聚起来，然后大家尽力维护这个“想象的部落”。本章将探讨他们通过怎样的方式来建立这样一个“姆庇之家”，并竭尽全力的守卫“第二故乡”？这些问题对深入了解这条街道显得很重要。

第一节　城市部落:“远乡”觅“原乡”

著名人类学家哈罗德所问的问题正是我们这个时代出现的问题:“为什么人类大部分的需求都只能在他们最褊狭的族群中得到充分的满足，在其他更广阔 —— 不用说什么如同手足般 —— 政治体系或团体中就难以甚至无法满足？200多年来，西方世界最有智慧的人都相信，凭着科学的进步、知识的增长，对自然的控制，理性将获胜，而人类早期的落伍都会一去不回。所谓落伍，包括各种迷信 —— 其中包括许多宗教 —— 以及那些阻碍人类精神扩张并使人类存在无法更人性化的部落格局。科学进步了，知识增长了，自然受到了控制，但是，理性并未获胜，部落主义（tribalism）并未消失。”①

进入调查点之前采访相关方面的专家对本研究有非常重要的帮助，虽然带着被提供的材料和观点，有时候会在进入调查点的时候带着先入为主的危险，但也避免了盲目的询问或简单的下结论，对刚进入调查点的主题选择方面给予了重要指导，包括一些新的信息、地方政策法规等，也包括一些可以避免的危险和禁忌。我们在第一次进入藏文化用品街之前，除了采访一些藏学方面的专家外，也采访了宗教局的相关负责人，一位藏族领导当时分析了这条街道的现状，也很肯定且非常同情我的研究：

① [美]哈罗德·伊罗生. 群氓之族：群体认同与政治变迁[M].邓伯宸，译. 桂林：广西师范大学出版社，2008：40.

你的研究对象也许比较难获得，因为这条街道不会长久的存在下去，虽然这些商铺都是自由经营，我可以分析几个原因：一是因为市场经济，藏族的这些文化用品和其他商品相比没有什么竞争力。二是藏族人不适应城市的生活节奏，陌生和孤独最终会让他们自己选择离开。三是他们需要信仰和寺院。在大城市没有他们进香供佛的寺院，也没有空余的广场让他们歌舞，更没有转经的地方。这些都与现代化的城市格格不入，他们要么变成城市人，要么回到高原的家乡，而变成城里人对他们太难了，我都在城市工作几十年了也没有彻底变成城市里的人，不上班的日子里就会回到老家，人熟地熟。

从这次谈话到这项研究开始，时间过了大约八年，全球化的进程并没有停止，中国的市场经济发展也越来越快，城市的发展更加日新月异，但是这些变化或者这些现代化的力量，并没有把一条看起来和城市的时髦文化不相容的民族文化街淹没，反而使它更加繁荣。这些现象也许正如“全球化”才显现了“地方性”，“现代”才突出了“传统”一样，似乎民族文化产品的崛起和商业化的成功可以相伴而生。所以，城市和民族文化并没有表现出强烈的冲突，而是互动共荣，现代城市的宽容为民族文化在现代市场背景中找到了一种传承和发展模式。大量的民族文化产品的生产可以借助城市便利的基础设施、巨大的消费力量和市场渠道，以及各种政策保障让民族文化产品不断创新发展，从而得到保护和传承。但是来到城市的人与草原放牧的环境不一样，草原上他们可以看云识天气，懂得草原风吹草动的预告，用歌声和舞蹈、宗教和风俗等表达情绪，建立社会关系，进行各种交往，而城市对他们是一个全新的地方，他们不熟悉城市环境，也不知道城市里的规则，这样的地方对他们来说如此的陌生，往往使他们无所适从，所以安全问题是他们首先要解决的问题，无论是身体的还是精神的。

这也许就是哈罗德要研究的核心问题：“漂泊不定、无岸可依的人，不知道到哪里才能找到一个‘安稳可靠的位子’好让他们有所归属……身不由己的四处寻觅‘原乡情感’（primordial affinities）。”[①] 这种被弗洛姆（Erich Fromm）称为“初级连带”，被克利福德·格尔茨（Clifford Geertz）认为这种原乡的依附感与认同感构成了社会得以存在的“先天条件”，他确信“这种人亲土亲的联系随时可以接续起来，源自呱呱落地就具备的天性，可以延伸进入信仰某种宗教、说某种语言，甚至只是一种方言，以及遵行某种社会规范的社群……也正是这种连带，直接输入无数绝对性的东西”形成一种有别于阶级、政党、企业、工会、行会的组合，之所以有别，因为后者所形成的群体不会成为“民族的候选群体”（candidates for nationhood）。对于“民族的候选群体”，格尔茨却提出了几个简单的条件：某种血缘关系、种族、语言、地域与风俗。[②] 他认为初级连带（primary ties）会因为个人的一些自发行为比如爱、工作、家庭等，与其他人会发生主动的整合，是自我与周围世界的再度整合，不是依靠血缘或地缘等关系，而是以完全独立的自我身份。所以他也认为“初级连带”有时候会阻碍人们的自我发展，对自我理性的成长和一种对外发展的能力都会带来一种妨害。因为他认为“初级连带”是通过群体的力量与外界沟通，比如加入各种社会团体、协会、帮派等等，这阻碍了他们通过外界的沟通更好地认识自我的通道。当然不可否认，初级连带也发挥着它的正面作用，比如加入一种群体，发挥认同的凝聚力，会找到一种归属感，

---

① [美]哈罗德·伊罗生. 群氓之族：群体认同与政治变迁[M]. 邓伯宸，译. 桂林：广西师范大学出版社，2008：55.

② [美]哈罗德·伊罗生. 群氓之族：群体认同与政治变迁[M]. 邓伯宸，译. 桂林：广西师范大学出版社，2008：56.

带来一种安全感，尤其在陌生的世界、孤独的自我非常需要这样一种地位，可以给他们提供安慰，提供实际的帮助。进入城市的藏族移民，面对一个陌生的世界，这种安慰和安全是非常必要的。也许这个群体不会给他的生活提供财物上的支持，但归属感会让他免除最严重的一种痛苦，即找不到方向，无处可诉，彻底的孤独和失望，群体是可以在精神上共同承担风险的。哈罗德把这种初级连带亦或原乡情感看作“基本群体认同”，这些连带和联系如此深入人心，并在人类经验中始终占据重要地位。

藏文化用品街的故事反映了初级连带仍旧是生活在城市中的藏人的社会关系，浓厚的原乡情感是他们的依靠，也是他们的围栏，他们一方面在努力地塑造和构建这个“姆庇之家”，一方面却也向“个体化的人”转变，试图找到更有利于他们生活的新家，向往得到城市中的新身份，而不是一个被外界刻板化了的集体身份，下面的故事将讲述他们如何寻找、塑造一个“姆庇之家”却又在里面脱离挣扎的过程。

一、远走他乡

在20世纪80年以来的中国城市化运动中，中国的农村生活发生了巨大的改变，农民也分享到改革开放的成果。同时，城市化运动的另一个结果是引发了农民工进城大潮，大量的农民远离家乡，在各个城市中寻找另一种生活方式。城市化是中国社会一次剧烈的运动，其结果是中国新城市不断增多，古老的城市不断扩大，从一环二环的城市扩大到五环六环，目前还在不断地向周围开拓。但是，城市化运动最主要的特征是人不断地向城市集中，正如有人总结新时代城市是“人聚财聚人散财散，物以类聚人以群分”的地方。

远走他乡绝不仅仅是部分农民工、藏人的故事，背井离乡已经成为现代中国农村最明显的社会现象，一定程度上也是现代人类的故事。现代人虽然留恋田园牧歌，却追逐城市霓虹，既无法摆脱乡里乡亲的熟络，又羡慕着自由小资的诱惑，城市中出现了城市“游牧部落”就是这种现象的一个注脚。大量进入城市“游牧”的人，在陌生城市的生存抗争中想发出他们的声音，想引起人们的关注，想避免个人对新环境的无力感和孤独感，这些都需要一个超越个人的力量，需要一个命运共同体，这就是在城市中出现各种同乡、同族聚落的源头。

成都藏文化用品街也是在这个社会大背景中形成的，有很多藏人就像我的访谈人王姐一样，进入城市后都在寻找这样一个“姆庇之家”，在不断寻找的过程中同时在构建着它，现在藏文化用品街已经成为这些离开原乡的藏族重新构建的“姆庇之家”，这里充满了原乡的各种符号，通过这个共同体，更大意义上是一个想象的共同体，但在其中他们却在精神上找到了归属、自信以及安全和自尊。

二、“远乡”觅“原乡”

离开家乡进城已经成为很多藏人谋生的方式，其中城市藏族公职人员的子女、亲戚是首先进入城市的一大群体。开始的时候带点家乡特产看望城市里的亲人，来来往往走的人多了，随着交通越来越方便，这条路越走越熟，有些人变成了城市和藏区之间的生意人，这个群体像雪球一样越滚越大。随着群体人数增加，他们吃穿用住需求也越来越多，所以出现了房价便宜、入住简单便捷的藏族家庭旅馆，也出现了专门供来城市的藏族人吃饭的藏餐馆。这些满足最基本需求的场所首先变成了藏文化用品街的“姆庇之家”，而且基本上是自发形成的，然后从生存到生活、从物质到精神的各种需求不断创造和扩大着市场。目前繁荣的藏文化用品街道上，最主要的、数量最多的店铺类型有以下几种：

卖店。卖店是藏文化用品街的主角。20世纪80年代末，甘孜州驻成都办事处开办的民族贸易公司的民族文化用品试水市场经济，以后逐次有了私人开办的藏文书店、藏族服饰店、各类宗教用品店等。正如前面提到的，一种文化系统变迁的过程中将分裂为政治因素、经济因素和文化因素，而文化因素是最不容易被吸收的，经济因素是最容易被他文化吸收，然后一种因素会吸引大量的其他因素进来。藏文化用品街的卖店执行了这个转接过程，利用经济因素、适应市场规则首先开办了卖店，而这些卖店成为建立藏区与都市之间的桥梁，成为打通古老的川藏道、松潘古道的新方式。古老的茶马古道上不再有马，运输的不仅是茶，更多的现代商品和藏文化特色产品的进进出出，双向流动，创造了新时代的藏文化东向发展的新方式。卖店所售的主要是藏文化用品，其中以日常生活用品和宗教用品为主，生活用品中主要售卖的是藏族服饰类，宗教用品中主要售卖的是佛像类和唐卡类，前面章节已经讨论得比较具体，在此不再赘述。

这条街道上的卖店启动了四川藏区藏文化商业化的按钮，不仅成为藏人进入城市后经济保障的来源，也是藏区很多文化因素逐渐进入城市的吸引力，又因文化成为经济发展的先导力，聚集了越来越多的文化产业创业者，为城市中自发形成他们的“姆庇之家”带来驱动力。

藏餐馆。饮食文化是一种文化中的重要组成部分，成长中的饮食习惯记忆会伴随人的一生。所以在一个地方能不能长期生活，需要解决的最基本需求就是饮食。2010年初次到街道上的时候，有四五家藏餐馆，2015年再进行统计的时候，已经有10多家藏餐馆，这些藏餐馆的变化也是窥见街道发展过程的一个重要途径。至于哪家藏餐馆是这条街道上最早开业的呢？我们问过街道上的老店主也问过几家藏餐馆，各种说法不一，并且话语里还带着竞争这个位置的口气，他们很在乎谁是最早在这里开藏餐馆的人。为了这个问题曾经还引起几个人的争论，争论的对象是两家规模较大的藏餐馆——阿热藏餐和神象藏餐。最终形成比较肯定的结论来自一位新藏餐馆的藏族老板，他很有学识也很有想法，1999年考入西南民大，念完了本科和硕士研究生，对这条街道比较熟悉，因为自己也在经营藏餐馆，所以对于藏餐文化很了解，他的说法是：

成都藏文化用品街最早的藏餐馆应该是阿热藏餐，和阿热藏餐有差不多规模的是神象藏餐，其次是香巴拉和特瓦格。这几家藏餐馆有一定的档次，消费比较高，除此之外还有十几家小规模的藏餐馆，现在这条街上一共集中了20多家藏餐馆。这与成都这个城市的气质和藏文化街的特征是相符合的，成都是个休闲城市，无论大小，街道上集中最多的就是各种类型的餐馆。但是在藏区，我们认为玛吉阿米藏餐是带着藏餐文化最早走出藏地的餐馆。

西藏著名藏餐品牌“玛吉阿米”背后的故事记录了新时代藏餐文化的发展，这也是民族文化成为商业的一个典型例子，它记录了一个文化跨越边界被全球化的过程：

“玛吉阿米”创始人泽郎王清，祖籍是康巴藏区，出生在安多藏区。20世纪90年代藏区旅游业迅速发展，很多藏族年轻人开始创业。泽郎王清1997年离开家乡到拉萨创业，当时就看中了八廓街上的黄房子，被这个简单的二层建筑背后的故事感动（仓央嘉措），他也考察了八廓街未来旅游发展的前景，所以就租这个房子创办藏餐吧。作为藏族，藏族文化的亲近感和认同感都体现在藏餐馆的装饰中，包括藏式建筑艺术、雕刻艺术、绘画艺术、独特的色彩文化等诸多藏文化元素，里面的陈设也是他从藏区各地征集回来的老藏式家具、藏文化装饰品和一些古文物，从内到外的独特设计，把这个吸引人的故事镶嵌在深度的藏文化体验中，加上这个藏餐吧的故事价值和它的区位优势，很快吸引了国内外的游客，有了声誉，成为一个藏族餐饮品牌。

成为品牌后，“玛吉阿米餐吧”考虑到世界性的客源和长期性的发展，在经营理念上逐渐创新，传统的文化加上现代经营理念再加上多元的餐饮结构，形成了藏餐发展中的引领者。2001年春天，泽郎王清在北京朝阳区建国门外的秀水南街找到了满意的地点，开始了“玛吉阿米餐吧”北京店的创建。他亲自以拉萨玛吉阿米为蓝本指导设计了北京店的室内外装潢，把玛吉阿米原汁原味地搬到了北京，开启了原创餐饮文化的世界之旅，不仅让更多的人尝到藏餐，而且让更多的人了解了藏族文化的魅力，是藏文化为世界打开的一个餐饮窗口。

其实，20世纪80年代中央在援藏的43项工程中就有了拉萨饭店，后来与美国假日酒店集团合资，1986年更名为拉萨假日酒店，集宴会厅、中西餐厅、酒吧及多功能厅为一体，成为西藏第一家现代化民族酒店，主要接待世界各地的贵宾，中餐厅曾由达赖喇嘛第三厨师掌勺，在中餐厅制作出最高级的藏餐（王永耀，1992）。① 而真正把藏餐带到全国各地的还是玛吉阿米，在北京店启动后，昆明、上海等地相继有了连锁店，藏餐文化走进了各大城市的街头。玛吉阿米的各种符号表达了一种文化和民族认同，同时也为藏人带来身份认同感和自豪感，成为在城市中生活的藏族可以找到的“姆庇之家”。

藏文化用品街和北京、上海等大城市不一样，成都藏文化用品街道上

① 王永耀. 拉萨有座假日酒店[J]. 国际人才交流，1992（3）：10–12.

的藏餐馆和玛吉阿米也是有区别的，这条街道是通过格尔茨所说的“人亲土亲”的“初级连带”关系自发形成的。街道上居住和来往的有顶级的大喇嘛，有来自海内外转向藏区朝圣的各类居士和信徒、从各寺院来成都采购宗教生活用品的寺院喇嘛和寺管，有来成都求学看病、来旅游和串亲戚的普通老百姓等，他们的主要行走轨迹就是“进”或“出”藏区。所以，吃、住、购的需求自然就有了各自的场域和区隔。我曾跟一些20年前就来这条街道上做生意的藏族朋友在神象藏餐馆里吃饭，他们中有的来自四川藏区的喇嘛、藏医和普通藏族商人，他们是同乡或是曾经在一个寺院学习的同学，是这些街道上的“关键人物”，他们也是这些大的藏餐馆的常客，这些藏餐馆成为他们吃饭、聚友、谈生意的“姆庇之家”。还有各类相对较小的藏餐馆，价格相对便宜，是更多普通藏族百姓愿意去的地方，那里就像他们在这条街道上的厨房。

也有几家四川人开的川菜馆，但在这条街道上他们显得那么不起眼，和拉萨八廓街上的川菜馆一样，在这条街道上他们成了特殊的群体，虽然这些餐馆丰富了街道上的餐饮口味，也很受藏族人喜欢，生意兴隆，但它们的身份和经营方式已经超出了川菜馆的范围。我熟悉的一家川菜馆已经交给藏族人经营，他们虽然继续做川菜，但因为是藏族老板，所以生意比以前热闹了很多，餐馆里吃饭的主要顾客群体显然是藏族。因此，餐馆和所有的其他文化认同一样，人们不仅在乎饭菜的式样和味道，有一种符号是和他的口味融合在一起的。

藏家旅馆。藏文化用品街上的人们白天穿梭在这条街道上，吃饭的时候首先要找一个藏餐馆安心坐下来，其他时间他们游走在成都的各个街道、商场以及公园等地方，他们是游客，但晚上的时光构成“原乡情感”中重要的一环。在家乡，左邻右舍都是亲戚，村前屋后都是父老乡亲，家不仅是一个私人居住的地方，还兼具有重要的公共交流的功能。作者在甘孜州考察的时候，经常居住在藏族朋友或同学、学生家里，客厅的空间、布置以及位置都有文化秩序，佛、喇嘛、父母、亲戚、兄弟姐妹、客人都有一定的秩序，和文化、宗教信仰等一致对应。所以这些从自己的文化秩序中来到在城市秩序的藏人们，他们和所有的人一样需要寻找一个地方，可以使用家乡的方言拉家常、可以放松、可以随时煮酥油茶喝……一个没有复杂规定的地方，这是许多人选择藏家旅馆的原因。另外当然是价格问题，许多人到成都会住几天甚至几个月，尤其是冬天，一些藏人整个冬天都租住在家庭旅馆当中。2010年我住的时候大概30元/晚，如果住的时间长也就15元/晚，而当时附近普通宾馆的标间约200元/间，到了2015年时，很多家庭旅馆都装修增添了设备，价格也相应地涨了，原来住的家庭旅馆变成了60元/晚。一家老家庭旅馆的阿妈讲述了他们的故事：

20世纪80年代，我的儿子在甘孜州某县的农业局上班，农业局在成都有驻地办公室，我儿子经常出差，对武侯区很熟悉，后来驻地办公室撤销以后曾临时出租出去，他们失去了办公的地方。到90年代中国经济体制改革深化，很多人下海经商，藏区并不是没有察觉，我儿子也是在这个时候放弃了工资不高的政府工作，开始做冬虫夏草的贩卖生意，从藏区各处收购虫草再贩卖到成都和其他地方。目前我还在帮儿子收账，因为好多人欠了账不还，儿子秉性柔弱，怕索账会破坏关系，我作为一个老太太不怕丢面子，所以经常会跑到欠账的人家里去索账。那时候做虫草生意的人少，挖虫草没有受到政府管控，所以我们的收入还是很可观的。有了足够的资金后我们在藏文化用品街上的“武侯名园”小区购置了房子，空余的房间就做了家庭旅馆，后来又专门租了两套房做家庭旅馆的生意，雇佣了一些家乡来的女孩帮助照看生意。女儿还在门外租房开了一间很大的茶馆，现在家里的老人和孩子们全部搬到成都，生意和日子都做得不错，已经成为街道上的老主人和比较富裕的家户了。

他们家的旅馆价格贵一些，因为房间比较大，由于我和阿妈夫妇住在一起，他们自己住的房子出租价格最贵，80元/晚，最大的享受就是可以喝上老阿妈每天煮的酥油茶，晚上可以和阿妈聊天。他丈夫曾经也是甘孜州的公职人员，他愿意住在成都，但老阿妈说夏天太热了不舒服，街道上又太闹太吵，她每年到天气暖和时必须回甘孜老家。楼下还有一套他们租来作为家庭旅馆的房子，装修简单，价格相对便宜，我也住过，和几个来自甘孜州的高中生，是老阿妈家乡的孩子，他们来成都考体校。这些孩子们已经不像楼上的阿妈一辈早晚念经、穿着藏装，这些年轻人穿戴流行时髦，除了手腕和脖子上的现代艺术化的藏饰外，已经和都市的孩子没有什么区别。只是手机里播放着民族风一样的藏语歌，节奏明快、奔放，还有都市孩子们都喜欢的那些流行歌曲。我问他们谁了解藏族的信仰和宗教，他们几个笑起来，唧唧咕咕一会儿指向一个比较内向的孩子，似乎在告诉我他懂。那个他们昵称为“安”的学生手机里存了很多诵经的曲子，还有很多寺院和法会上拍的照片，很多来自他们家乡的藏族歌手，以及他们自己演出的节目。当他们得知我是老师时，很骄傲的给我介绍了很多藏区和家乡里发生的一些有趣的事情，他们的角色立刻转换成一个个小“老师”，这些从小融化在他们身体里的东西，我用后天学来的知识范畴无法表达得那么自然。有一种文化基因是和他们的身体基因融在一起的，也许不同的场合他们会用不同的方式表现出来。

几年田野调查期间我曾多次住过不同的藏家旅馆，接触到了来自藏区各个地方、各种职业的人，其中每家都碰到的相同职业的人就是僧人。旅馆的主人似乎都知道这些僧人，要么是自己家乡寺庙里熟悉的僧人，要么就是其他熟人推荐的亲朋好友。在旅馆里经常会听见他们讨论僧人们的修行故事或者各种日常杂事，对于那些他们认为是真正修行的僧人，他们都很敬畏，早晨给僧人煮茶，吃饭毕恭毕敬。有一次在旅馆打工的来自康定的唐娘娘中午买了鱼，因为他们知道那天住在旅馆里的喇嘛要出去办事，所以他们偷偷吃鱼火锅，她说喇嘛住在旅馆的一段时间里他们都很馋鱼，但根本不敢做鱼，一是不尊敬，二是怕喇嘛骂他们。还有一些喇嘛他们是不大理会的，旅馆里的女主人告诉我："下次不想让现在住的这个喇嘛住了，一直没有好好在寺里念经，而在城市里瞎鬼混，作风不好，就只是披着僧人的衣服而已，破坏了藏族喇嘛的形象。"这些小小的家庭旅馆是这条街道上各种信息汇集的地方，藏区发生的各种大小事情，进入城市的藏族的各种行为，是他们住在旅馆里拉家常的题材，那种景象让我经常忘记那是一个借宿的地方。

无论怎样，很多来城市里办事的藏人们晚上回到那些藏家旅馆，就像放一天牧回到家一样，不管你是来自哪里的，住在一个家里，如同一家人或左邻右舍，总有可以聊起的话题，忘却了白天的孤独感和危机感，找回了可以缓解生活压力的认同感和自尊感，天亮后继续在城市里寻找自己的需要。这也许是我们传统村落的魅力所在，一种亲近感可以大大降低个体对各种社会风险的恐惧感。

藏文化用品街道上因为有了这样的气氛，各类型的店铺慢慢地进入、聚集，大量的吃、住需求已经说明有大量的藏族人口集中在街道上。藏文化用品街的形成历史告诉我们，这条街道从基本生活用品的需要供给到各类文化用品的丰富，以及各种生产体系的形成，既是一种经济行为，也是来城市的藏族在不断寻找和构建文化认同的社会过程。

第二节　跨越：民族认同、地域认同和自我认同

这条街道，缘何持续地壮大发展？他们靠什么力量生存下来？民族文化、宗教信仰抑或国家民族政策？

答案里包含着非常复杂的各种历史、现实因素。接下来我们要讨论的三种力量应该对这条街道能继续繁荣到现在起着重要的作用。我们先讨论第一种维系它存在的力量，亦即上述的那种“初级连带”或是“原乡情感”，其实广义上就是指族群认同。族群认同不仅仅是随时携带的“方舟”，也是在不同的环境中不断建构和修正的认同，并不是生来就有并固守不变。

张鹂通过空间理论，尤其是吸收法国马克思主义思想家亨利・列斐伏尔对空间的阐释——真实的、有生命的（lived）社会空间通过人们的具体实践所生产，然后成为一种强有力的工具来形塑人们的思想和行为。他考察了“浙江村”社区的形成以及国家、社会等多重权力关系的重构过程。“浙江村”是中国社会经济转型结果的一个典型例子，中国经济体制改革的深化、城市化运动的推进，户籍制度的改革等从制度上推动了数百万——曾经是乡土中国的最具代表性的农民——进入城市试图改变祖祖辈辈“面朝黄土背朝天”的命运，但城市中的生存并没有“祖荫”的庇护，一切都要依靠他们自己来生产，包括可以居住的物理空间、可以维生的生活资料、可以得到保护的认同感和自尊感——一种社会空间和关

系，等等。所以相同命运的城市陌生人就会聚居在一起，但最容易的聚居方式就是通过“初级连带”关系和“原乡情感”，然后城市中的一些“村落”“部落”等空间被创造和再创造，因为“没有自己的物理空间，外来的业主们不能在城市当中建立自己的社区并取得生意上的成功”①。

一、寻找我群

“浙江村”的例子确实挑战了西方的对后社会主义变迁的两种假设：“国家的消退”和“市场与资本主义的胜利”。而中国市场的形成一开始就没有离开国家，不像西方资本家积累了大量的原始资本来推动资本主义和市场革命，中国既没有进行过根本性扭转生产方式的大革命，也没有经过世界性的掠夺来进行巨大的财富和原始积累，即使市场一直有国家一路的陪伴，也远没有形成完全脱离国家的市场力量。同时，也“远未形成可以孕育民主政治的公民土壤”②。对于这些本来就是体制规划下进入城市的农民，更没有完全独立的力量，所以寻找和创造可以遮风挡雨的空间——无论是物理空间、精神空间还是社会空间，对他们来说都至关重要。

从山洞里闭关出来的喇嘛说：

这条街道上穿袈裟的并不全是喇嘛，手里拿着念珠的并不都是真想念经，还有穿着藏装的人不一定都像纯朴的藏人一样行善积德，但他们为什么都要成为那个样子呢？也许他们自己也不愿意。一个简单的目的就是他

① [美]张鹂.城市里的陌生人：中国流动人口的空间、权力与社会网络的重构[M].袁长庚，译.南京：江苏人民出版社，2014：11.

② [美]张鹂.城市里的陌生人：中国流动人口的空间、权力与社会网络的重构[M].袁长庚，译.南京：江苏人民出版社，2014：8.

们想在这里找到一种表征、一种归宿和身份，因为大家都已经默认这条街道是大名鼎鼎的藏族街。

在藏家旅馆里帮忙打扫屋子的大妈也发牢骚：

我们在家乡都被当成该被尊敬的老人，但在这条街道上有时候还是被当成怪人。有时候到武侯祠横街后面的公园里，人们见了我就会躲开，不信我带你去看看。如果凳子上坐了几个老人，我也想蹭过去凑凑热闹，跟老人们搭搭话，但我一坐下他们就会离开，他们对我们的偏见大得很。我们住在城里也很注意卫生，又没有什么味道熏着他们，所以走在这条街道上，藏族人多就自然得多。

卡斯特引用了卡尔霍恩对认同的解释：“没有名字、没有语言、我们就不知道有人。自我与他人、我们与他者之间的区别，就是在名字、语言和文化当中形成的……。”[①] 无论认同在自我成长的过程中发生什么变化，总有一个基本的群体认同，是融合了他（她）出生的家庭、地方的种种文化习俗等，如同布迪厄所说的“惯习”一样隐藏在个人的意识里。虽然很多藏族并不了解我们概念界定的“藏族”有那么复杂，但他们通过语言、名字，甚至长相等进行和他人的区别，发现他（她）应该归属那个群体，而且实践不断告诉他们，城市里他们必须先找到自己的归属在哪里，然后才逐渐明白他们应该如何、在何处、通过谁、为了谁而建构属于他们自己的群体。

① CALHOUN C. Social Theory and the Politics of Identity [C]. New York：John Wiley&Sons，1994：9-10.

二、建构认同

卡尔霍恩的认同解释还没有说完：自我认识 —— 不管如何觉得自我是发现出来的，终归是一种建构的结果 —— 永远不会和他们按照独特的方式所做出的判断完全脱离。如果你深入这条街道的藏族群体里，你会发现这个结果是非常明显的，之前在老家的时候，他们才没有更多时间去讨论所谓的民族，这些对他们的生活的意义不大，作为普通老百姓他们更多关注养牛放牧、来年收成和生儿育女及生老病死等生活琐事，而“成为藏族人”在成都的这条街上却显得比家乡更有意义和作用。

跟我同住的一个藏族姑娘Ykj说：

以前我在家里也不穿藏装，也不太了解我们的文化，不知道信仰还有那么多说法，我们就是一定的节日会跟随家里的人去寺院，烧香、点灯、拜佛，就和你们过春节放烟花、穿新衣服一样。我们的老人去世了请喇嘛念经，跟你们的老人去世了也请一些阴阳师送丧一样的。在这条街道上有懂藏文化的人，我们也学习了很多关于我们的故事，知道了我们的文化。我身份证上写着羌族，但我好像是藏族，我也不知道这两个民族有什么区别。这条街道都是藏族人在做生意，我应该是藏族，我们的生意要想做得好，必须穿着藏装，会说藏话，那些藏传佛教信徒也才会相信我们，我们才会有顾客。

藏餐馆的As告诉我一个故事：

我当初想开藏餐馆的时候，政府说为了防止店铺太雷同，便于管理，建议我不要再开藏餐馆或者宗教用品店，推荐我开茶馆。但我最后还是选择了餐馆，也加入了一项公益活动。商人们和市场有更大的关系，市场也有更大的力量，这条街道有一种隐形的商业规则，如果藏族人在这条街道开店做与藏族无关的其他生意，你的生意是很难做下去的，你的商铺是有风险的。

其实，这条街道上的很多人和Ykj一样在到成都之前，对藏族这个身份的特殊性并不知道多少。当他们的生活和这条街道的命运连接在一起，他们开始学习这个外界人都知道、但他们自己却不怎么熟悉的知识。他们通过各种途径学习外面的人怎么认知他们，怎么包装他们，因为这种认识他们才与别人不同，而这种“不同”成为他们在城市里、在商业中的一种优势资源，一种特殊形式的商业广告。所以他们用各种文化符号，甚至制造或利用被制造的各种符号来标识自己，然后就像知识产权一样通过他们的方式来维护这些符号。这条街道包括街道上的商铺、商品不是一成不变的，在城市里他们不断地接触外界的各种变化，获得各种信息，也了解这条街道成为一个特殊的社区被传播。他们被作为特殊的群体被认知，所以他们也在不断利用被外界塑造的“他者”来变成“他者”，并且和电视媒体里制作的各种印象越来越像，流行的藏装装饰、藏歌藏舞、五彩经幡、藏传佛教僧人、唐卡佛像、焚香念经等等。这条街道越来越成为名副其实的藏文化用品街，也逐渐变成了一个藏人部落或藏人街，和分布在全世界的唐人街一样，并得到这条街道上的藏人的打造与塑造、建构与守护。

很显然，藏文化用品街在空间上只是城市里的一个角落，而他们认同的建构跨越了空间，比如佛像店的老板总爱宣扬自己的产品是来自尼泊尔或印度，唐卡艺人们把自己的经历和作品总和藏区唐卡大师拉上关系，还有很多店铺都声称他们的店铺属于藏区某座著名的寺院，他们用这样的方式来尽量多的和人们熟知的著名人物或重要事件联系起来，加入到这个群体中去，想方设法的让人们知道，以强化自己的合法性，也希望他们在这个大的庇护网络之中。所以，他们也吸收一些现代的方式来创造更多种类的、更现代的群体来让自己有更多的保障和支持，变得更安全。比如他们也利用现代网络科技建立虚拟社区来加强相互间的联系，也建立一些现代的组织，像各类商会、协会等。

这个文化特征明显的藏文化用品街，作为城市中藏人的“姆庇之家”，是通过很多复杂的过程建立起来的，也通过很多“关键人物”的支持成长起来，进入到里面的人通过集体的认同找到自己的归属，所以不断地强化自己的认同感，也努力地守护这个让他们有所依靠的“姆庇之家”。由此，我们能观察到民族或文化认同不是与生俱来的，不是随身携带那么简单。认同不但可以建构，也在不同的时空环境中不断的变化，但有些认同一触即发，有些认同需要重新学习。一名藏族学生告诉我她从小到大对宗教的认识过程，或许能反映出对一种文化认同的建构过程：

Pu是四川农业大学法学专业的一名藏族学生，我因为学习藏语认识了她。有一次她来找我聊天，问我考研究生的事情。她说她喜欢宗教学，并给我讲述了她对宗教和信仰的认识过程。她说她其实知道“宗教”和“信仰”这两个词是在她上大学以后，虽然她从小就在家里的经堂和寺院里跟着大人去念经。当她作为大学生进入四川农业大学后，住在一起的都是汉族姑娘，这些姑娘好奇地问她是否有信仰时，这是她第一次被人问这个问题，她说当时其实她根本不知道什么是信仰，她就反过来问室友什么是信仰？室友告诉她说：就是去寺院朝圣、念经、拜佛、相信来世等等。她才明白室友们所谓的信仰就是她的生活。她对她们说，这没有什么了不起和神秘的，这就是我从小的生活习惯而已。从此以后，她慢慢地就对同学们所说的信仰有了兴趣，开始读一些书，去了解为什么别人把她普通的生活看得那么神秘？然后也开始了解自己和别人的不同，不仅是出生和长大的地方不一样，而是别人把她们想象得更不一样。从此，在课余时间，她不断地学习自己的历史文化，也不断去寺院问喇嘛们一些自己想不明白的问题，她逐渐明白了自己在他人心目中的样子，她逐渐学会了向别人介绍自己。四年的大学生活，她越来越像所有人了解他们一样了解了自己，并靠近那个自己。她后来很自然地向我介绍她的家乡，她家乡的寺院，她家乡的文化历史。后来，她放弃了考研究生，她告诉我的一个理由是：因为她在家乡日喀则才能找到自己的文化，那样她才会觉得幸福。

三、发现自我

在一个陌生的地方，生存下来是首要的事情，所以通过“原乡情感”寻找“姆庇之家”是来成都的藏人生存下来的一个依靠。一旦他们慢慢地消除了对城市的陌生感、恐惧感之后，他们的生活不仅限于这条街道，他们也会变成被两头牵住的人，一头是高原、藏族的身份界定，一头是现代城市的影响，所以会又一次反思“我是谁”的问题。这也是民族认同和自我认同的关系的问题。它们总是互补的。民族认同解决归属问题，而自我认同更集中于生存的意义问题，自我认同相比民族认同显得更加自由，更加多元。尤其年轻人的自我认同更加多元，成都的很多年轻藏人也认为自己是四川人，是新的城市人，或者是哪个行业的人。

这个故事来自一位经营花店的藏族姑娘：

在离藏族街不远的广场上有一家花店，我被美丽的花也被花店姑娘的口音吸引，听起来很像甘孜口音。我走进花店先聊起了养花的艰辛，并讨教如何养花。她给我选了两盆花后，我们渐渐熟悉了一些，我才直接问她是甘孜来的吗？是不是藏族？她说：不是藏族，我是汉源人，你觉得我像藏族吗？我也很尴尬，我说她长了一双藏族姑娘一样的大眼睛。我们相互加了微信，然后我从她的备注藏名和一些朋友圈的照片中确定了她是个藏族姑娘。后来我再去买花的时候，提起了这件事情，告诉她我去过的很多藏区的地方以及对藏族的熟悉。她笑着承认她是藏族，但她说在城市生活了很多年，基本上不了解藏族，而更了解熟悉的事情。其次她也不想说自己是藏族，最多说她是汉源人，因为她的顾客都是成都本地人，大家都是四川人。

在成都的藏族，他们的生活、生意都不只是跟藏区有关，他们也不是封闭在这条街道上，他们生活在现代化的城市里，他们的生意不仅在藏区，而且已经遍及全国各地，甚至世界各地。生活环境决定了他们必须跨越民族认同，除了藏族人的身份之外，他们也认同自己是藏族的生意人，民族民间企业家或者一个地方的人等。所以他们也努力加入一些其他圈子，学习地方的其他文化。我跟一些熟悉的藏族朋友聊天的时候他们经常会说“我们藏族人学问少，脑子太老实，做生意不行”，也许这是他们自己经验中的心得，也是遇见“他者”后的重新自我认识。博士期间我住的小区内有几个语言学习班，很多藏族人需要学习普通话或四川话，一方面是生意上的需要，而另一方面他们知道他们生活的环境已经发生变化，他们需要调整自己的认同，对于外地人、外国人，他们是四川人、中国人。

2014年我住在民族用品街道的藏家旅馆的时候，其中一件主要的事情就是教一位年轻的喇嘛学习普通话，他同时教我学藏语作为回报。他说他学会了普通话以后，就可以做更多的事情，帮他哥哥做生意，而且学会了普通话，在他自己所在的寺院就成了被人羡慕的人，他也可以教其他的喇嘛学普通话，未来他可以用藏语也可以用汉语书写，他有很多感受想写出来让大家看。所以他经常写一些自己的想法让我给他修改，因为这件事情，住在旅馆中的主人也很高兴，对我态度更好，尤其很高兴我跟着小喇嘛学藏语，还时不时过来纠正一下我的发音。旅馆里的两位老人说：他们希望看到有人学他们的语言，他们很骄傲，他们也希望年轻人实现自己的梦想，要多吃苦、要多学习其他的文化知识，才能有出息。

小结

“在基本群体中，一个人不仅不是孤立的，而且只要他选择留下来并归属于它，就没有人能够否定和拒绝。那是任何人无法予以抹杀的一种身份，即使他自己想要掩饰，放弃或改变，也属徒然。而在这个大迁徙时代，许许多多的人东飘西落，身体与文化都背井离乡，归属感就成了他们随身携带的‘方舟’，是原祖所奉持的神殿，是‘传统’，是‘道统’，是某种形式的信条或信念，对于无法回答的问题，自成一套解答。”① 现代化的大潮不仅淹没沿海平原的村寨，也像秋风一样刮进了青藏高原，而现代化、全球化在一定程度上增强了民族和文化认同，因为外界的新思想、新产品、新价值逐步让他们通过外界来认识自己。同时，高原上的人们也不断地开放自己的认同，把传统的过去和创新的现代不断地进行结合，因为民族本来就是和社会环境、历史背景紧密联系在一起的。搭乘现代化、城市化运动的浪潮进入城市的藏人，一方面携带自己的民族身份作为“方舟”，并且有意识不断地扩建和改建这座“方舟”，让其可以容纳更多的人，变得更和谐、更坚固、更可靠安全。另一方面这些人作为个体除了生活在“方舟”中，也会面临“方舟”中时不时地亲近与疏远的关系的区

① [美]哈罗德·伊罗生．群氓之族：群体认同与政治变迁[M]．邓伯宸，译．桂林：广西师范大学出版社，2008：61.

别，还生活在一个更大的集体中，这个集体对于每一个人都充满了挑战和竞争，所以他们还要学习城市的各种规则、与身边的环境融合的技巧，与现代社会秩序斡旋的能力，虽然这总是困难重重，因为他们更加相信随时携带的那个传统的身份认同，但变迁本来就不是一蹴而就的事情。

文化不曾做什么，真正作为的是人，活生生的人；也就是说，文化不是一个孤立的人，利用他人为工具来达到自己特定的目的；文化只不过是人类在日常生活中所进行的活动。(约翰·史都瑞，2009)

文化的生产和再生产都不是一个孤立的过程，即使它在一个僻静的角落和遥远的村落，尤其在当代全球化的浪潮奔流中。通过文化商品的过程呈现给他们的消费者，然后回到生产者本身，实现了文化的外化和内化。

第四章 全球化、旅游和文化消费的崛起：维系藏文化用品街的第二力量

还俗喇嘛C说：寺院外面热闹喧嚣、花花绿绿，我觉得我的心已经乱了，我的心乱了，我就不能再穿着红衣服(僧衣)而做僧人不该做的事情，所以我离开了寺院，脱下了红衣服，坐上开往成都的火车进入了城市。

这是C回忆他做生意的经历时讲到的一句话，这句话也代表了和他一样来这条街上做生意的一些喇嘛的声音，也反映了现代藏族社会变迁的一个重要方面。本章的内容将主要透过还俗喇嘛C的故事，去解读藏族社会的变迁过程，引起藏区社会变迁的重要影响因素，以及藏族街因何兴起并繁荣发展?

第一节　全球化与地方社会

全球化压缩了时空距离，也制造了同质化的消费文化，人类仍然在探索如何以更快地速度到达目的地，从铁路运输到航空飞行，甚至在假设量子传输。文化、城市、喜好、品味甚至思想同质化成为全球化的部分后果。全球化正从距离、科技、商业模式等方面消弭地方的差异，同时也前所未有地引起了地方社会对自我的追求和展示，尤其在文化方面，突出区分了全球与地方间的文化差异。在现代科技带来的便利和网络虚拟世界带来的临近感背后，寻找自我成为被关注的重要话题，“在地生活”（local life）或地方关系、传统方式等成为人类社会存在的一种向往秩序。所以，在城市高楼大厦崛起的同时，乡村旅游和朝圣行动才会变得如此火热，成为人们寄托遥远记忆的去处。正如汤姆林森所言，全球化并不是所有的人都可以借助现代化运输工具，快速便捷地移动到另一个地方，更大意义上是指“跨越大片时空的‘社会关系网络’造成的‘临近感’，是远方事件及其影响力深入我们本土的生活”①，同时本土的生活也会扩散到周围的世界，全球化不是单向的同质化，同时也是丰富多彩的多元化。

藏区作为怎样的角色进入全球化的呢？全球化对藏区的社会生活发生了怎样的影响？先来了解一个饱满的现代藏区的概念。

---

① [英]John Tomlinson. 最新文化全球化[M].郑棨元，陈慧慈，译. 台北：韦伯文化国际出版有限公司，2005：10.

一、立体的藏区

自然藏区——特殊性

从自然地理的角度看，藏区有着独特的形成过程、地理分布、地形结构以及特殊的地理风貌，也就是我们常说的青藏高原。藏文文献和现代的科学研究中都记载了青藏高原的形成过程。藏文经典用最朴素的思想描述了藏区的形成："最初，藏区上、中、下三部所有的地方是一片被水淹没的大海，后来'贡格曲拉'裂开，水沉入其中，显露出藏区的形状。"[①] 这种说法其实和科学研究的结果是一致的，科学家认为青藏地区曾经在大洋中时隐时现，到距今约1.8亿年前的古海洋运动中，藏北高原和横断山脉率先和古海洋运动脱离而成为陆地，第三纪以后地壳运动使古地中海撤出，拉萨连同青藏高原又一次隆起，到360万年前开始的"青藏运动"，青藏地区大面积大幅度隆升，海拔高度剧增，以不足千米的准平原上升为平均海拔4000米的高原，其中很多山峰海拔6000—8000米，许多湖泊消退，山系水系变迁，形成大山大江纵横交错、湖泊星罗棋布，气候由热带、亚热带环境向高寒环境剧烈变化，空气变得稀薄、太阳辐射强、日夜温差大、气候寒冷，最终形成了现在自然特征非常明显的青藏高原区。

青藏高原被称为"世界屋脊""世界第三极"等，充分说明了它的地形地貌和特殊性，成为地球上一个独特而神秘的地理单元。广义的青藏高原以自然形成的大山脉为界，连接着很多国家，高原南端是自西向东绵延2500公里长的喜马拉雅山，这座世界上最年轻的山系山峰多，且高峰多，有50多座山峰海拔都在7000米以上，达到世界顶峰级的高峰有11座，海拔都在8000米以上，所以喜马拉雅山系不仅仅有珠穆朗玛最高峰，他还

---

① 恰白·次旦平措，诺章·吴坚，平措次仕. 西藏通史简编 [M]. 北京：五洲传播出版社，2000.

有很多不为人知的奇特地形地貌。这些雄伟奇观的高峰汇聚在一起，构成了世界第一大奇妙景观，成为自然界鬼斧神工之作，吸引着人们对神秘大自然的探索，每年都有无数探险者为之疯狂和喜悦。喜马拉雅山俯瞰着印度次大陆的恒河和萨达姆平原，脚下分布着尼泊尔、不丹等国；北缘的昆仑山、阿尔金山和祁连山与塔里木盆地和河西走廊相连；西部有喀喇昆仑山脉和帕米尔高原，与喜马拉雅山的克什米尔地区、阿富汗和俄罗斯接壤；东南部由于喜马拉雅山被雅鲁藏布江大峡谷的断裂带吞没，经由横断山脉连接邻国缅甸和我国的云南高原，边界受玉龙山 — 龙门山深断裂控制，以哈巴雪山、大雪山、夹金山、邛崃及岷山的南麓和东麓为界；东及东北部与秦岭山脉西段、黄土高原相接壤。

虽然青藏高原整体跨过边境，但青藏高原主体部分几乎都分布在中国，总面积为250万平方公里，约占我国总面积的26%。主体地域范围包括：从西起自帕米尔高原，向东延伸一直连接秦岭，跨度长达2700公里；南北的跨度1400公里，南到喜马拉雅山脉南缘，北到祁连山西段北麓。高山峡谷形成的地理环境是青藏高原的主要特征，它一方面造就了青藏高原的封闭，另一方面也形成了高原人独特的生活方式，坚强的性格和不屈的精神，使他们历来就在不断征服凶险的大山，走向外面的世界。

文化藏区——多元化

青藏高原有着悠久的历史，从考古资料来看，不仅发现了旧石器和新石期的各种石器、陶器、装饰物、谷物等，也有现代人（泥池/林芝人）大约生活在4000年前，丰富多彩的卡若文化充分显示了藏地新石器文化，而且这些考古资料也证明早在远古时期藏文化已经和西南、西北等周边各地的文化开始了交流活动，包括黄河、长江两大流域的古代文明、北方的草原游牧文化以及东南亚热带河谷农业文化，通过各种民族走廊、通道从不同的方向和青藏高原进行经济贸易、文化等方面的交流，造就了青藏高原文化模式的开放包容特征，从而也形成青藏高原文化的复杂性和多元化。

远古的青藏高原不仅是藏民族的生息之地，在数千年的历史发展过程中，它曾养育过很多古代的民族，他们之间时战时和、迁移流动、碰撞融合。比如夏、商时代开始分布在青藏高原东部和北部的“西羌”部落，从秦、汉开始，在北方称霸一时的草原民族也依次进入青藏高原，包括匈奴、小月氏、鲜卑等民族。有些民族在青藏高原一度建立过政权，比如南凉、吐谷浑等政权。6世纪末7世纪初，青藏高原形成了许多大小部落，如羊同、苏毗、多弥、西山八国、党项、雅隆、吐谷浑等，吐蕃王朝和大唐王朝建立舅甥关系，各种交流更加频繁，成为我国青藏高原历史上民族、文化大融合的一个重要阶段，也是藏族文化进一步全面形成的时期。藏文、宗教、律法、军事、行政等方面的完善和吐蕃王朝疆域的扩张，同时加速了青藏高原上的藏民族的形成。公元10世纪以后，吐蕃王朝和唐朝走向崩溃，中央王朝和高原地方都进入了长达三四百年的分裂割据时期。直到11世纪初，在青藏高原东北部出现了强大的党项人建立的西夏王朝，同时藏族一些部落发展建立了唃厮啰政权，民族和文化进行再一次的融合，同时和宋王朝开始了“茶马贸易”，交流的方式更加多样化。元朝是我国疆域扩张到最盛的时期，将藏区全面纳入其行政统治之下，高原文化和中原文化及北方草原文化的交流融合也达到鼎盛时期，青藏高原的社会文化、政治经济等方面都发生了深刻的变化。13世纪的青海西宁已经有不少伊斯兰的信徒生活，在青藏高原的东北部和东南部，已经形成一个包括藏族、蒙古族、回族、汉族等多民族杂居的状况，文化交流和融合现象到处可见。

藏区并非藏族独自居住的地方，历史至今一直有很多民族共同居住，并与周边文化不断交流，互动中形成了独特的青藏高原文化。所以，文化维度的藏区更清晰地表现了青藏高原的文化特征，即融合不同的文化元素，最终发展成具有多元化、开放性、包容性的青藏高原文化体系。

考古资料证明，远在石器时代，青藏高原的文化已经不是独立的西藏文化，它通过峡谷和通道已经和甘青地区、横断山脉地区的氐羌文化发生密切的交流，也和北方游牧文化和细石器文化发生过紧密联系。而在历史发展的过程中，尤其吐蕃王朝以后的历朝历代，包括吐蕃王朝的势力范围向东扩张，元明清对于整个藏区的管辖，足以证明青藏高原文化东向发展最盛，同时也向南向北不断发生交流。因为青藏高原的地形由西北向东南倾斜，东部边缘地带相对开放，并通过甘青地区、川西高原和滇西北高原的过渡与中原之地容易相连，而与南部、西部和北部的地形环境相对封闭，所以与南方热带河谷文化、北方游牧文化的交流比较缓慢。比如在吐蕃王朝覆灭后几百年，也是佛教在藏区的复兴时期，这个时期正好促进了藏区各地与印度等南方国家之间的各种交流，通过翻译经典、修建寺院、成立佛教中心等，对佛教后来的复兴和藏文化的发展作出了积极贡献。与北方游牧文化的交流因为北方蒙古势力在青藏高原的扩张，尤其到了元朝，青藏高原被纳入元朝的版图之中，藏传佛教萨迦派受到元朝的大力扶持，曾盛极一时，蒙古、藏文化交流达到高峰。

由此可见，藏区在地理单元上虽有一定的封闭性，但是藏区和其他地区的经济文化交流从古至今都具有开放性。

行政藏区——动态性

青藏高原无论从哪个角度都是一种动态的存在，青藏高原的地形地貌经过“三次隆起，两次夷平”的聚散离合，到目前为止并没有停止它的变化，现在的青藏高原仍然处在隆升过程中。藏文化在与各种文化的交流中不断地填充壮大自己，如同藏传佛教的宽容与智慧，藏文化一只脚始终稳踏着自己的传统，另一只脚在各种文化中探路，在传统与变革中坚守自己的文化。藏区的行政区划和中国其他的地方区划一样经历着历史的变化，随着历朝历代的体制一起变迁，行政边界和地形地貌、区域文化一样表现出它的动态性。

藏族人民从远古开始就有了“蕃”的地域称呼，是藏族先民对自己的地方所取的名称在语音上的一种变音，并有一种说法认为藏民族把高原以畜牧为主的地方称为“牧区”，把低谷林业为主的地方称为“农区”，把介于两者之间以经营农业为主的地方成为“蕃”。因为悉补野赞普兴起于蕃这个地方，所以把这里称为“蕃域”，同时把地名作为王号，称为“吐蕃赞普”。到松赞干布继位，疆域扩大到整个青藏高原，将其统治下的所有地方统称为“吐蕃”①。

元朝统一后，藏区正式纳入中央的行政建制当中。到公元1264年，忽必烈把藏区的管理纳入中央王朝的重要大事进行改革。对藏区的各种行政事务根据地方的差异分别进行管理，由藏区重要的权威僧侣阶层——国师（帝师）总领，推荐官员组成管理组织。设立专门的机构宣政院进行管理，宣政院的地位与中央中书省、御史台、枢密院平行。管理方法既有历史的延续性，在不同时期又具有不同的特征，明清时期基本延续了元朝的制度。比如明朝实行“多封众建，尚用僧徒”的政策，为很多僧侣阶层赐予官职和名号，允许他们以及地方部族首领进京朝贡，政府也以丰厚的礼品进行回赠，这一关系致使明朝藏地进京人数剧增，礼物交换数目巨大。清朝开创“驻藏大臣、办事大臣”等制度，对藏区管理力度更加深入，在元朝行政区划的基础上逐步实现了对整个青藏高原的统治，具体状况如下表归纳：

① 恰白·次旦平措，诺章·吴坚，平措次仁. 西藏通史简编[M]. 北京：五洲传播出版社，2000.

表 4–1　青藏高原整体纳入中央王朝的管辖范围

朝代	行政区划范围	管理机构情况
元朝	辖区大约包括今西藏自治区除昌都地区以外的大部分地区。今青海省东部和南部、甘肃省南部和四川省西北部，包括今青海省的海南、黄南、果洛藏族自治州和甘肃省的甘南藏族自治州、四川省的阿坝藏族羌族自治州的北部；今四川省西部、云南省西北部、西藏自治区东部和青海省西南部，包括今四川省的甘孜藏族自治州，云南省的迪庆藏族自治州、青海省的玉树藏族自治州、西藏自治区的昌都地区和那曲地区的一部分；今西藏自治区除昌都地区以外的大部分地区。	在中央政府设置总制院（后改名为宣政院），并由国师（帝师）管领院事，举荐官员。宣政院是与中书省、御史台、枢密院平行的中央机构。在宣政院之下，元朝将藏族地区划分为三个部分，建立三个宣慰使司都元帅府（简称宣慰司），分别进行管理：吐蕃等处宣慰使司都元帅府、吐蕃等路宣慰使司都元帅府、乌思藏纳里速古鲁孙等三路宣慰使司都元帅府。
明朝	在元朝的行政区划基础上，将青海北部的各土司及藏族、蒙古族部落统治的地区，四川西部大渡河以东的藏族地区、德钦、中甸等地纳入统治范围。	朵甘指挥使司、乌思藏指挥使司管理青藏高原大部；陕西行省下设置河州卫、洮州卫、岷州卫等直接管理元朝的脱思麻宣慰司辖区，下设西宁卫，在西宁卫以西设立安定卫、罕东卫、曲先卫等来管理青海北部的各土司及藏族、蒙古族部落。对今天四川藏区主要由茂州卫、松州卫、威州卫、松潘卫、天全六番招讨司等机构管理；今天的德钦、中甸等藏区，在纳西族木氏土司的统治之下，隶属于云南行省。
清朝	在明朝行政区划基础上，将青海蒙古部落编为二十九旗，并将原属青海蒙古管辖的各个藏族部落收归清朝政府直接管理。雅碧江以东的地区划归四川行省管辖，整个青藏高原纳入清朝统治范围之内。	清朝行省区划范围有所变化，将西宁卫和河州划归到甘肃行省，松潘和阿坝、雅碧江以东的地区等地划归到四川行省管理。西藏行政由噶伦管理。另有西藏驻藏大臣、青海办事大臣（亦称西宁办事大臣）负责管理。

除了对藏区政治制度建设之外，元明清时代中央政府特别重视与藏区的经济关系往来，从而也形成了一条特殊的茶马古道。

中华民国成立后，对于西藏的归属参照历史事实，明确规定了西藏是中华民国不可或缺的一部分领土，但这个事实和主权被一些特殊的势力和“藏独分子”违背。在英帝国主义的煽动下，他们谋划将藏区划分为“内藏”和“外藏”，并想通过“外藏”的名义试图将西藏分离出去，进行所谓的“完全自治”。中国只拥有名义上的“宗主权”，另外通过“内藏”说法将其他四省藏区（青海、甘肃、四川、云南）划为内藏，试图建立与其他省不同的制度。民国政府为了捍卫主权，开始和反叛分子进行了十几年的战争，直到1930年（民国十九年），川藏、青藏达成协议，彼此基本上维持清朝所定分界，各自收兵退回原界内。1939年，国民政府建立西康省，辖宁（西昌）、雅（雅安）、康（康定、甘孜、德格、巴塘、理塘等地）二属，其中的“康”属即原川边地区，西境达金沙江岸。川西北的阿坝地区仍属四川省。云南藏族地区自清雍正四年（1726年）划归云南后，曾为鹤庆府、丽江府管辖，清末，受川滇边务大臣衙门节制，于德钦设阿墩子委员会。民国以来，仍为云南省管辖。1929年，青海建省，管辖原西宁办事大臣的辖区及甘肃省的西宁府，省会设在西宁，其中拉卜楞寺地区及卓尼地区，因藏族首领与青海马家军阀的矛盾而划归甘肃省，成为今天的甘南藏族地区。1940年4月，国民政府在拉萨设立蒙藏委员会驻藏办事处，作为中央政府在西藏的常设机构。

中华人民共和国成立后经过两年的努力和平解放了藏区。1950年，甘肃、青海、四川、西康、云南等省境内的藏族地区先后解放，同年10月，解放昌都，1951年西藏地区宣告和平解放。中华人民共和国对少数民族实行少数民族区域自治政策，在少数民族聚居的地区实行民族区域自治。根据藏区的自身历史和现状的特殊性，在藏族地区建立了各级民族区域自治机构。从1951年底到1954年初，青海省先后成立了玉树藏族自治州（1951年12月15日）、海南藏族自治州（1953年12月6日）、黄南藏族自治州（1953年12月22日）、海北藏族自治州（1953年12月31日）、果洛藏族自治州（1954年1月1日）、海西蒙古族藏族自治州（1954年1月25日）六个自治州。1950年11月14日西康省成立西康省藏族自治区，后撤消西康省时改为四川省甘孜藏族自治州。1953年1月1日成立四川省阿坝藏族羌族自治州，1953年2月19日成立四川省木里藏族自治县（现属凉山彝族自治州）。1950年5月6日成立甘肃省天祝藏族自治县，1953年10月1日成立甘肃省甘南藏族自治州。1957年9月13日成立云南省迪庆藏族自治州。1950年昌都地区成立直属中央人民政府的昌都人民解放委员会，1955年国务院决定成立西藏自治区筹备委员会，将昌都地区划归西藏自治区筹备委员会。1956年西藏自治区筹备委员会成立，到1965中9月9日，西藏自治区正式宣布成立。至此，以自治区域的形式形成了目前行政区划中的藏区。

中国藏区指中国藏族主要聚居的地区，行政区划上主要是藏族自治的区、州、县及乡镇等，包括西藏、青海的大部以及甘肃、四川、云南的一部分。从地理范围看，这种区域划分和青藏高原的地理界限基本一致，但从行政区域的划分中把甘肃和青海归入西北地区，西藏、云南和四川的藏区因这几个省份被划入西南地区而属于西南地区。

二、被想象和神圣化的藏区

除了自然地理中的青藏高原、历史文化悠久而独特的藏区和行政管辖范围中的藏区外，在许多人尤其是西方人眼中还存在着一个神秘的、原生态的、色彩艳丽的、浪漫的、宗教的、神圣的藏区。这个藏区经过了几个世纪、通过各类媒介的描绘而被创造出来，从早期的传教士、探险者，到现代的游客、记者、学者、民众等合力绘制了一幅人们想要的却在现实生活中找不到的藏地画卷。首先是被古代传教士和探险者们记录的神秘化藏区。蒙古帝国时由欧洲来的传教士柏朗嘉宾和鲁不鲁乞在他们的著作中这样描写藏地奇特的民俗、巨大的财富："他们的国土内有大量的黄金，有人短缺时就去挖掘，直到挖到它，但他只取走所需要的数量，把余下的放回地里；因为，如若把金子收藏在箱柜中，他认为神会使他得不到地里的了。"① 到20世纪，英国作家詹姆斯·希尔顿就给世界描述了一个充满祥和、宁静、永恒和神秘色彩的藏族生息之地，那里有神圣的雪山、幽深的峡谷、宁静的湖泊、美丽的草原、成群的牛羊、金碧辉煌的庙宇，"在这个世界上如此遥远，与世隔绝，渺无人烟的角落，竟然还有这样绝美的地方"②。而这正是当时饱受二战之苦的人们所向往的栖息之地，是被战争和经济大萧条尘封在心底的世界。人类在现代化进程中一直被"现代和传统"困扰，努力制造一个物质世界的同时，也为这样一个梦境般的"香格里拉"着迷。

近一个世纪以来，西方人从来不想打破这个梦想，拥有高级摄像头和掌握高科技的探险、旅游爱好者也加入其中，用各种镜头拍下了藏区的山山水水、花花草草、寺庙喇嘛、牛奶酥油茶以及虔诚朝圣的藏人，无声地告诉人们这里是人类"最后的一片净土"，打扰它就会成为罪人。藏区神圣化、理想化、浪漫化的过程就像在青藏高原上空吹起的一个七彩泡泡，在阳光下五彩斑斓，而其实泡泡里面都是扎根生活的饮食男女，和所有的民族、所有的个体一样都有现实的生活，他们有礼尚往来、社会矛盾，生

① 耿昇，何高济，译．柏朗嘉宾蒙古行纪·鲁布鲁克东行纪[M]．北京：中华书局，1985：253.

② JAMES HILTON. Lost Horizon[M]. London：Pan Books Ltd.，1991：37.

儿育女、为一日三餐操劳，喜怒哀乐、七情六欲和所有人一样，生活并不全部是照片和摄像头中的“藏地印象”——原生态的、神秘的、色彩艳丽的、宁静和谐的。

全球化、信息化时代的一个重要特征：跨越边界。国家之间、民族之间、文化之间，各种经济的、文化的“走廊”“通道”“路”“带”等正是在实践这些跨越过程中创造出来的，通过它们连接、贯通彼此。通道促进了两头的流动。随着藏区与内地之间的双向流动越来越频繁，藏地的神秘面纱逐渐被揭开，藏地不仅有碧蓝如洗的蓝天、牛羊成群的草原、五体投地的朝圣者、神秘古老的寺院，藏区和所有的地方一样存在着社会不合理现象，有邻里仇恨、欺诈行骗等行为。所以德国著名民族学家南因果在藏区接触了老贵族、藏族干部、学者、喇嘛、牧民、司机等各种人，考察了人们最基本的生产生活后，他认为藏族文化不是只有宗教文化，藏族和其他民族一样都是扎根生活的饮食男女，区别主要是文化传统和行为方式等外在的东西。就西藏而言，与汉族文化的交流是件好事，这有助于增强藏人发展弘扬本民族文化的意识。任何文化，如果一味偏执于保护、保留，不去寻求革新和发展，就肯定要被淘汰。正是与包括汉文化在内中国其他民族文化的不断交流，才能保证藏文化的长存。[①]

多面向让历史的书写更加客观真实，广角拍摄让现实的呈现更加清晰饱满，藏区既有地理的独特性，又和其他地方一样是人们生存的家园，不同的家园形成了不同的风俗习惯、不同的生产生活方式、不同的交往（包括人和自然）方式，形成了不同的文化模式。这种文化模式在很长一段时间被等同于藏传佛教文化，同时生活在青藏高原、创造了藏文化的人们被单一地认为是藏传佛教的信徒或喇嘛，而当我们忘记了脑中的刻板印象，

---

① 专访：没有去过西藏的西方人对西藏没有发言权——访德国民族学家南因果[EB/OL]. 新华网（2015-03-12）. http：//news.xinhuanet.com/2015-03/12/c_1114615801.htm.

客观认识从视听媒介中形成的神圣化藏地，真正深入藏族老百姓的生活中去的时候，我们发现这神秘的文化是如此的真实，和所有的文化一样是功能的、是被解释的，而且在不断消失、不断创造。

三、全球化与藏区实践

随着媒介的传播和利益的驱动被神圣化，逐渐成为藏区的自我认同，藏区被全球的眼光和议论不断建构，在政策驱动和经济利益中被地方实践。

现代媒介、科技的应用是影响当今社会变迁的重要因素，也极大地加速了藏区社会文化的变迁。2003年到青海藏区做田野调查，第一次看到寺院里的藏人（寺院管理委员会）娴熟地使用苹果手机聊天上网，这对我的认知有所撞击。间隔十年后无论在藏文化用品街还是藏区，手机使用和其他任何一个地方一样普及，很多人都喜欢用苹果手机。十年前只有少数人用手机，主要是用来打电话，而十年后手机、电视等真正成为空间延伸，“人的延伸”（Mcluhan，1964）。高原的和内地的空间距离被跨越，社会文化距离越来越近，面对面的交流方式也正在发生改变。生产生活方式完全被改变，比如酥油糌粑的传统制作已经被现代的科技产品代替，其他一些新的家庭日用品进入千家万户。但同时新媒介、新科技的应用凸显了最传统的媒介——语言的重要性，不管是藏语还是汉语或是英语，你必须选择一门语言才能进入新的交流方式中。这是为什么藏文化用品街的藏人要努力学习语言，包括藏语和汉语，还有些人也学英语。让我吃惊的是，认识的几个藏族大老板能说这三种语言，而我们从上小学开始学英语，至今没那么流利，也许没有很强的原动力或者是一种生存压力。全球化并不是单一化，而是以自己的或本土的方式接通全球化，藏文化用品街的这一切也说明了“越是民族的越是世界的”道理。全球化就是让“我”看到世界，让世界也看到“我”，科技、媒体等领域的革命实现了让“我”看到世界的目标，讨论全球化对本地经济、政治、社会、文化、环境、日常生活等多方面的影响；但让世界看到“我”才是全球化带来的最大挑战，本土的“我”对全球有何影响，怎样让世界眼光关注到“我”的世界？发出自己的声音不仅是国家和政府的事情，而是人的一种基本生存权利，而让别人欣赏自己的声音，是一种能力，是人们都在努力培养的一种能力，包括成都藏文化用品街上的人们也一样，用各种与众不同的方式告诉人们它的存在。

无论是生活在青藏高原上的藏族人，还是在藏文化用品街做生意的藏族人，他们和外界交流的方式本来比较单一，新的媒介科技的介入成为他们身体的延伸，成为他们在这个复杂的世界生存的一种交流工具，也是抵御全球化风险的方式。另外，全球化的本地实践，是向其他世界呈现自己的过程，是发现自我、认识自我的一种动力。在政府推动藏区现代化政策的支持下，借助外界对高原藏地的想象——藏区和藏族的形象，藏族的文化被全球的参与者建构和形塑，并通过各种方式传播和实践——文本制作、文化商品设计、旅游体验等等，成为全球化和地方文化的互动方式。

第二节　旅游时代与现代藏区

一、旅游时代到来

如上所述，全球化的另一个后果是把世界各地的文化呈现在每个人的眼前，让我们常常觉得，身在自己熟悉的环境，却因全球化带来身处异地的错置感觉，同时，也会有身处异地，却似乎在非常熟悉的环境里的错觉。这种“邻近感”最能引起旅游者的兴趣，所以探索真实会成为他们接下来的计划，他们通过各种途径开始了不同形式的旅行，尤其从“战后以降，‘工业 — 资本 — 都会’的社群成员大量地前赴‘非工业 — 传统 — 乡民部落’体会游览”[①]，正是这些大量的旅游者和消费主义一起把全球的文化真实地连接在一起，并成为“传统”社会文化变迁的重要影响因素。

麦坎内尔（MacCannel）研究现代新阶层，他们有钱也有闲，他们把工作之外的时间用来看世界，寻找生活最根本的意义，所以他们最有可能会成为这个时代的“旅游者”，成为现代人生活的风向标。从20世纪50年代以后，两次世界大战让为发展奋斗的人们身心疲惫，并开始怀疑高科技、工业化社会带来的后果，甚至灾难。人们开始怀念从前，向往简单朴素，寻找人类最初的追求和梦想。因为“对于现代人而言，现实和真实在

① 谢世忠. 山胞观光：当代山地文化展现的人类学诠释[M]. 台北：自立晚报，1994.

别的地方才能找到：在别的历史时期，在别的文化中，在较单纯和较简单的生活方式中”[①]。所以城市里因为发展速度而备受折磨的人们，努力为短暂而美好的休闲生活而不断奋斗，拼命的工作换来休假或节假日，是他们忙碌生活中追求一种仪式化体验的机会，选择一个足够安静、更自然的环境，或者有更自然的生活状态的空间，想躲开千篇一律的工作，紧张忙碌的生活，如格雷本说：“人们借此得以从一切中解脱出来，这里的‘一切’指千篇一律的工作日、凡俗的生活、尤其是指工作状态，包括身处工作场所、处理家庭琐事、干家务活。”[②] 而旅游的意义正好让人们“与蝇营狗苟的生活、奔波忙碌的事业相脱离，进入另一种道德状态；在此状态中人们心理意义的或文化的需求占了上风”[③]。到藏区旅游或朝圣的游客，把这样的美好向往寄托在美丽神秘的青藏高原，一方面在于它独特的景色，更重要的原因在于他们认识的青藏高原的文化代表着非常简单的、淳朴的、原生态的生活，正是现代人对于生活态度的一种表达。

中国改革开放后的40多年里，社会经济文化发生了翻天覆地的变化，从物质产品的丰裕到精神文化的丰富，人们的生活条件不断改善，从吃饭到睡觉、从生活到工作完全改变了模样，老百姓的消费需求也随之改变，中国的生产力方向也发生了转型。被认为没有现代气息、保守的传统文化，以及被认为原始落后的乡村生活，和那些以前被认为牛羊吃的野菜野根，现在被现代人美其名曰“原生态”“有机”“绿色”等等，有些我们以前认为蒙昧的民族文化，被称为“异域风光”“民族印象”等等，都成为

① [美]DEAN MACCANNELL. 旅游者：休闲阶层新论[M]. 张晓萍，等译. 桂林：广西师范大学出版社，2008：3.

② [美]NELSON GRABURN. 人类学与旅游时代[M]. 赵红梅，译. 桂林：广西师范大学出版社，2007：112.

③ [美]NELSON GRABURN. 人类学与旅游时代[M]. 赵红梅，译. 桂林：广西师范大学出版社，2007：112.

现代人追求的时髦时尚，对于这些消费愿望的表达和实现，带动了人们去田间村头探险旅游，中国民族地区的旅游正是基于这样新观念、新需求而崛起的。

二、藏区旅游化

被传统的、神圣的宗教文化覆盖的青藏高原成为现代旅游者举行或参与体验人生“仪式”的场所，与其他大城市不一样的地理位置、自然资源以及古老的生产生活方式都成为人们渴望本真的“暂时回归”地。所以，20世纪80年代以后，国内外出现了“西藏热”“藏族文化热”“圣地旅游热”等等与藏区有关的话语和活动。而在这块土地上最吸引人的、最让人向往的是玛尼堆围绕、藏香袅袅的寺院，藏文化的瑰宝在寺院的每一个符号上形成记忆，也成为文化景观。

另外，国家政策推动了藏区旅游的繁荣。西藏和平解放后的很长一段时间（20世纪60、70年代），主要任务是民主改革和第一二产业的发展，经过近四十年的建设，西藏建立了较系统的以工农牧业为主的产业结构，现代工业从无到有。这段时间，藏区和内地一样主要追求经济增长，突进或跨越发展模式，忽略了经济、资源、环境、劳动力等要素的整体考虑，所以“传统的发展模式和旧的产业结构不但未使藏区经济滞后迅速改观，反而加剧了资源配置的不合理以及经济 — 环境综合效益的下降”①。直到1978年“邓小平同志高瞻远瞩地指出要开辟到拉萨的旅游线路。1980年中国共产党十一届三中全会后，民族地区旅游业开始快速发展，西藏（1980）、青海（1982）、云南（1986）等地也先后成立旅游局或游览事

① 何景熙. 简论藏族聚居区可持续发展与产业结构调整导向[J]. 中国人口·资源与环境，1995，5（3）：35-39.

业局”。到20世纪80年代中叶以后，随着藏区交通运输业的发展，各区、县域公路通车，青藏、川藏、中尼公路等主干公路运输网建成，藏区通国内外的航线也逐渐开通，旅游业带动下的藏区第三产业也开始发展，消费市场逐步形成，“西藏从事旅游业的饭店、宾馆从1951年前的空白发展到1988年的16家，从业人员达2500人”①。20世纪90年代后期，旅游业一度被定为民族地区的支柱产业、国民经济的增长点进行大力发展，藏区旅游也进入全面发展期，大大改变了藏区人们的生产生活方式，藏区旅游经济的发展研究成为新时代的另一个关键词。

对于来自四面八方的旅游者来说，藏区无论在地貌形态还是在人们的生活状态上都与众不同，高原远离喧嚣的大城市，高原的人们用缓慢的步伐丈量着他们的生活，用心中的佛作为衡量生活质量的尺度，这些都成为一种吸引物。现代人之所以选择体验“他者”的生活，其实是想发现自己的生活里缺失的部分，通过旅游的“仪式”，发现一个独特的空间，打破自己日常生活的固有结构，消除与家人、亲戚朋友、工作领导等常规的社会关系，跨越文化、阶层、血缘、年龄、级别等各种有形或无形的边界，暂时变成当地人，用当地的文化习俗进行洗礼，与当地人、游客等陌生的人们处于一种临时的“共睦态”（communitas）②。

游客们在高原建立了一种新的结构，在这种结构中，他们的关系突然变得异常奇妙，相互之间没有任何利益的追逐和竞争，原来小心翼翼的社会关系和道德结构被改变，交流和相处的模式也发生了变化，突破了平常

① 李柏文．中国少数民族地区旅游业发展30年：业绩、经验及趋势[J].广西大学学报（哲学社会科学版），2009，31（6）：10–16.

② “共睦态”（communitas），亦可称为“社会的反结构”（social antistructure）。特纳认为：“共睦态”是一种毫无芥蒂的直接交流相联系的状态，它甚至是指有着明确身份、地位的人之间的一种息息相通之情。这种状态会在各种人群中、各种条件下和各种情况中自然产生。这是一种“阈限现象”，其中混合神圣、均质、同仇敌忾等等特性。（Graburn，2007：116）

的循规蹈矩式交往，改变了冷眼相对或冷漠疏远，人们珍惜新的空间和来之不易的短暂体验，人心深处的温情脉脉和善良和谐的追求被激发出来，相互帮忙，推荐着体验过的美好，分享着不一样的感动。无论是满怀期待想进入高原的新游客还是从高原返回带着满满收获的朝圣者们，藏文化用品街是一个理想的中转站，人们在街道上先了解消息、购买一些布施礼品，返回时也可以在这里临时休息，在旅馆里交流参加法会的感受，对异域风光的感叹，在街道上买一些纪念品带给亲朋好友，做最后的告别。我住在家庭旅馆里，听着那些来来往往的游客们的体验感受，观察这个群体的特征：他们中大多数人有空闲的时间，有相对好的收入来源，对青藏高原和藏文化充满了好奇或敬仰；有些人是远道而来为了心灵的朝圣之旅，这些人中不乏有丰厚收入的老板，也有生活较稳定的知识分子；还有一些想体验不同文化的年轻人，对藏区有着无限的想象……

三、旅游业的发展对藏区的影响

越来越多的游客在这样的现代仪式中体验生活、寻找本真，他们在藏区和内地移动的同时把各种文化和观念搬来搬去，形形色色的人们在藏区的角角落落留下足迹，循着这些足迹，藏区的人们也开始寻找与他们不同的生活，包括寺院的喇嘛生活也在熙熙攘攘的游客涌入时发生着微妙的变化。作者十年前去过几座寺院的变化之大，感觉像久别几年后找不到老家的面貌一样，曾经只有高大的寺院和僧舍，现在寺院和僧舍变成了核心的一小部分，如同城市中心向外发展了几环，寺院的外缘部分也越来越大，绕着寺院的转经筒辐射出了巨大的地理空间和市场力量。下面要讲述的一个故事就发生在作者硕士期间做田野的寺院：

C还俗前是甘肃某寺院的喇嘛，六岁的时候他就剃度出家，他说他从不后悔他的童年和青春年华在寺院度过，他十几年的寺院生活和在寺院所受的教育是他最大的财富，他在寺院还学会很多种宗教乐器，他学会了制作面具的技艺。他的故事就发生在寺院从朝觐圣地向旅游胜地发展的过程中。还俗喇嘛C说："从20世纪90年代开始，寺院里的一些喇嘛为了生计开始做些小生意，喇嘛念完经以后也经常逛外面的街道，我就是在逛街的过程中认识了一个女孩，慢慢地我觉得我的心会经常地想起那个女孩，不能静下心来念经，我觉得我的心已经乱了，我的心乱了，我就不能穿着红衣服（僧衣）而做僧人不该做的事情，所以我离开了寺院，脱下了红衣服，我还俗了。虽然我的妈妈非常反对，因为她是伟大的空行母，后来我结婚了，但对于一个从小在寺院长大的喇嘛，即使还俗了，我也不能很好地处理世俗的家庭关系，没过多久我还是离开了妻子，和几个朋友坐上了开往北京的火车，想出去看看更大的世界，开始创业。"他说刚到城市的时候，他们过着非常艰难的日子，曾经在地下通道住过，有一年过年的时候，他们几个人拿着半瓶酒，忍着快要流出来的眼泪，度过了冰冷的一个年夜，因为这时候的他们既不能回寺院，更不能回家，他们不知道路在何处。

后来有人给他介绍了成都有一条藏族人做生意的街道，离开寺院的他，一无所有地来到这座陌生的城市，听不懂汉语，没有任何的现代文化和社会资本，经过几年的艰难闯荡，逐渐学会说汉语，熟悉了陌生的城市生活，对现代人的生活和需求也有所了解。离开家乡的他，不仅认识了与草原、寺院不一样的城市和现代社会，也才更加了解了自己和自己的家乡和文化，决定了他想要做的事情，从此他变成了一个商人。也许就是这样的一个时代、这样的经历，在转型和碰撞的过程中才会产生自觉。

这是一个喇嘛离开家乡的故事，作为特殊群体中的一员，他同样经历了这个时代很多人经历的事情。对于藏区的普通百姓，旅游的发展不仅给他们带来的是经济收益，更多的是旅游的各种相关物包括媒体宣传、来来往往像搬运工一样的各类游客等都会带来一种新思想的传播，他们同样对外界充满了想象，充满了走出去看看的渴望，旅游发展促使藏文化从一种生活方式转变成一种消费商品。

第三节　文化消费与文化自觉

一、文化消费和宗教商品的兴起

研究消费的著名学者鲍德里亚曾说："我们处在'消费'控制着整个生活的境地。"[①] 今天人们的消费已经超越了真实物的功能性消费，人们寻找生命意义和价值，然后用各种符号制造出意义和价值，最后消费自己制造的一套意义。这些符号通过商业操作变得充满希望和理所应当，勾起人们强烈的欲望，然后无法抗拒地卷入被制造的美好图景中，最终达到存在感和自我满足。广告的忠实劝告和丰富多彩的节日诱惑，激发了中国老百姓的消费革命，几十年前时髦的消费"三大件"（自行车、缝纫机和手表），现在的时髦消费品都尽力要烙上文化、艺术等印迹，通过定制化来迎合大众的消费口味。民族文化也是在这股潮流中"热"起来的，反过来民族文化也在大众的消费喜好中被再次形塑和创造。

民族识别是中华人民共和国建立后开展的一项基础性民族工作，是新中国建设过程中取得的一项重要成就。以马克思主义民族理论为指导，以斯大林的经典概念为出发点，即"民族是人们在历史上形成的有共同语言、共同地域、共同经济生活及表现在共同的民族文化特点上的共同心理

① [法]让·波德里亚. 消费社会[M]. 刘成福，等译. 南京：南京大学出版社，2000：6.

素质”，结合中国多民族一体的发展历史和结构特征，以及现实的存在情况进行全面的考察，利用民族学、人类学、历史学、考古学等多学科的跨学科方法进行中国民族识别工作。从20世纪50年代初开始，在中央政府的大力支持和各高校研究单位的合作下，大量的学者奔赴一线进行大量的田野调查，中国的民族识别如果从1950年算起 ，至1979 年最后一个民族得到确认，经历了近 30 年时间。[①] 民族识别不是中国的创举，它的结果说明民族文化差异是人类普遍的现实，是人类社会历史发展中长期存在的现象，也是一个民族必要的生存需要。改革开放后我国丰富多彩的民族文化在少数民族地区的发展中成为一种稀缺资源，原来封存在村落山寨中的文化向世界开放，开放的同时也经历了一个被书写的过程，被商人、政府、学者等通过舞台、电影、绘画、旅游广告、政治宣传、书写等各种形式，刻画出了我们眼中原生态的、素朴的、宗教的、仪式的、神秘的、特色鲜明的民族，这个像艺术一样的少数民族、像舞台剧一样的故事、神秘的宗教总令很多人着迷和向往。所以，虽然很多人没有宗教信仰，但大多数人宁愿相信命运，体验生命的仪式对现代人变得重要和流行。藏地旅游和朝圣成为人们去观察本真、体验生命的一种选择，尤其是和内地比较有着空气清新、湖水清澈、蓝天白云、天广地宽而人少的景观。

文化的消费其实是一种重要的文化实践，藏文化的消费也一样，在各种因素的影响下成为流行的文化商品，被消费者作为一种民族符号、宗教象征等等意义被消费，这个商品生产的过程同时也生产了人们想象的文化，文化生产者和消费者都在实践文化的意义。这就是约翰·史都瑞所定义的文化消费：“指的并不是一般所言对文化的消费（the consumption of

① 王希恩. 中国民族识别的依据[J]. 民族研究，2010（5）：1-15.

culture，换言之，只是消费某一样被标识为文化的东西），而是要强调，文化消费生产了文化：也就是说，我们透过挪用生产的商品（文化工业的商品），创造了文化。”[①]“社会主义藏族新文化”[②]即在类似于这样的一个现代化、商品化、文化消费的过程中不断创造出来。尤其通过对藏族社会影响极其深远的宗教文化变迁，更能加深对它的理解。

二、好命好运观与宗教用品需求

现代人的文化消费中有一种消费会使人们忽略价格规律，青藏高原上寺院的金碧辉煌和人潮人海可窥一斑。这种消费与信仰有关，或许可以称为宗教文化消费，而且从部分人的朝圣成为大众消费，宗教以各种文化商品的形式被不同的人以不同的方式购买和消费。正如鲍德里亚描述现代人对宗教需求热情的高涨时说：“与死亡作斗争以及死亡的推迟构成了‘丰盛’的一个方面和消费的一个需求。”（让·波德里亚，2000）有一些学者通过宗教在人们日常生活中的实践，总结出它的世俗特征。

史拜罗（Spiro）以缅甸南传上座部佛教为例进行了民族志考察，在它的研究结论中总结了佛教内部包含的三类宗教体系，这些分类体系即使用当地土著分类系统（native category system），也能分辨理解其特征：第一类是“涅槃的（Nibbanic）宗教”。这种宗教的追随者是那些人数不多的僧侣，他们是这类特殊规范性宗教的忠实奉行者，他们关心从苦难的轮回如何彻底解脱出来，所以他们非常严格地按照教义教规来规范自己的思想和行为；第二类是“业力的（Kammatic）宗教”。这种宗教的追随

① [英]约翰·史都瑞. 文化消费与日常生活[M].张君玫，译. 台北：巨流图书股份有限公司，2009：9.

② 丹珠昂奔：丹珠文存[M].北京：中央民族大学出版社，2013：790.

者人数众多，他们相信苦难只是处于轮回中的暂时存在，还存在快乐的轮回，通过努力也能实现。这些信众主要遵守日常的普通规范，更加注重累积福德来消除业障，以促使自己在下一世投生时，拥有好的地位。还包括世俗居士们，他们一方面渴望出离转世轮回，但在现实生活中却安于轮回；第三类为“祈福的（Aportropaic）宗教”。这部分占信仰的主要部分，他们更加注重自己在当下现实中的福利，比如官禄功名、治病疗伤、求财得子、驱鬼辟邪、卜卦算命以及求雨择吉等非常急需、务实眼前的好处。但是对缅甸社会的社区居民而言，无论他们是否听闻学习佛陀教义经典或者在言行举止、伦理道德方面依照宗教指导，以及是否积极遵守奉行，他们都会宣称且坚决认同自己是地道的佛教徒。即使经常发生一些与佛教规范相背离的事情，与佛教中要求苦集灭道、苦行、虚无或涅槃、舍离、出世等背离的案例，如大多数信徒仍然执着人间的存在，即佛教宣扬应当舍弃的自我、财产、权势、子孙、爱情等等，虽然有背宗教意愿，但在现实生活他们会恰当、智慧且都能不留痕迹地通过自圆其说化解开其中的矛盾。

史拜罗（Spiro）逻辑非常严密地说明缅甸的俗民们对待他们的宗教的态度和实践，虽然“涅槃”是他们最终实现人生解脱的目标，而在现实生活中其内涵却变质为世俗化的种种欲望。其中一些人实现解脱的策略听起来非常合乎逻辑，他们目前宁愿仍然留在现在的轮回中，并不断努力，积极期待来生能投生为王室、富人家庭或者是更好的“天界”，对于这样思考的人来说，这就是他们想要的解脱，“涅槃”的实现可以等到以后再说。还有些人的策略则有些许差异，他们巧妙地转化了涅槃的意义，认为“不苦”的状态就像“天堂”一般，是非常类似天界的快乐，或者追求更加地享乐。所以在取得功德的方法上，他们认为布施比持戒会让他们在心理上更能得到满足，因为布施具有计量性（现金、数量、频繁度）特征，比较抽象的概念通过可见的帐册登记让储蓄功德得以落实，他们津津乐道的通过节衣缩食来增加他们的功德，即使终生奉献投入也无怨无悔（Melford E.Spiro，2003）。

董芳苑（2008）研究了汉人社会的崇拜体系也揭示了同样的道理。在汉人社会里追求“好命好运”是一种深深根植在其传统中的观念，并表现在他们的社会和文化系统中，通过日常生活进行实践。比如汉族的民俗宗教其实就呈现了他们对“现实利益”的需求愿望，一方面为了求来好运，比如祈求消灾降福、解厄、保障利益等当下需求；二是为求得好命，比如汉族社会中传统的有男性子嗣、有功名成就，还要长寿健康、善报善终等等。通过这样的现实利益追求的希望寄托，逐渐在汉人社会形成了一条与生活紧密相关的崇拜体系，如表4–2所示：

表 4–2　汉人信仰的神灵体系

	自然崇拜	人物崇拜	器物崇拜
崇拜内容	无机世界：日月星辰（三官）及天空（风雷雨电）、大地（海河山川） 有机世界：植物崇拜（大树公、花神）、动物崇拜（虎爷、十八王公）	人鬼崇拜：神明（官僚、神军、敕命册封）、圣贤（英雄）、仙（神话修炼） 祖先崇拜：供养照顾、庇荫，互惠（家长权、财产权、父系氏族） 有鬼崇拜：恶鬼、饿鬼（孤魂、好兄弟）、无缘佛（有应公、万生公）阴神	人造器具（床母、门神、灶君）、 地基（地基主） 畜舍（猪稠公、牛稠公）

资料来源：董芳苑.台湾人的神明[M].台北：前卫出版社，2008.

同时人们把这些神灵体系和人世间的行政组织联系在一起，把现实生活中的思想行为和体制制度复制到天界，通过赋予一种超人间的力量，并期待一种源于现实但比现实有更加大的威力，公正廉洁、平等正义、善恶有别、通情达理的完美理想性世界，以此为基础形成了天界的严密行政组织，比如最高权威代表玉皇大帝（天公），各种等级官员有三官大帝（三界公）、五方天帝等，不同空间神灵体系如中央行政神、地方行政神（司法神、守护神）、阴间行政神（地藏王菩萨、东狱），详细具体的神灵体系分类如表4–3所示：

表 4–3　忌神的行政组织

	中央行政神	地方行政神	神军武官系统
崇拜神灵	教育 — 至圣先师（孔子）、魁星夫子 学务 — 文昌帝君、孚佑帝君 农务 — 神神大帝 商务 — 关圣帝君 医务 — 保生大帝（大道公） 航务 — 水仙尊王、天上圣母（妈祖） 工务 — 巧圣先师（鲁班）、荷叶仙师 渔业 — 四海龙 娱乐 — 田都元师 音乐 — 西秦王爷（北管乱弹） 辟邪 — 玄天上帝、三太子 除疫 — 王爷千岁 女艺 — 七星娘娘（七娘妈） 生育 — 计生娘娘、十二婆姐	司法神 — 城隍爷、土地公、青山公、境主公 守护神 — 延平郡王（台湾全省） 开漳圣王（漳州移民） 广泽尊王（泉州移民） 三山国王（客家移民）	玉皇上帝（最高统帅） 王爷（神总总司令） —— 天军（一百三十六天罡）、地煞（七十二地煞、五营神兵 城隍（警政署长） —— 司官（奖善、惩恶、纠察、速报、增禄、延寿） 判官（文判、武判） 警察（牛头马面、七爷八爷）

资料来源：董芳苑.台湾人的神明[M].台北：前卫出版社，2008.

在日常生活中我们最常见的一种现象还有中国传统的风水观念，是延续至今的中国传统文化，并通过不同的形式渗透和体现在人们的日常生活当中。比如中国有史以来各种从上至下的庆典仪式和民俗节日，无处不在的进香拜佛、布施捐赠等活动，都会进行祈求财产、功名利禄、子孙满堂、善始善终等现世利益追逐寄托。人们把这些愿望寄托于他们构建出来的一套神灵体系当中，并通过将各种对象物化，比如各种庙会、宗祠、祭祀仪式等活动，还有一些祈福物件、宗教用品、日常摆设等等，对于好运好命的祈求，没有身份阶级的区分，肤色人种的差异，通过不同的动机、不同的活动，祈求不一样的获得。中国传统社会很流行的农民历（大陆地区叫黄历，曾经也非常流行）呈现了人们追求健康、长寿、事业、财富、功名、子孙、名声、父母、婚姻、家庭、容貌、运气、读书、生意、升职、福气、福报、权势、房产、智慧、成功、官禄等等寄托（图4–1）。即使是西洋人也和汉人社会人们追求的“好命好运”一样，他们也采用星座来会测算各种运势，这些文化现象都表现了人们对生命所寄托的美好希望，并采取各种策略来创造实现愿望的途径。

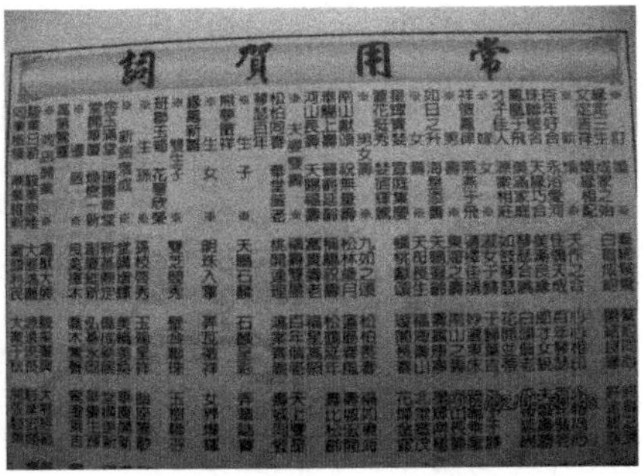

图 4–1　农民历当中的各类祝福词

笔者在瑞士访学期间参加了当地一个佛光山寺院的迎新年仪式活动，参与过程中他们会推荐很多明码标价的佛教仪式活动（图4–2），寺庙为了更好地迎合瑞士当地信众的兴趣，很多仪式都非常本土化了，他们在仪式中增加了很多当地人喜欢的项目，为了让更多人参加，几乎所有活动或项目都安排在周六和周日，进行法会活动时还增加了“教授彩画”（Maya Turatti）、“教授插花：柳万金”等日本艺术，“书展文化”“禅与茶”等中国文化元素。和缅甸人对待佛教的世俗态度一样，而世俗的态度同时也在影响和改造宗教。宗教作为一种文化和社会现象，为了能继续生存和壮大，为了适应不同背景中的信徒信仰需求，它必须是活生生的、立体的和所在时空相契合。

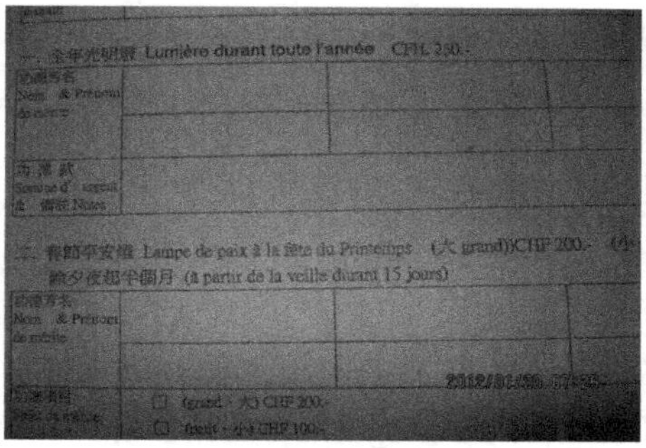

图 4–2　明码标价的功德

“布施”是佛教的经典中的重要概念，它是梵语的意译，音译为檀那、拖、檀等，布施一般分为三种，即财施，法施和无畏施。财施指以财物去救济贫苦，法施指以佛法的讲授、传播和弘扬化导众生，无畏施指帮助众生解除和远离恐惧之苦。布施是人们获得“功德”的重要途径，对于中国的汉传佛教、藏传佛教而言，“功德”是一个重要的概念，是佛教的一个重要内容。谢和耐的研究认为中国“功德”观念形成于六世纪，并在人们的实际生活和教理中凸显出来，也正是人们重视功德，在功德的力量推进中，中国式的佛教在这个时代才真正形成。人们把慈善布施、并向三宝贡献供物视为积累功德的最佳方式，人们非常现实地带着“负他一钱，余报一生”的愿望，耗尽毕生财物建造佛刹寺院、铸造佛像、雕刻和绘画各种佛像和佛经故事、组织举办佛教节庆等。谢和耐研究了中国佛教的物资流动，认为佛教在发展过程中这些活动消耗是非常惊人的。藏传佛教在有史以来的发展投入也是非常惊人的，虽然本研究没有具体的数字资料可以证明，但从历史上从上到下的支持，另外又有政教合一的力量，以及现在在藏区可以体验到它的发展中各种惊人的投入，可以得出和谢和耐同样的结论。就本研究考察中的许多访谈结果，大多数在成都做生意的藏族人一生最大的愿望就是能够多转寺院多朝圣，多修佛塔多积德，自己赚钱后能够更多地布施，和缅甸社会的人们一样，他们现在的目标并非超越轮回世界，而是在轮回中通过努力改变来世的命运，而最主要的是能在现世祈福消灾、生活幸福而后才能通往功德圆满，在来世能有更好的轮回。

无论是史拜罗（Spiro）和谢和耐所考察的信仰上座部佛教的缅甸人、汉人社会的各种民间信仰，去转山转水的善男信女，还是本研究所考察的在藏文化用品街做生意的藏族商人，他们绝对不会认为他们现在所从事的生意会妨害他们的宗教信仰，更多的人则表示：因为生意他们才能积累财富，才能有条件向寺院布施。那些在藏文化用品街上购买各种宗教文化用品的喇嘛僧人、在家居士、朝圣者以及游客们，他们购买这些宗教用品无论是给寺院、喇嘛僧人们的，还是自己做各种仪式的需要，或者作为纪念品赠送亲朋好友等，在他们心里有一个共同的愿望就是祈求自己或所关心的人好命好运。

虽然藏传佛教在其戒律中对商业也有限制和规定，但在日常生活中的老百姓和这些藏文化用品街上的藏族商人看来，他们对于宗教的解释和他们的日常生活和社会实践联系在一起。正如一位西南民大的藏族老师给我解释他心目中的宗教：

宗教其实没有那么神秘，即使是释迦牟尼佛在修成正果之前都是普通人，宗教信仰对于一般人来说它就是日常修行，在宗教真善美思想的教导下，把自己身上的很多坏习惯改掉，最终达到一种彻底的净化，就是一种觉悟。我在得了心脏病以后经常观想佛祖修行的过程，观想在菩提树下听佛祖讲经，我的心慢慢被净化，一些杂乱的思想被清除，我的病自然就缓解了。还有很多藏族人，他们其实也有抑郁病，但他们的解释不是现代医学意义上的，他们认为是一些歪斜的神灵夺走了他们灵魂的一部分，只要通过仪式把他们驱赶走，把那些灵魂叫回来就行了，就这样他们通过这种解释或心理抚慰其实治好了很多患者。这些宗教就是活生生存在人们的生活当中，并不是来世那么遥远。

这就是史拜罗（Spiro）解释的“社会和文化体系”，包括宗教在内，它们作为生产者生产了人们的各种复杂情绪，包括情感、欲望、悲伤、幸福等，同时这些文化体系也在人们的日常生活实践中不断地被调节，不断地产生日常性的意义。所以在史拜罗（Spiro）研究的缅甸社会中，对于宗教教义中所揭示的正宗规范的“涅槃宗教”离普通人是极其遥远的，而代替它的恰恰是人们日常实践的一种“业力宗教”。所以在史拜罗（Spiro）的研究中，“宗教”和“社会”是非常重要的两个关键词，在很多有信仰的国家和民族中它实际上是一种普遍存在的现象，或者是人类的一种“心理普通性”①。在对藏文化用品街藏人的考察中，一样存在这样的解释，没有人否定他们的商业会脱离他们的宗教，他们所实践的藏传佛教是有现实生命力的，是和他们的社会变迁、生活变化融为一体的，对宗教的理解和缅甸社会、汉人社会一样是建立在史拜罗（Spiro）所谓的“业力宗教”和“消灾佛教”的观念之上的。

---

① Kottak把人类的多样性区分成普通性（universal）、一般性和独特性。认为某些生物、心理、社会和文化的特征是人类的普通性，见于每个文化；一般性（generality）是在几个文化中常见的，而非所有人类群体所共有；独特性（particularity），是只有某些文化传统所独有的（kottak，2009：53）。

人同此心、心同此理，缅甸社会、汉人社会、藏人社会乃至世界其他地方社会的人们一样，成都藏文化用品街上的藏族人，不管是当老板还是寺院的信徒，还是到这条街道去购买各种宗教文化用品的各类消费者——喇嘛、各种佛教徒、居士、藏族商人、藏族家属、游客等等都有“好命好运”的世俗需求，这是各个社会人们的普遍需求，如同吃穿用住的基本生理需求一样，宗教或者世俗的“好命好运”精神需求同样构成人们生命、生活的重要部分。“业力宗教”并不是自私的，它的世俗功能同样在信徒们的行为中发挥重要作用，正如缅甸人认为通过布施累积功德比通过艰苦的修行持戒更受欢迎。采访中还俗的两个喇嘛告诉我，他们“还俗后没有放弃生活，努力做生意赚钱，有钱财后可以更好地孝顺父母，给父母在成都买房过冬。也给寺院布施，还供养家乡的活佛、堪布，有时间经常去放生、朝圣，还会参加一些公益活动，比起家乡的亲戚朋友以及家乡，他们觉得和当喇嘛时一样在积累功德”。所以从他们的实践来说明，生活在城市中的藏族，他们的宗教观念更加开放，他们的理解更加多元，世俗的“业力宗教”观念比“涅槃宗教”更加能适应他们的生活状态，他们绝对地承认他们是虔诚的信徒，但他们却会在日常行为中对宗教有更鲜活的理解。宗教观念的日常实践，在市场中创造了大量的布施需求，而生产宗教文化用品则是满足这些需求的最简单、最常用的方式——将布施物化为一尊佛像、一幅唐卡、大量的风马旗等物品的生产……。

三、文化自觉和宗教文化产业兴起

费孝通先生晚年的第二次学术生命中关注两个“自觉”，即人的自觉和文化自觉，他提出人的自觉就是要“发挥人特有的自觉力量，成为自然演化的一种动力”“有意识地把中国潜在的生产力开发出来，提高人们的生活水平”，他说文化自觉是“人们希望了解为什么世界各地在多种文化接触中会引起人类心态发生变化的迫切需求”，是一种民族认同和文化认同的意识复苏，是一种对“他文化”的认识也是对“我文化”的理解，是对“传统”的传承，也是对“现代化”的吸纳，“其意义在于生活在一定文化中的人对其文化有‘自知之明’，明白它的来历、形成的过程，所具有的特色和它的发展的趋势，自知之明是为了加强对文化转型的自主能力，取得决定适应新环境、新时代文化选择的自主地位”[①]。访谈人还俗喇嘛C在20世纪80年代碰到了一个偶然的机会，但他却成为那个时候有自主、文化自觉的一大批藏人中的一个代表，从他走出寺院到现在发展企业的故事和过程，也讲述了藏区的故事：

喇嘛C虽然已经还俗，但他对藏文化充满感情，他说这些文化的东西不仅是他们民族的标志，也是滋养他们的食粮，他从小迷恋各种各样的碗，他说碗的历史承载着藏族很多的文化，也记载藏汉之间的交流历史。他研究藏族的碗已经长达12年，藏族对于碗是非常看重的，在各种宗教仪式、日常生活中对碗都是非常讲究的，不同的场合、不同的目的会用不同样式、不同花纹的碗，比如活佛用的碗和普通藏族人用的碗是有区别的，家中父母的碗和子女们的碗也是稍微有差别的，而其在各种仪式上用的碗都有各种不同的故事和说法。他很早开始收集藏族民间使用的各种式样的碗，然后收集藏文文献资料中关于碗的各种记载，并按照记载自己学习制作，现在根据资料和自己的创新已经设计了几种款式（图4–4），但目前为止还没有设计出真正符合他心意的碗。为了材料的完美，他远赴江西考察，和江西景德镇的陶瓷厂建立合作，他设计带有民族传统的图案花

① 费孝通：文化的生与死[M]. 上海：上海人民出版社，2009：231.

型，陶瓷厂按照设计来烧制。经过多年在商业界摸索，他已经对市场有所了解，开拓不同的渠道进行合作，包括外地厂商、当地政府等，采访时他展示了专门为寺院、政府设计制作的藏式碗，镶嵌金线、银线，非常精美。

除此之外，还俗喇嘛C还研究藏族的天葬习俗，喇嘛修行闭关，民族文化电影制作、藏族音乐及乐器，关注藏区动物及环境保护，但他最擅长的还是制作藏族面具。当我采访了他和他制作面具的故事（图4–5），我对现代化大潮中的传统民族文化的前景增加了不少信心，对于文化适应和调试、传统和创造等议题有了更加生动的理解。还俗喇嘛C说：面具是藏族优秀传统文化的代表之一，作为藏族人，他们应该想办法让更多的人了解它们，尤其藏族的孩子更不应该忘记它们。所以，他的目标的第一步就是把传统的面具推向现代市场，让更多的人接触它，从而了解它。他说他查阅了很多资料，了解面具文化的历史由来，亲自到藏区的各个角落收集面具资料，包含面具所承载的各种神话故事、面具遗留，也参与学习面具的制作工艺，等等，了解了这些文化元素、掌握了面具制作技艺后，他结合现在的市场需求，创意性地把这些面具制作成各种流行的精美纪念品，比如儿童玩具、钥匙链、展示品等等，目前种类还不多，但前景很好，以后等有足够的资金，他打算设计雕刻成艺术品、文化衫图案等。除此之外，他已经成立了一个藏文化木偶制作公司，同样通过收集藏区民间流行的各种古老神话故事，尤其是藏族童话故事，用这些面具结合故事中的人物形象，然后制作成传统中带着创新的木偶戏剧（图4–6）。现在他已经制作发行了几个故事，并免费发放给藏区的小学、家乡的儿童等。他说因为这种方式比较节约成本，制作费用不高，以后会做成三维动画，而且通过现代的呈现方式让藏族的生活故事继续生存，也让魅力十足的面具文化活在当代。

图 4–3 喇嘛 C

图 4–4 设计的碗

图 4–5 热爱的面具文化

图 4–6 拍摄的木偶剧

他的故事不仅代表了他和他的藏族朋友们的故事，也代表着成都武侯藏族街上的很多人的故事，从遥远的藏区进入城市，他们依赖民族的认同，聚集在城市相互照应，除了这条街道一切都是陌生的，但是他们负载和生产的藏文化及其民族文化用品在现代社会已经不再陌生，崇尚文化消费、渴望神圣和本真的现代人创造出这个巨大的宗教文化需求和市场，这是生活在城市中的他和许多藏族生活的主要经济来源，也是藏文化在现代社会中生存的一个有效途径。

去藏地的游客是宗教文化用品的一大需求群体，根据他们旅行的动机，游客的类型可以归结为两种：一为朝圣观光者。去藏地的游客动机多样，有僧人、信徒和居士等，他们的旅行动机中蕴含着追求精神意义，他们带着各种供物到藏区完成他们的朝圣之旅，比如去寺院参加法会仪式，布施各种供物，很多人会在藏文化用品街购买供物，比如小到寺院里装饰的各种瑞祥物，大到佛像唐卡等价格比较昂贵的宗教用品，或者为喇嘛堪布的各种供养和布施以及礼物等。他们在有神圣象征的旅游地花钱来消灾祈福，积累功德，同时带回这些神圣的宗教纪念品，包括从藏地买的，或者在藏文化用品街购买，这些象征物在日后的生活中会延续着一种神圣性，一种他们理想的寄托。二为观光游客。这部分人把藏地当成一个与普通景观与众不同的地方，一方面是对高原的想象，另一方面是对宗教的想象，他们参观当地各类景点，享受着远离城市的自然环境和与众不同的历史文化，花钱体验当地的文化习俗，包括品尝当地的传统饮食，参加各种民俗旅游活动（当地人和旅游规划者也会精心策划），这些就是格雷本所说的朝圣“同形体、替代品”[①]。朝圣和旅游表面看起来动机不同，但是他们也没有严格的分界线，那些人们的动机就是离开出生成长、长期工作的地方，全身心投入一个自己向往或者构建起来的精神中心，让原来平凡的自己暂时离开，在旅行仪式中通过不同民族、不同文化的体验寻找或体验人生活的目的和意义，旅行结束后再返回到一个全新的自己。经历了一次次的生命再创造，生活变得焕然一新，这就是格雷本为什么认为旅游和仪式同样具有重要意义。

---

① [美]NELSON GRABURN.人类学与旅游时代[M].赵红梅，译.桂林：广西师范大学出版社，2007：193.

朝圣和旅游观光是大多数去藏地的旅行者们的动机，人们为藏地独特的风貌所吸引，而“文化方面的特殊价值决定着旅游的目的”①。那些有着朝圣动机的旅行者们，大部分人生活条件比较富裕，而且有一定文化程度，他们有比较足够的闲暇时间、拥有旅行经验、注重生活品质和精神内涵，他们旅行的经历丰富，所以他们往往“超越仅仅是玩玩而已的那些游客，达到深层次的鉴赏社会与文化的境界，渴望深度介入社会与文化——这才是一个基本旅行的动机”②。这部分群体如果是游客，他们更趋向文化体验型旅游，更加关注当地历史文化、风俗人情，文化体验和教育进步需求相结合，欣赏景观和参与仪式同步进行，他们既享受亲近大自然的真实，也体验与城市不同的朴素真实生活状态和由此而形成的民族文化。很多去藏区的游客选择在当地住几天，尽可能地去参观朝拜各个不同的寺院，有时候还会拜见上师、参加法会。藏区因为独特的历史文化，有人们向往的自然景色，加上媒体和人们的想象，它已经是现代人寄托希望的一个地方，是人们追求自然、原生态、本真性、简单化等生活状态的一个假设和表达。这个现代消费者群体和稀缺资源拥有者双方达成了无形的经济协议，相互满足了当前的愿望。

藏文化用品街是文化大众化或平民化的地方案例，也是当代宗教文化兴起的一个结果和表现，是现代社会状态和情绪的一种表达。信仰藏传佛教的庞大藏族群体不仅是藏文化的生产者，也是藏文化的巨大消费群体，同时被嘈杂、压力、消费等现代文化包围的现代人寄以厚望，他们渴望还原宁静、自由、本真的生活，这些合力共同创造出了巨大的文化市场。当

① [美]NELSON GRABURN.人类学与旅游时代[M].赵红梅，译.桂林：广西师范大学出版社，2007：81.

② [美]DEAN MACCANNELL. 旅游者：休闲阶层新论[M].桂林：广西师范大学出版社，2008：1.

我住在藏族街的家庭旅馆里，通过来来往往的喇嘛、信徒、游客、商人们能感受到这个文化市场的欣荣，也时时刻刻能听到这个带着巨大欲求的声音。这是中国社会经济变革中兴起的街道，但它更是一个观察和理解现代藏族社会的窗口。

第四节 文化商品化

住在家庭旅馆的时候，丹巴女孩说起还俗喇嘛C：“以前他们是贵族家庭，现在他和我们一样是商人，必须和我们一样努力地工作挣钱。”这是现代藏族社会较大的变化之一，也是藏族人可以聚集在藏文化街上做生意的根本原因之一，因为大家是平等的，靠自己的劳动获得生活的资本。

一、等级制度下的藏族社会

根据历史学家们的研究，西藏在1959年民主改革之前，仍处在封建农奴社会阶段。等级制度一直延续到近代。

西藏地区从9世纪中叶吐蕃奴隶制政权灭亡，吐蕃境内形成了长达200余年的割据时期，到公元13世纪初，西藏地区普遍确立了封建农奴制，成为西藏地区新的社会制度。元朝统一中国，倚重萨迦，一统西藏以后，农奴对农奴主的依附关系，才逐渐被强化。① 中国元朝政府分封萨迦派八思巴为国师、帝师，八思巴集宗教领袖和行政长官于一身，西藏的政教合一制度从此正式确立，寺院领主、西藏地方长官和贵族构成西藏封建农奴制的三大领主，西藏的全部土地、土地上的农奴、牧奴都归农奴主

① 吴从众. 试论西藏封建农奴制的形成、发展和解体[J]. 西北民族研究，1993（2）：173-191.

所有。

Barbara Aziz（1987）的研究也为我们提供了一个历史视角。他的研究显示了历史上藏族社会的严格等级，因为个体出身不同，出生后被归属到不同的四阶层，即所谓的“先赋地位”（ascribed status）：“这四种人是俄巴（ngag–pa，神职人员）、格尔巴（ger–pa，贵族）、米赛（mi–ser，平民）和雅娃（yar–wa，贱民）。米赛（直译为黄色人）系指靠租种土地、缴纳实物地租维生的农夫。平民又依其世袭职业地位再细分为三个经济状况不同的阶层：绒巴（农民）、匆巴（商人）及堆穷（dub–chung）。堆穷（直译为黑色人）则为仆人、雇工或以工匠、宗教服务者为职业的流动劳动力。贱民不会有土地，农民可以使用土地但不拥有产权，高级僧侣和贵族被封赠土地领有权，同时对佃农及政府负有相当的义务，除了贱民从事打铁、杀生、丧葬、鞣皮等有罪、不洁的工作，诸多因素使得与贱民同饮同食及跨阶层婚姻不受认可外，其余三级的成员都可能因为家庭的财富聚集及经营产业的成功，享有与政治、经济相当的拟构地位，向上层提出联姻的要求，以此改变下一代出生的阶级成分。尤其应该指出的是，经济因素主导着西藏社会机制的控制及运作，人们所属的某一类人实质上按其经济状况划分为：土地拥有者、佃农、商人、乞丐和牧民。土地的领有者及租赁者由拉萨市人民政府登录在册，有案可稽，永不更改。家户是计算租税劳役的基准单位，对居民而言，只要一分家便如同加倍其徭役赋税。亦有因通婚而由一个集团转入另一集团的人，其地位也随之改变，其中父亲（可以是非婚生子）的位阶对子女的身份占决定性影响。追逐世俗的声名地位，再改变世袭的阶层标签，是每一位平民的梦想，即追逐“自致地位”（achieved status）。“先赋地位”（ascribed status）并非一成不变地为众人日常生活所奉行的判断标准，随着家户成员自觉注意经济条件、声望之间的变化与流动，追逐“自致地位”（achieved status）的欲望及野心，始终与土著社会各项的文化机制设计息息相关。无疑地，围绕着宗教信仰所衍生的种种习俗及仪式性行为，以及社区人际关系的营造、礼物馈赠网络的建立等，也是人们企图超越“先赋地位”来进一步营造“大人物”（great man）的机制，而随着现代藏族社会的变革，这个机制变得更加强大，跨越了任何的“先赋地位”，最终成为藏族经济文化变化的一股巨大力量。①

还俗喇嘛C出生于色达的贵族家庭，其舅舅是拉卜楞寺具有“格西”学位的著名大喇嘛，母亲也是一位有声誉的空行母（这是他现在的妻子告诉作者的，她说她嫁到他们家里是非常荣幸的事情，因为他们是曾经的大家族）。中华人民共和国成立到改革开放藏区发生了根本性的改变，以前的大家族变成了普通老百姓家庭，经济条件的改变使他们供养喇嘛成为一种负担，这也是还俗喇嘛C离开寺院的一个原因。

他是20世纪80年代寺院制度改革（以寺养寺）后走进世俗生活的喇嘛，他的身份的改变是藏族社会制度改变的一种个体展现，身份和地位从世袭变成自由选择，身份和地位可以自由流动是社会发展的动力。

二、等级制度的消失

欧洲曾经流行的俗语“上帝塑造了三种生命，他们是农民、骑士和僧侣”，形象地刻画了等级制度的特征。等级是在特定的社会制度（比如奴隶社会和封建社会）中产生的，特别能反映各等级在政治和法律上的权利差别。历史上藏族社会的等级划分是在宗教和封建制度的共同推动下形成的，人们相信人生来不平等，并在轮回之中得到实现。“从十三世纪到

---

① Aziz Barbara N.藏边人家：关于三代定日人的真实记述[M].翟胜德，译.拉萨：西藏人民出版社，1987.

二十世纪五十年代，近七个世纪。封建庄园是强制农奴生产、剥削农奴的经济组织，同时，又是农奴主的基层政权组织。自给自足的庄园经济，造成了市场狭小，墨守成规，阻碍了生产技术的更新。”[①] 直到中华人民共和国建立后，藏族社会的等级制度随着政教合一制度的改革而逐渐消亡，民主改革后的藏族社会，“三大领主”的特权消失，曾经依附于寺院、贵族、官人的农牧民获得了自由，接下来的几十年中他们努力地改变生产生活方式，在虔诚信仰的祈祷中多了对现世的祝福，改变命运、提升地位逐步成为很多年轻人的理想，也成为可行的现实，发展经济的新动力从青藏高原的四面八方、以各种不同的方式出现。

三、自由选择

还俗喇嘛C对他目前的生活状况很清楚，他说他们现在没有以前的贵族优越，除了他引以为荣的大喇嘛舅舅和空行母阿妈，还有他们的宗教修养仍然受到人们的尊敬和供养之外，其余一切都和所有的藏族人一样，也只能通过自己的努力和劳动才能过上有质量的生活。他特别强调说他所谓的有质量的生活是他有足够的财富可以给寺院布施，去做一些有功德的事情，去孝敬他的舅舅和母亲。目前他已经在成都的三环买了房子，母亲和舅舅冬天的时候都会住在成都，而且他还创办了一所藏族的残疾人学校、参加藏族地区环境保护协会、制作藏族儿童木头剧等。在旧社会，他们曾经是当地非常有影响的家族，那时是因为他们的等级，但现在他仍然是当地有影响的人，但现在的影响不是世袭的，是因为他自己的努力所获得。藏文化用品街的大多数人都知道这个在街道做了20年左右生意的老商人

① 王玉平. 浅谈西藏封建农奴制 [J]. 民族学研究第八辑，1986（5）：194–210.

（不是说他的年龄，他大概只有45岁）。在谈到他的老年生活时，他说在他心里他一直是个喇嘛，老了他希望能够像一个喇嘛那样生活，虽然他可能永远不能再回到寺院，但他的努力和商业的成功带给他更自由的选择，他的心希望像佛陀那样自由。

除了还俗喇嘛C的故事，还有一些受访者曾经是藏区地位很高的喇嘛。比如另一个宁玛派活佛的故事，活佛在成都有自己做生意的商铺，现在已经还俗，和一个来自昆明的女孩于2013年结为夫妻。最初，活佛的母亲因为儿子还俗非常的愤怒，认为是他们家门丢面子的事情，母亲到成都，让儿子在旅馆门外整整跪了一个晚上，我目睹了这件事情。还有从西藏来做古董的生意人、青海来的藏餐馆老板，他们都讲述了他们的家族曾经在藏区的优越，也讲述了他们在城市中怎么样通过一步步的努力经营生意而成长起来。他们把这些成就一方面归因于他们所积累的功德，但也不否认他们付出了创业的代价。他们讲述自己在刚出来做生意的时候被村里的人取笑，在城市的地下通道和车站过夜，在过年的时候喝过别人施舍给他们的酒，但是现在他们已经是村子里有名的人物了，在亲戚朋友中获得了荣耀，而且还带动村子里的人和亲戚朋友们走出了村庄。他们是从偏远的村子里走到城市的第一代藏商，首先把这些宗教文化用品作为资本带到城市，转化成经济价值，逐渐他们获得了经济地位，也改变了自己的观念。同时也给家乡的人带去了新的思想和他们的经验，他们目前也被当地人刮目相看。就像还俗喇嘛C，因为他的生意，他创办了残疾人学校，修建了新寺庙，还赞助了一些闭关的老僧人。

藏族社会经过几十年的发展，文化结构、经济结构和社会结构都发生了很大的变化，但是社会的发展和稳定始终受到一些“关键人物”的影响，曾经“三大领主”的威望震慑雪域，而目前正在崛起的藏族商人和新一代知识分子，已经成为当前影响藏族社会的新力量。另外，虽然寺院的社会功能发生了很大的变化，但在整条街道上人们对喇嘛的讨论还是一个核心议题，他们的思想和行为将持续影响到整个藏族社会的变迁。

小结

从寺院中走出来的还俗喇嘛C，不仅给我们讲述了他自己的故事，这个故事中也隐含着整个藏区寺院里发生的变化，藏族传统的社会结构发生的变化。现代藏族社会，寺院和世俗之间的共生关系和共生方式发生了很大变化，神圣文化和大众文化的边界逐渐消失等，藏文化用品街很多商人的故事正是在这种背景下发生的，也在这样的环境中生存。社会变迁为文化创新创造了条件，催生了民族文化商品化的力量，最终在商品化过程中又创造新的民族文化，形成了当前民族文化的生成机制。藏文化用品街与藏文化之间的关系，在这个视野下可以理解为：文化消费需求 — 创造文化商品 — 建构象征意义 — 消费文化商品 — 消费符号意义 — 创造文化 …… 依次循环，构成了现代藏文化的创新实践的过程。

虽然经济条件不同、风俗习惯各异，在中国的其他地区人们知道应该怎样做；人与人之间关系的重要性并未随着商品经济在中国的迅速发展而减弱，人与人之间关系的道德经济向个人与政府之间关系的延伸，不仅在局部地区可见，而且无处不在。[①]（常向群，2010）

在“传统”社会里商品显得十分重要，而在现代社会里礼物则又显得颇有生机。一种东西是礼物或商品，完全取决于交易时的社会关系。礼物和商品这两个概念尽管不同，但却互补：商品概念以互报独立性和可异化性为前提，是礼物概念的镜像，礼物概念是以互报依赖性和不可异化性为前提的。[②]（格雷戈里，2001）

从宗教文化用品本身考虑，正是它所具有的神圣性和世俗性的双重意义，和现代人的生活状态相映成趣，即现代人一方面沉醉于物质享受，另一方面想脱离蝇营狗苟的生活而进入一种神圣状态。

---

① [英]常向群.关系抑或礼尚往来？——江村互惠、社会支持网和社会创造的研究[M].毛明华，翻译，李孟珊，润校.台北：Airiti Press Inc. 2010：10.

② [英]C. A. 格雷戈里.礼物与商品[M].杜杉杉，等译.昆明：云南大学出版社，2001：8，20，135.

第五章　宗教文化用品的流动：维系藏文化用品街的第三力量

前面的章节阐明了藏传佛教文化用品的分类，以及作为宗教文化用品而流行的社会时代背景——正是文化消费崛起的时代为这些宗教文化用品提供了凸显出它自身特征的机会。宗教文化用品在任何时代都会具有两个特点，即神圣性和世俗性，他们是一体的两方面，只是在不同时代中它选择以哪种角色登场和再现，但内在的联系和一致性却从没有被完全隔离开来。藏传佛教从印度和内地分别取道传入，和佛教一样它们从来没有离开过艺术、哲学、教育以及政治等因素的影响，从来不缺乏上层阶级的支持，也没有远离世俗民众的生活需求。它们看起来高高在上，却又融于日常生活之中，它既有极高的艺术表现形式，也会参与讨价还价的俗事，所以我们不难理解宗教文化商品的两种属性，尤其在市场经济改革以后，藏传佛教文化用品的商品化发展随时代进步不断发展。

2006年中国官方发布了当前中国宗教信仰状况：400万天主教徒（Catholics），1000万基督教徒（Protestants），1800万穆斯林（Muslims），1亿佛教信徒（Buddhists）。有一次，我和一个老阿爸在他所在的店铺聊天，当他得知我打听活佛的消息，他很激动，说他认识这条街道上的几个活佛，如果我想找上师他可以给我推荐，然后递给我几张名片，说我随时可以打电话联系他们，而且他专门强调说他们是有资格证的。另外一次是在一家藏家旅馆，和我们一起住的有一位活佛，几个弟子前呼后拥照顾着，看起来30岁左右，其中大多数信徒不是藏人，从他们所说的地方口音判断应该来自东北和沿海地区的居多。当我和活佛聊天时，他得知我对藏传佛教感兴趣，于是问我是否愿意成为他的弟子，然后给我描述了他们这几天的行程 —— 江河放生、峨眉山朝圣、藏地各大寺院朝圣等，说不用我操心吃住问题，他们有专门的司机、有自己的寺院和住的房子。在成都还经历过几次类似的事情，说明在成都可以找到许多被称作“活佛”的喇嘛，而且成为他们的弟子似乎很容易。这些所谓的“活佛”都有一定数量的信徒，这也是现代藏传佛教的一种新现象，无论是喇嘛还是信徒，构成了一个看不见的大市场。正如Harvey说的：藏传佛教在中国市场经济改革中的复兴，是一种创新和建构，即市场创造性的毁灭了藏传佛教的传统形式，同时建构性地创造了藏传佛教的新形式。很多喇嘛走出了高原，走出了寺院，穿梭在热闹繁华的大城市中，比如上海、北京、广州等地。一方面由于佛教寺院制度松散，另一方面也受现代人的“精神危机”的影响，在这双重因素的促使下，很多城市中的人选择拥抱藏传佛教①，而且选择了现代最先进的网络科技手段这个强大的工具。

当以宗教为主题的旅游在藏区兴起，寺院兼具了朝圣和旅游两种身份，尤其作为旅游圣地为宗教文化用品开辟了巨大的市场，并成为宗教复兴的新表达方式。宗教作为一种商品被消费，经济利益和物质富裕成为部分寺院、喇嘛活佛关注的核心，真正藏传佛教的教义逐渐地退居幕后。虽然宗教从来就没有和经济利益、物质追求彻底地分开过，只是大多时候这些利益掌握在个别人的手中，而现在藏传佛教不仅仅是佛陀与信徒之间祈

① DAN SMYER YU. The Spread of Tibetan Buddhism in China[M]. London：Routledge，2012：99.

求与给予的“神俗互惠”关系，而更像曾经贵族专属的高贵艺术品走向大众化一样，从而藏传佛教也在现代藏族社会中更加显示出它的文化性而不是宗教性，它从寺院的神坛面向普通信众、走向寻常百姓家，甚至成为人人可以拥有、带有特殊符号价值、可供欣赏使用的文化艺术商品。

宗教和文化的定义一样复杂，但创造出某种意义是它们共同的生存目标，而意义正是人类永恒的一种追求，也是当代社会人们的一种消费需求。人类将这种追求在现实生活中不断地进行实践，让藏传佛教文化用品在不同层面上流动，不仅仅满足了人们不同的追求，也使得成都藏文化用品街成为一个特殊的宗教文化用品市场。本章不讨论宗教的复杂性，试图通过藏传佛教文化用品的流动，对当前中国社会、藏区社会、藏传佛教变迁以及社会影响等问题管窥一斑。

第一节　礼物性流动

—— 民族文化用品的特殊需求

莫斯对于礼物的研究结论虽然也受到后人的批判，但后辈们对礼物的讨论还是无法完全逃脱他的研究成果。莫斯提到礼物当中有“送人的礼物”和“供神的礼物”，虽然没有作为他的重点研究对象，但其中一些观点对本研究颇有启发。死灵和众神是这个世界财富的真正拥有者，送礼者供神的礼物是活生生具有人性的，即送礼者希望为他送出的礼物得到某种形式的回报，或为现世或为来生[①]。并且在送礼的时候，通过物与物的联系，以及物与人的关系，或者物与神的关系或人（巫师或喇嘛等于神灵的中介人）和神的关系，期望在自己与想得到回报的神之间或人之间建立一种特殊的关系。正如萨林斯说的“实物流动和人际关系之间的联系是相互的。某一特定的社会关系可以界定物品的既定运动，但某一特定的交易也同样能促成特定的社会关系。如果说朋友创造出礼物，那么礼物也能创造出朋友”[②]。

商品社会因为物的中介作用，人际关系变得异常复杂，虽然不是被交

① [法]莫斯. 礼物：旧社会中交换的形式与功能[M]. 汪珍宜，等译. 台北：远流出版公司，1989：27.

② [美]阎云翔. 礼物的流动——一个中国村庄中的互惠原则与社会网络[M]. 李放春，等译. 上海：上海人民出版社，2000：95.

换关系完全替代，但世态淡凉、人情冷漠却成为人们反抗却又不得不面对的现实，缺乏信仰和认同的人类在如此风险巨大的社会里犹如浮萍，所以恐慌迷茫。其实人类一直以来都和一种看不见却可以支持生活的力量联系在一起，即使在我们可以回忆的时间范围里，比如中国社会在市场经济之前的社会，维持社会秩序的有浓厚的乡土情怀、集体关系、祖先力量、民间信仰等等，相互支持共度艰辛、烦琐的日常生活。当市场经济、理性、利益、物质等等渗透世界的各个领域，也影响了人们日常生活的角角落落，怀旧、归属、自尊等疑问成为现代人不断追问和追寻的目标，他们通过新的表达方式寻找或创造“全面性报称阶段”，在这个阶段“缺乏纯粹的个人性合同、货币市场、商业、固定销售和计量货币以及铸币”①，而是一种带有更浓人情味的互惠或回报关系占据主导地位，莫斯认为这就是“礼物社会”的特征。因为礼物经济更强调一种人际关系，交换作为一种方式来建立“全面的”②关系，而不是单一的交换关系，在“这些社会中，诸如部族、年龄组、性别团体等团体互相签订合约，从而产生了各种群体关系。由这些关系来看，这些群体经常处于兴奋的经济状态，但这些现象与物质主义没有什么联系，与社会中的买卖与雇员的雇佣不同，投机业务平淡无奇”③。所以礼物交换并不是一成不变的文化结构，它在不同场景、不同社会呈现的方式不同，而且可以创造。郭德烈（Godelier）认为“人类不仅生活在社会之中，还生产社会以实现自保”，而“为了生产社会，人们必须结合三种活动和三种原则。必须要赠与某些东西，一些东西被出

① [法]莫斯.礼物：旧社会中交换形式与功能[M].汪珍宜，等译.台北：远流出版公司，1989：63.

② [法]莫斯.礼物：旧社会中交换形式与功能[M].汪珍宜，等译.台北：远流出版公司，1989：103.

③ [法]莫斯.礼物：旧社会中交换形式与功能[M].汪珍宜，等译.台北：远流出版公司，1989：96.

售或交换，而还有一些东西被保存”[①]。

一、特殊的商品

藏传佛教文化产品不同于建筑铺装，如钢筋和混凝土，不同于娱乐和储存食品，如电视和冰箱，或者像抽象绘画一样来培养情感和快乐，它们有更神秘的用途，虽然藏文化用品街的宗教用品也和其他普通商品一样摆在商铺里明码标价的出售，但它们隐含着一种“礼物”的意义，表面化的商品却以礼物的形式凝聚了人与人、人与神之间流动的一种神圣力量，最终在“礼物的流动中”实现了这些宗教文化用品自身所承载的宗教与文化方面的价值。同时，通过这种礼物的流动，形成了一种特殊的身份凝聚力和人际关系网，这也构成了藏传佛教文化用品的特殊需求市场，因为大多数信徒购买宗教文化用品的最终目的是转化成一种供神礼物，实现人与神、人与人之间礼物的交换。

“交换”一直是人类学尤其是经济人类学经典研究中的重要术语之一。因为我们熟悉的所有社会的经济活动都包括了生产、分配、交换和消费等过程，但由于不同社会有不同的社会和文化结构，因此也会产生完全不同的社会关系，并且“社会关系是通过交换而产生，而不是‘注定’作为社会结构的一部分”[②]，所以交换是一种途径或过程。交换理论也是人类学理论研究中的重要组成部分，比如著名的社会人类学家波兰尼研究的三种交换模式：市场、互惠和再分配。通常在市场交换模式中，货币经常被作为

① [法]莫里斯·郭德烈. 人类社会的根基：人类学的重构[M].刘宏涛，等译.北京：社会科学出版社，2011：62.

② [英]罗伯特·莱顿. 他者的眼光：人类学理论入门[M]. 蒙养山人，译. 北京：华夏出版社，2005：91.

判断价值的标准，通过货币流动，可以把没有任何直接关联的人连接在一起，完全陌生但却可以进行交换。再分配是一种与行政有关的货物或财务流动，通过货物从行政中心流入流出的系统性运动实现了交换，波兰尼认为再分配的意义在于它的政治过程；与我们的研究最相关的是互惠交换方式，它不同于以上所讨论的市场和再分配，这种方式总是和礼物紧密联系在一起，是熟悉或者潜在熟悉（打算要认识）的人想维持或建立一种特殊的社会关系。藏文化用品街上的商人或来城市的喇嘛对此有他们的说法：

访谈过的几家店铺，店主们有一个大概相似的说法："我们的商铺是寺院的商铺，我们的所有收入最终大部分都会返回到寺院当中。"也有的则说："我们的老板是某某大寺院的活佛，活佛因不能在外做生意，所以由我们帮忙。"

这种说辞大多数是说给外人或游客听的，因为藏区来的人对他们的情况很了解。后来根据藏区朋友的解释，确实有一部分是跟寺院或活佛有关系，但大多数想解释他们不是一般的"商人"，他们的商品也不是一般的商品。或许通过这样他们可以提高价格，另外可能的原因是，他们对于"做宗教物品的生意"想找一套他们认为合乎情理的说法。

那么商品的特殊性是什么？唐卡店铺和佛像店铺的老板都有一个一致的解释："无论我们的身份怎么变化，我们对于我们的这些圣物是非常尊敬的，我们在商铺的设置、佛像的摆放和运送，尤其是佛像、唐卡里的佛像故事都是按照我们宗教的规定来讲的，我们从来不敢破坏这个规矩，也不感对佛有丝毫的不尊敬。我们的铺子里都供着供品，我们都要烧香念经，我们有我们的法度，那是不能破坏的，所以这些商品不是普通的商品，他们包含着我们的宗教，我们做生意也是在弘扬我们的宗教和佛法，是积功德的事情，只要我们不偷不骗，做生意没有什么不好。"

佛像老板和面具老板的解释是："藏传佛教文化用品不是耕犁，在尺寸大小、颜色、构图等方面有严格的规定，我们在制作佛像和面具时，要知道和遵守一些禁忌，必须要学习一些专门的宗教知识和专业技能知识，完成后也要请寺院的喇嘛、活佛等鉴定，还要经过一些专门的仪式。除考虑成本因素外，其价格的定价应基于佛本身的地位。同样材质、形状的莲花生大师和绿度母的价格是不同的，包含着复杂的规则。佛教文化用品的生产与其他商品生产不一样，因为它和宗教有关，所以这些宗教文化用品更加讲究它所承载的意义。”

前面的章节我们提到佛教有出售文物的规定，谢和耐研究了中国5—10世纪时期的寺院经济，并追溯印度佛教中关于戒律的研究，比较分析在不同社会背景和历史条件下，人们在具体行为方面的差异，总结了中国僧侣所遵循的戒律主要基于《四分律》《五分律》《十颂律》《摩诃僧祇律》等四部重要经文，① 戒律中与商业活动有关的涉及三种，即蓄钱宝戒、不贸宝戒和买卖戒。这种宗教戒律的影响目前对很多藏人来说仍然存在，他们在谈论做生意时总是有所顾忌，所以对于商业的解释，他们也总是用很委婉的语气，努力地想表达出他们做生意一定是遵守戒律或一定通过做了很多积善行德的事情，来避免社会习惯中所流传的“无商不奸”的偏见。

史拜罗（Spiro）对宗教的看法也符合他们的这种心理和行为，他的研究通过缅甸社会的宗教实践总结了三类宗教体系，这三类宗教体系与当地的土著分类系统（native category system）一致，人们都能分辨、知晓它们各自所代表的意义和特征，然后他们按照自己的需求进行选择。第一是“涅槃的（Nibbanic）宗教”。我们提到追随“涅槃的（Nibbanic）宗教”的是数量很少的一部分僧侣，他们类似于印度的苦行僧，非常严格地遵守佛教中的各种特殊规范，一心向往脱离苦海，从苦难的轮回中永远解

① [法]谢和耐. 中国5—10世纪的寺院经济[M]. 耿昇，译. 上海：上海古籍出版社，2004：67.

脱出来；第二是“业力的（Kammatic）宗教”。主要追随者是普通佛教信众，把今世作为来世的一个机会，遵守一般的佛教的善念观，关注这一世的福德积累、消除业障，注重的是累积福德、消除业障，希望在下一世投生时，拥有好的地位。许多世俗的居士们属于这一类，他们既渴望跳出轮回，但并没有严守“涅槃的（Nibbanic）宗教”的要求，仍然安于现世轮回；第三是“祈福的（Aportropaic）宗教”。这部分人非常在乎现实状况，关注人生在世的当下福利，比如生命中遇到的如何应对生老病死，包括治病、驱鬼、辟邪、卜筮、算命、求财、求子、求官、求名、求雨、求平安等非常务实而急需处理的眼前事宜。所以宗教在教义和实践中完全不同，执行的过程中总会碰到不同的情况，就像史拜罗（Spiro）研究的“涅槃宗教”与戒律依据的经文，都只对那些追求彻底解脱、严格遵守规范的高僧大德有重要意义，而对于生活在普通世俗世界的一般佛教徒、世俗居士等，规范化、严格戒律意义上的宗教对他们是理想的航灯。在他们的日常生活中，宗教信仰是生活的一部分，和过生活一样普通和世俗，他们总是通过实实在在的日常生活，利用现世或来世求得善业的“业力宗教”来实践他们的宗教理想。他们通过最有效的方法取得功德，比如他们认为布施和持戒比较，布施更加容易成为他们的选择，因为方法简单易行，并且布施有可计量性的特征（频繁度、数量、现金），使功德这样的抽象概念像日常生活中的储蓄一样可以落实登记在账册上，让当事人可以计算自己的功德。所以跟储蓄一样，他们节衣缩食只为自己的账户额度上涨，所以他们现世省吃俭用但乐在其中，终身投入奉献是因为期待回报收入，因此也无怨无悔。

所以藏文化用品街上的藏族认为他们不是商人或者试图告诉外界他们与一般的商人是有区别的，他们首先是藏族人，而且是有宗教信仰的，他们做买卖也是在积功德，并且可以弘扬佛法和传承藏族文化，还是他们增加布施和积累功德的一种方式。有很多这样类似的例子可以印证史拜罗所言："与其说宗教理念是用来思维或分类，还不如说宗教是用来生活的。也就是说，宗教理念是用来提供希望、满足期望、消解冲突、应付灾祸悲剧，以及将失败合理化，在'苦'中寻找意义。简言之，宗教理念处理的是活生生的生活现实，而非表层的问题。"①

谢和耐（Gernet）研究了中国佛教中耗费的大量人、财、物，也是中国佛教中布施或"业力宗教"的例子。佛教传入中国后教义、戒律方面的变化，使之更加适应在中国的生长环境。它不仅适应了中国传统的道教和儒家思想，也团结了一切能团结的力量，从整个帝国内的贵族阶层到普通的民间庶民。所以它一开始就得到了皇宫内大量的财物支持，形成了商业和宗教的相互渗透，正如谢和耐（Gernet）所说："佛教僧众传入中国的是一种近代资本主义的形式：通过积累供物和商业收入而组成的供品资产形成了一种公共财富，对它的公共管理要比单独经营的收效要大得多，但最重要的是这种形式是上述观念的宗教起源。"② 所以从历史上的寺院建筑规模、寺院内的佛教艺术，以及各种佛教文物遗留，我们可以感受到宗教的大量布施和财物的积累程度都是相当惊人的。同时也说明了宗教的神圣性和世俗的财物总是难以彻底撇清关系的，反而相互作用、关系紧密。

因此，无论是佛教还是藏传佛教，与宗教共生的宗教用品是宗教文化的重要组成部分，有时候它就是一种物品或商品，存在于一种简单的供需关系中；有时它与神圣和超自然的神秘世界联系在一起。藏文化用品街上的商人如上所述来解释宗教文化用品，但对于购买这些商品的信徒也有自

---

① [美]MELFORD E.SPIRO. 佛教与社会[M].香光书乡编译组，译.嘉义：香光书乡，2007：40.

② [法]谢和耐. 中国5—10世纪的寺院经济[M]. 耿昇，译. 上海：上海古籍出版社，2004：241.

己的想法。

二、供神的礼物

成都藏文化用品街和店铺里的宗教文化用品对于信徒来说有特殊的意义，它们是献给神的礼物，而不仅仅是一种宗教文化商品。他们更加认同宗教有“提供希望，满足期望，解决冲突，应对灾祸，合理化失败”等现实意义，通过布施取得功德上的积累，得到现世当下的福利，如治病疗伤、驱鬼辟邪、卜筮择吉算命、求财得子、官禄功名及求雨逐利等务实、眼前的好处。这种现世的追求加上佛教或藏传佛教发展中积累财富的性质，一起推动了藏传佛教的繁荣，也不断扩大了藏文化街宗教文化商品的需求市场。

和缅甸社会的信徒一样，对于信仰藏传佛教的藏族人来说，宗教作为生活的一部分是需要经营和照料的，所以他们也会通过日常生活的种种方式来践行他们的信仰，真正内化到观念中的信仰在现实中也表现为一种看起来“利己”的，史拜罗所谓的“业力宗教”或者“消灾宗教”，有些人通过消除业力来达到未来的转世，有些人只关注当下生活状态和现世利益，至于长远的脱离轮回等到以后再说。因此，来来往往的信徒购买各种宗教用品，首先要讨好神灵以获得佑护，他们通过给神送礼物交换神的光环照耀在自己和家庭的身上。另外，人们也清楚“人与神之间的交易实际上是最简单和最安全的，因为销毁牺牲意味着暗示礼物供神，日后神灵当以此礼回报”①，但在现实社会与日常生活中表现为与寺院、活佛、僧人等进行互惠行为、构成互惠关系，因为在宗教场域中有一群有特殊身份的

---

① [美]MELFORD E.SPIRO. 佛教与社会[M].香光书乡编译组，译. 嘉义：香光书乡，2003：26.

人，总被认为是各种神灵的现世化身，或者具有一种特殊的神力。

藏文化用品街上的店铺里陈列了琳琅满目的宗教文化用品，有些是从尼泊尔、印度、缅甸等东南亚佛教国家进口的，大部分是藏区、成都周边的厂家自己生产出来的，还有一部分是通过私人或家庭式手工加工销售的，也有少量宗教文化用品在藏文化用品街上现场制作，比如绘制唐卡、手穿念珠、缝制僧服等，一方面是展示式的营销，另一方面现场制作可以节约成本。这些宗教文化用品也是通过商品形式在市场上流通，对于购买它的信徒们来说，它与普通商品不一样，并不像购买食物、服饰等是用来被人消耗掉，也不像钢筋水泥、地板、家具等材料被用来建造、装饰家园，也不像手机、电脑、电视、冰箱作为现代人日常生活中不可或缺的工具。宗教用品代表了人们精神方面更高层次的需求，是避灾求福的安全需要、是身份归属和族群认同的需要、是通过物的社会意义来阐释自己的生命意义。

只要看看藏区本身的宗教用品的需求就可以看到它的市场之大。藏区一年四季都会举办很多法会，寺院在不断地维修和扩建，大大小小的新寺院也在不断发展，普通家庭的经堂也成为家庭财富和身份的一种象征。随着收入不断增加，人们在信仰布施方面的投入有增无减，这些活动创造了大量的对各种宗教供物的需求，而且与追求奢华、精致艺术的佛教传统相一致。这些需求不但量大，而且分为不同级别的奢华产品，构成宗教用品向一种文化品味消费发展，这些品味不仅仅和奢侈品一样有炫耀性，它的奢华还包含着信徒们对他们所信仰神灵的忠诚度。宗教文化用品的一部分由寺院自身购买，大量的供物则来自寺院信徒、世俗居士、藏族和祈福消灾的世俗人的布施，他们在寺院修缮或各类法会期间提供大量的供物来积累自身的功德，求得不同需求的圆满。另一种方式是供养，藏族历史上历来就有供养习惯，并以制度确立。在考察藏文化用品街时，无论是藏族还是来往的各种居士、寺院信徒，很多都有自己供养的活佛、堪布等。我住在藏族家庭旅馆时也经常会碰到希望得到加持的各类信徒，因为有时候一些喇嘛也会临时住在旅馆里。这些信徒为了感谢喇嘛的加持，除了会给他们带酥油、糌粑等礼品外，也会赠送一些宗教文化用品作为礼物。笔者采访过的一些报道人，虽然在成都做生意或者已经在城市生活，但每年都会去自己的寺院、供养自己家乡的高僧。藏族家庭旅馆还住了一些从各地去朝圣的居士，他们首先在藏文化用品街买好各种礼物带往藏区，布施给寺庙，供养他们的上师；他们回家时也把一些佛教文化用品作为礼品赠送给工作单位或自己的亲朋好友，他们相信得到喇嘛加持或开光的礼物有一种神力，可以佑护他们平安、消灾免灾，具有重大的意义。作为他们对家人和朋友的祝福，这种不言而喻的表达是最好不过的礼物。

除了以上信徒们供养所需的宗教用品外，另外一个群体就是游客。成都是国际化的旅游目的地，因城市的宽容和休闲特质受游客欢迎。藏文化用品街紧挨着武侯祠和锦里两张旅游名片，大量的游客也会选择光顾这条街道，他们购买一些藏传佛教文化纪念品。这些纪念品不仅仅带有民族文化的象征，它们会关联到藏传佛教的宗教佑护意义，这样的纪念品带给亲朋好友意义更加深远，所以随着旅游高峰期的到来，这条街道上带有宗教符号的各种旅游纪念品大受欢迎。还有一部分信徒专门来这条街道购买宗教文化用品，他们大多数是生活在城市里的人，他们很少去藏区寺院朝圣，为选择方便的方法来接近神灵，所以他们选择了能经常和神交流的渠道——佛像、唐卡、佛塔等宗教物品，购买这些宗教物品在家自己供养、念诵经文等，以求得今生的好命好运，积累功德能在来世转入“善趣”。所以，信徒也可以细分为不同的群体，他们对于信仰的实践方式也不同，他们所购买的宗教文化用品也有区分。根据不同的赠礼者和他们选择的渠道，用表5-1简单归纳购买宗教文化用品作为礼物的发生过程。

表 5-1　不同类型礼物流动表

宗教文化用品：商品	购买者 —— 赠礼者	受礼者
佛像、唐卡、转经轮、经幡等各种供物	寺院、僧人、信徒、世俗者	寺院
日常生活用品、礼佛用品	信徒、居士	活佛、堪布、僧人
纪念品、吉祥物	游客、居士	亲朋好友
礼佛用品	信徒、居士、僧人	特定的佛及神灵

研究礼物的学者们（莫斯、阎云翔等）已经总结了：礼物和商品的不同在于它存在于关系社会中，在社会关系中流动，同时生产出各种社会关系，并以互惠维持着所建立的社会关系。在藏传佛教文化用品作为礼物的研究中，礼物的流动有两个方向：一方面通过与神的代表 —— 寺院、僧人、佛像等，发生间接的报酬关系，即通过布施、积累功德、求得好命好运或者祈福免灾；另一条隐含在背后的方向，礼物流动中创造或维持着各种互惠关系，包括师徒关系、归属关系、朋友关系、认同关系。这两个方面就像两条环环相扣的链条紧紧结合在一起，构成藏文化用品街可持续发展的一种黏合剂或者润滑剂。宗教在实际生活中形成的“业报 — 布施 — 功德”观，比宗教教义、戒律更加深入人心，通过宗教文化用品的流动或交换创造出现实中的互惠关系，并成为维系藏文化用品街甚至藏族社会关系的重要力量，并不断再生产和创造新的人际关系，更具体的过程可以分为以下几个步骤：

（1）确立关系。礼物背后是社会关系，面对不同关系或对象在礼物的选择方面会有所不同，包括礼物的种类、赠与的方式等，并通过与不同种类的礼物、不同的赠与方式来确立系谱脉络和层级关系，比如寺院和信徒之间、活佛堪布与普通喇嘛之间都存在着微妙的关系，包括上下级关系、师徒关系、亲戚关系等。礼物的贵贱也可以表达亲朋好友间的疏密程度和关系的远近，正如阎云翔所说："赠送礼物的义务取决于个人的选择及其对礼物交换特定情景的态度。礼物交换构成了一个道义经济的体系，道德原则常超越了经济考虑，主客双方皆身不由己卷入礼物交换当中。"① 从而无意中创造出一张隐含着无形规则的人际关系网，有时候它也创造了一个礼物市场。

（2）辨识友谊。礼物在流动中才有意义，通过双方或多方的往来互惠来表达意愿、交情。赠礼不是盲目的，建立在双方和多方的辨识之上，如萨林斯所说："某一特定的社会关系可以界定物品的既定运动，但某一特定的交易也同样能促成特定的社会关系。如果说朋友创造出礼物，那么礼物也创造出朋友。"② 因此，礼物负载着送礼者的个人判断和个人情感，也是一种内心意愿的无声表达。

（3）强化感情。礼物除了在传统固定的馈赠季节或时机可以赠送外，也可以通过仪式性来增补或修复关系。比如我们会选择在固定的传统节庆日进行赠礼，但如果在各种生命仪式或寻找偶然性时机进行赠礼会更加强化感情，加深影响。比如在法会的日子、佛教中神灵的庆典日外，选择一个偶然的造访机会或者是突如其来的生日礼物会比每年举行、大量人参与、隆重庆贺的礼物馈赠有效得多。

（4）调整方向。礼物流动的方向并不是固定不变的，当授受双方因为地位关系发生变动或者动机有所调整的时候，通过改变礼物流动方向以及先后顺序和礼物内容，来适应已经改变了的社会关系。

① [美]阎云翔.礼物的流动：一个中国村庄中的互惠原则与社会网络[M].李放春，等译.上海：上海人民出版社，2000：84.

② [美]阎云翔.礼物的流动：一个中国村庄中的互惠原则与社会网络[M].李放春，等译.上海：上海人民出版社，2000：95.

（5）运作技巧。莫斯（Mauss）说："价格更高的礼物可以使回报者因此扭转乾坤，因而使他的权威和力量高于原先的送礼者，而原先的送礼者又成了新的受礼者。"① 这是很多初民社会或关系社会中赠礼的一种策略，经常会以礼物的数量、价值作为表达媒介，来表示赠礼者的心意。比如采访一位来自云南的年轻女孩，为了拜一位著名上师为师，她花了心思和一定的财物准备拜师的礼物——一套精美包装的《金刚经》、礼盒装的云南名茶，还有一些菩提念珠，而为亲友和自己准备的是简单、价格低廉的仿制品和一些普通的藏式纪念品。

（6）公开展演。对赠礼者而言，面对一个受礼者会公开展示自己礼物的分量，以公开的记录和宣读建立一个比较场合。在传统的中国社会生命仪式赠礼经常会出现这样的公开展演，向公众宣布双方的关系，同时也炫耀自己的实力和在场域中的地位。在宗教礼物的流动中也经常会出现通过礼物数量、价格、材质、档次等形式来表达自己的意愿和展示自己的地位，并通过这些礼物来衡量对宗教信仰或对受礼者的虔诚和期望。我曾看见一些信徒向寺院赠送一座佛像或一些贵重金属宗教物品，他们有时候要举行一个特别的仪式，或公开的展示。

（7）解释意义。礼物典型的特征是代表赠礼者发声，所以礼物一开始就被赋予了丰富的内涵和一系列的符号象征，它们组合在一起来表达赠礼者的个人情感。礼物从内到外的设计，都是人们对它们的认知非常重要的因素，所以赠礼者总是精心挑选那些最大程度能够表达他们意愿和目的的礼物。所以礼物的话语包含在那些本身已经具有特定象征意义的符号中，通过他们来解释和对应各种情况下的送礼情景。

那些普通的藏传佛教文化用品一旦被购买者购买，按照不同的情况它

① [法]莫斯.礼物.旧社会中交换的形式与功能[M].汪珍宜，等译.台北：远流出版公司，1989：21–22.

们的身份就会有所变化，从宗教商品转换为不同层次的礼物。采访中一位新加坡来的信徒从店铺购买一尊产于尼泊尔的佛像，然后通过物流公司送往寺院，当它一旦被放在寺院，它就不再是商品，而转换为布施的礼物来避祸求福、积累功德。他把现实的期待通过佛像向寺院表达，同时期待寺院能以佛的慈悲“回向”功德。还有一位受访者告诉我她赠礼的经历，清晰呈现了藏传佛教文化用品的礼物交换过程：

她是一位信佛没有多久的妇女，听说成都的民族用品街有各种供佛的宗教文化用品，所以专门到成都，从藏文化用品街的小店里买了各种礼物。她从僧服店里买了一件僧衣，准备赠送给她刚认识的喇嘛，在街道碰到的这位喇嘛解答了她的很多疑问，她说她尊敬这位喇嘛；几幅画有佛像的唐卡，要去参加法会时赠送给寺院的；另外还买了一些纪念品，新式彩色的金刚结、八瑞祥图案的哈达、各种材质的念珠、新式便捷的转经轮，还有各种样式的藏文化饰品，这些是她准备带回去赠送给亲朋好友的。她说因为信佛她认识了很多心善的朋友，并展示了一个朋友赠送给她的礼物：一尊银质的绿度母佛像，说是甘孜寺活佛亲手馈赠且开光加持过的；一根红色的线绳做出的金刚结，她视为珍宝，被来自萨迦达钦法王加持过的；还有一根金刚结是被来自尼泊尔噶玛巴上师古仁波切加持过的；一块方形锦布包坛城和凤眼菩提子念珠也来自北印度，并由多竹千法王加持过的。她一件件如数家珍，她完全相信这些礼物具有神力，可以护佑她避祸消灾，给她带来幸福。她经常转凤眼菩提子念诵经文、供奉它们，说这样可以获得数倍功德。她满心欢喜地说因为信仰藏传佛教，她在这个圈子里认识了很多信佛的朋友，他们除了给寺院活佛赠送礼物，也会相互赠送礼物。她说信佛的都是有缘人，他们用财物、礼物换来了一份幸福，她觉得很知足。她说赠送礼物给她的这个朋友是她今世的缘，朋友把礼物送给了她，也把友谊送给了她，还把他自己从各处圣地得到的神力和功德、祝福和善念都分享给她，对他自己就是一种功德回向，以后她也会把自己积累的功德和佑护回向给更多的信众。

除了这个案例，在藏文化用品街采访的好几个刚刚信佛的妇女，从20岁左右云南来的姑娘到50多岁的巴塘唐娘娘，她们生活不是很富裕，但却为参加一次法会费尽心思、节衣缩食，她们分享自己的故事时，脸上洋溢着幸福和快乐。从这些类似的故事中我寻找着礼物转换的路径，从藏区诞生的这些藏传佛教文化用品，在现代市场经济中成为成都藏文化用品街的商品。随着各种信徒流转到中国和世界各地，既包括东南沿海的一些重要大城市，也流往尼泊尔、印度甚至美国、欧洲等国家。很多宗教文化用品通过仪式过程赋予了深刻的宗教意蕴，通过上师、仁波切等这些佛的化身的加持，他们把神的力量用不同的方式赋予到宗教用品上。这些宗教用品又通过信徒或朋友间以礼物互赠的方式流动，相互赠礼时不仅赠送了神的力量，也附带自身的情感和祝福作为礼物一起送给受礼者，就像格雷戈里所说："物品从来就未曾与交换他们的人真正分开。"①

以上主要分析藏民族文化用品街上的那些宗教文化用品流动的主要渠道和最终形式——供神的礼物，这是它内在包含的神圣属性，通过送神的礼物，也是试图与神建立关系的过程。通过供奉"三宝"获得亲密关系，这种亲密的关系是通过可衡量的捐赠建立的密切关系。除此之外，宗教的另一个属性——世俗性，具有更加灵活的变通性，当它们陈列在店铺里明码标价出售时，它是宗教商品的身份。其中有一部分宗教文化用品的生产，甚至创造性生产的目的就是作为纪念礼物流通，更加在乎当前人们的消费倾向——带有怀旧、神圣的商品，成为宗教物品流动的新方式或者是一种动力。

---

① [英]C.A.格雷戈里．礼物与商品[M].杜杉杉，等译．昆明：云南大学出版社，2001：13.

第二节 商品化流动：民族文化用品的一般性需求

寺院经济在宗教的发展中占有重要的位置，在中国无论是对汉传佛教还是藏传佛教都产生过重要影响，甚至对社会发展也有影响。谢和耐（Gernet）研究了5—10世纪的中国佛教和寺院经济，发现寺院经济在中国的经济发展史中具有非常重要的作用。寺院经济的迅速发展和规模的扩大，使寺院形成大量布施供品，需要有一套管理方法，所以在这个过程中首先产生了经济学中“资本”“生息”等概念，而且布施的财物和各种宗教仪式结合取得了合法性。在这个过程中自然形成各类大小集市，促进了早期市场的发展。藏文化用品街是现代版的寺院经济发展的结果之一，藏传佛教寺院的兴盛和信徒的规模创造了藏传佛教文化用品的市场，并在便利的空间和合适的时机形成了固定的市场，其中主要的宗教用品生产和交换与寺院的关系仍然非常紧密。在寺院经济发展的历史中，个人的任何商业行为都不被支持，这种观念遗留仍然在藏文化用品街和藏区一些寺院经济中很常见。

藏传佛教形成后，尤其是“政教合一”制度成为统治藏区的主要方式后，影响了藏区人民的社会生活、文化、经济等方面。寺院逐渐成为藏区的政治、经济及文化中心。寺院里的思想和行为一定程度引导了它所在的社会和民众。寺院经济形成后，藏族社会的经济、教育、科学技术等成为宗教的附属，吐蕃王朝形成的“善法”不再起作用，从吐蕃王朝积累的各种先进制度、科学技术、文化和艺术的发展极为缓慢，藏族人民受藏传佛教“因果”“施舍”“解脱”等思想的影响，养成吃苦耐劳的奉献精神而放弃了提高生产生活水平的外在追求，制约了藏族社会、经济、文化的进一步发展。尤其在清中央政府的支持下，“寺院文化教育制度（即学经制度）也得到进一步完善。在经典的整理和印刷、文学历史、雕塑、绘画、建筑（主要是寺院建筑）及历算等各方面都有很大的发展。寺院文化替代了藏族的社会文化，寺院成了藏族文化的中心”①。

在现代社会背景下成长起来的这条街道，表面上这些商铺和普通的商铺一样是个人的商业活动，并没有寺院经济的安排，也和寺院、僧人没有关系，但深入接触后，收集到很多直接或间接与寺院的关联信息。首先大多数信徒购买的宗教文化用品就是供奉寺院或僧人，也有很多僧人和寺院自身就是最大的消费群体，所以寺院和僧人成为这些宗教文化用品的接受者或者直接购买者。另外，很多商铺的店主告诉我们他们是寺院的商铺、是僧人的代理等等，无论这些信息是否真实，他们认为这些信息是有意义并对他们的商业发挥作用的。说明这条街道的宗教文化用品的商业化发展和寺院的现状有着千丝万缕的联系。宗教文化用品是商品还是礼物？答案也不是绝对的，没有非此即彼，而是根据不同情景和场合、不同的阶段、不同的动机会有不同的答案。

一、礼物与商品

关于商品和礼物及其关系研究，一直是人类学重要的研究领域和争论的话题。从莫斯的礼物研究开始，到格雷戈里（Gregory）解读莫斯

① 安世兴. 寺院——历史上藏族文化的中心[J]. 民族研究，1991（3）：19-27.

（Mauss）的研究，依据莫斯关于礼物人格化特点，总结出商品买卖和礼物交换之间的区别，他认为："商品交换建立起被交换的客体之间的关系，而礼物交换则是建立起主体间的关系，也就是说，商品交换是价值形成过程，是一个买卖系统，礼物交换则不然，礼物交换以赠物与还物的系统取代了买卖系统。"① 萨林斯不支持把商品和礼物进行二元化的区分，他认为商品和礼物是一个"连续体的两个极点"，并根据亲属之间的远近关系，商品与礼物之间会发生变动。郭德烈（Godelier）提出的观点更加接近现实，他提出存在一种"非交换"或"宗教性"的交换，以揭示现代社会里一些慈善事业存在不公平的交换（unreturned gift），形成的一种不被返还的礼物机制，尤其提到了宗教中的一些没有回报的宗教用品。郭德烈指出，"人类不仅生活于社会之中，还生产社会以期自存"，所以"为了生产社会，人们必须将三种活动和三种原则加以结合。必须有一些东西被赠与，有一些东西被出售或交换，而另一些东西必须被保存"②。人类学家们对商品和礼物的研究一直争论不休，我们通过藏文化用品街上圣物流动和礼物收受过程的考察，商品和礼物在流动的过程中根据情景不断转换，时而是纯粹的不被返还的礼物，时而是一种有强烈的动机的商品交换，大多数情况是"礼物和商品这两个概念尽管不同，但却互补：商品概念以互报独立性和可异化为前提，礼物概念是以互报依赖性和不可异化性为前提的"③。为了研究的方便，下表依据人类学家的讨论，归纳礼物和商品呈现的一些不同特征（见表5–2）。

① [英]C.A.格雷戈里．礼物与商品[M].杜杉杉，等译.昆明：云南大学出版社，2001：14.

② [法]莫里斯·郭德烈．人类社会的根基：人类学的重构[M].刘宏涛，等译.北京：社会科学出版社，2011：62.

③ [法]莫里斯·郭德烈．人类社会的根基：人类学的重构[M].刘宏涛，等译.北京：社会科学出版社，2011：62.

表 5–2　礼物与商品的区别

	礼物	商品
特征	不可让渡 不可异化 表现主体之间的关系 建立永久性关系 全面报称体系 依赖性 多个交换领域	可以让渡 可异化 表现客体之间的关系 建立暂时性关系 全面报称体系 买卖系统 一个交换领域

成都藏文化用品街是藏传佛教文化用品在商品与礼物相互转换中的一个特殊空间，用商品街和商品的外貌掩饰了交换的内在机制，但如果跟踪这些商品的来龙去脉就会发现它们流动的轨迹和礼物关系的脉络，就是萨林斯所说："亲属关系的远近随距离而变化，礼物交换往往在亲属之间进行，随着亲属关系距离的延长，交换者成了陌生人，商品交换就出现了。"[①] 而礼物与商品之间的关系是灵活的、动态的，关系也在礼物流动中不断进行创造。

藏文化用品街所出售的藏传佛教文化用品的流动形成了一个圈层，最核心圈是与神最接近的礼物，赠礼者和受礼者都有一定的身份地位，或虔诚的信仰，他们的动机也类似史拜罗（Spiro）研究的"涅槃宗教"，赠礼者一般是寺院的活佛喇嘛，他们直接供奉给"三宝"礼物；第二圈层是普通的佛教信徒包括藏族日常供养和布施的礼物，占主要部分；第三圈层是在家居士供奉"三宝"的礼物，或通过寺院和僧人，或自己直接在家修行供奉；第四圈层是朝圣的游客，他们把藏区作为圣地、圣境去朝圣、旅游，把来自藏区或跟藏传佛教相关的纪念品作为一种吉祥和祈福的象征

① 周晓红．人类学跨文化比较研究与方法[M].昆明：云南大学出版社，2009：164.

物；最外层的就是带有藏传佛教元素的文化创意产品，因为独特的设计或民族文化为普通顾客所青睐。

这些被购买的宗教用品已经成为商品在流通，但因为购买者和消费者的特殊性形成不同形式和意义的礼物。有的不被返还，有的创造关系，有的需求回报，比如来自青海的喇嘛花光了他辛苦做生意四五年赚的钱财，就为了研制一个便捷的转经轮，研制出来后全部送给了他去朝拜的寺院，碰到的僧人和一些信徒。来自西藏的一位年轻唐卡画师，用自己的手艺精心打造了一个唐卡店，他认为画唐卡就是他的信仰，他向很多寺院和僧人捐赠了他的唐卡，他说他能赚到维持普通人生活、继续画唐卡的钱就够了。而一位购买唐卡的信徒说，他要请（购买）画上去的佛像最多的唐卡，这样可以得到多位佛的佑护，他供奉的时候功德也可以增倍。但从甘孜州亚青寺回来的游客认为藏区的吸引力就是它独特的地形和美丽的寺院，至于宗教他不怎么关注，认为这些宗教用品比起一般的纪念品主要在于独一无二、异域文化等。

所以从藏传佛教文化用品的圈层分析，以及从这些受访者的观念和行为中可以看出，这些宗教文化用品的流动越接近内圈就越有礼物的意蕴，而最外层的商品性质非常明显。

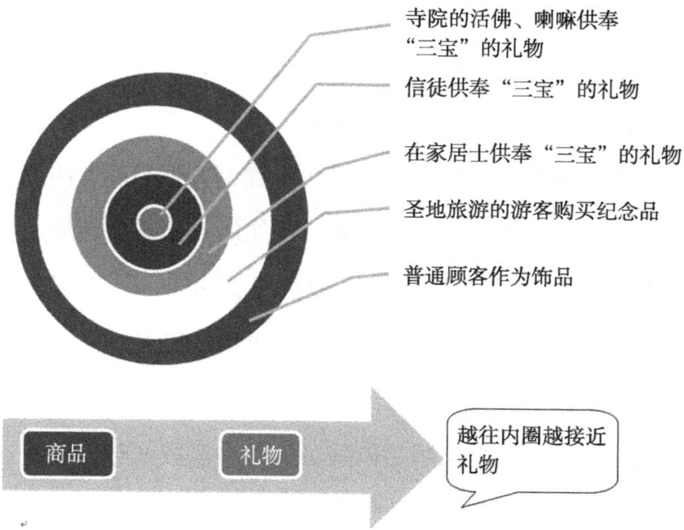

图 5-3 圣物在礼物和商品间的转换图

二、藏传佛教文化用品的商品化过程

在前面的章节中，我们探讨了藏传佛教文化用品走向市场的重要社会背景：世界范围内文化消费的崛起，中国宗教政策改革和宗教文化复兴以及中国市场经济的发展、城市化运动等，这是藏传佛教文化用品商品化的天然土壤。以下我们讨论更直接的原因，它们和藏族社会的变迁密切相关：

（一）旅游创造的需求

体验经济被认为是20世纪后出现的新经济现象，主要特征就是人们为“体验”付费，在这个过程中与自我不同的“他者”不但成为人类学研究的对象，也是游客们体验的项目。他们乐于体验与自己不同的生活方式、价值观念，从这种“仪式”（Graburn，2007）中重新发现自己的生活，投射到自己现有的社会文化模式与结构中，并进行强化或创造。这种仪式性的旅游超越了走马观花式的看景点，与当地人和当地文化深度接触，甚至变成当地人，当地的风俗习惯、宗教信仰、独特气质、装饰风格等都成为体验内容，并会影响他们未来的生活。

研究藏区的游客，从他们的旅行动机看，简单归结为两种，一种是以朝圣为主要目的，一种就是为了观光。比如那些到藏区的居士、僧人、信徒等，吸引他们的并不是藏地景观，他们是为参加一次著名的法会，朝拜一个有声誉的喇嘛、一座盛名的寺院，追求精神满足是其主要目的。他们通过种种形式表达他们朝圣之旅的虔诚心，虔诚的行为往往表现在他们各种方式的布施上，从藏文化用品街购买的各种宗教文化用品在这里成为供奉给寺院或喇嘛的最好礼物。他们在这些圣地花钱为了消灾祈福，并带回被寺院、喇嘛加持过的宗教纪念品，这就是一种回礼，在以后的日常生活中这些圣物延续着被回赠的神圣性。第二种是观光旅游。这部分人去藏区的主要目的就是参观景点，享受青藏高原圣洁的自然生态环境，同时也体验宗教中所体现的内心的圣洁，也因此，甘孜为了旅游新添“圣洁甘孜”的名称，阿坝打造“净土阿坝”的形象。这些数量巨大的游客体验传统的历史文化遗迹，品尝民族风味的传统饮食，参加藏族特色的民俗活动，如同朝圣的“同形体、替代品”（Graburn，2007），他们从另一个层面体验和消费宗教文化及各种藏传佛教文化用品，比如他们为寺院买门票，他们也会入乡随俗参加各种活动，同样为宗教消费。

从藏文化用品街采访的一些到过藏区朝圣和观光旅游的游客们，有一个共同的特点：大部分有比较好的经济收入，生活比较富裕，一定程度上了解藏区和藏族的文化，有较充裕的闲暇时间，有很多旅游经验，注重精神层面的生活。所以他们“超越仅仅是玩玩而已的那些游客，达到深层次的鉴赏社会与文化的境界，渴望深度介入社会与文化 —— 这才是一个基本旅行的动机”[①]，他们从景观旅游延伸到文化旅游，在旅游体验中关注历史文化，不断丰富自己文化方面的知识和经验，参与式的方式更能给他们带来愉悦，带去礼物也带回礼物是他们的旅游成就。

我采访了一些从藏区回来或者准备要去藏区的游客，那些准备去藏区的信徒用心的在街道上购买供奉寺院或喇嘛们的礼物，从藏区回来的朝圣者们，也在街道上继续挑选带回家的礼物，他们带着无限的眷恋和收获的满足。这条街道对他们而言，就像进入仪式前做所有准备的场合，在两种生活结构中转换的一个站点，它关联着两种文化模式，人们在这里做好了准备，减少进入他者文化模式的恐惧感和孤独感。通过熟悉相关的“物”，熟悉了它所在的社会和文化，因为这里是一种文化的“物”世界，它们不言语却代表了一切。而且这条街道的这些“文化物”因为不同的需求，改变了很多模样，藏传佛教文化用品衍生了多种式样，一位在街道上雕刻佛像的藏族老板给我展示了他正在创作的一种佛像，他说：

现在请佛像的人群类型多种多样，我们现在也学习汉地观音的做法，按照现代藏族年轻人的喜好，还有大量的内地游客的需求，把佛像微型化、材料科技化、用法多样化。你可以供在家里，也可以装在钱包里像卡片一样，也可以挂在钥匙链上，可以夹在经文书页中，还有手机的挂件、保护屏等，随处都可以结缘，多种方式都可以与佛接近。我们生在现代，就要用现代的方法表达我们的宗教。

这些宗教文化用品是融入宗教文化元素创造出来的，更大意义上就是我们所说的宗教文化纪念品。

① ［美］DEAN MACCANNELL. 旅游者：休闲阶层新论[M]. 张晓萍，等译. 桂林：广西师范大学出版社，2008：1.

（二）“他者”成为时髦

19世纪的人类学学者们非常好奇地去探险、去寻找“野蛮人”的行径和他们的“文化残存”。20世纪的前半期，学者们和政府联合起来想深度了解“他者”，从而成功治理或规训他们。第二次世界大战结束之后，世界格局发生了变化，民族国家主权运动取得胜利，殖民地半殖民地社会获得自由，文化的边界被现实打破，媒体、信息科技迅速发展，大众传媒影响深远，更多的“他者”形象出现在主流媒体中。他们与众不同，他们成为一种时髦，被各有动机的人们追捧，他们变成了没有高收入却能带来高收入的“明星”“景观”。进入新时代的人们，对世界的好奇不仅想通过可视化的方式被他人传播，更在乎自己的参与式体验，进入“他者”的世界来全面地了解世界和自己。

于是，有了凡勃伦的《有闲阶级论》，分析了阶层社会人们的经济行动中的非经济意义（凡勃伦，2004）。而这种遗风直到现在，去参观“他者”一定程度上在证明自我地位的不一样和正统。当人们去看与都市生活不同的“边民”社会，他们的中心地位和一种中产阶级的优越感油然而生，而且不断强化。奥维·洛夫格伦也描述了中产阶级的三个特征：第一，他们拥有优先实践的机会。他们要抓紧一切时间，利用各种资源，寻找机遇，投资扩张，创造个性化的自我生活。他们按照科学的方法和聪明才智进行合理地利用分配，分配自己的工作与休闲，他们非常在乎生活中的仪式，包括生日庆典、周年纪念、浪漫约会等，他们怀念并建构过去的神秘与浪漫生活情调，关注历史和英雄，并在自己的生活中模仿。第二，他们是崇尚自然、本质、原生态的人。现代工作中的紧张气氛、理性算计、机械工作方式、人情冰冷让他们怀旧，崇尚自在生活、消闲度日、浪漫情调，以及那些优美自然景观，所以这些有闲有钱的人们对荒野农田、山脉峡谷、异域风情、简约风格、写实艺术有特殊偏好。他们通过这些自然和创造物想象自己的世界，寻找机会躲开城市的冰冷和重重压力，在独特的风景胜地去治疗、净化和补偿自己心灵的缺失和向往。第三，他们重视构建家庭，在家庭中体现自己的重要性。比如浪漫的爱情、婚姻礼仪、舞会等（奥维·洛夫格伦，2011）。[①]

中产阶级偏爱旅游，就旅游群体而言，中产阶级是“那些受过大学教育或者已经有旅行体验的人，是追寻新体验的典型旅行者，年轻时就怀着千奇百怪的想法寻找消费外面的世界（包括通过看电视），爱卖弄世界的风土、历史、民族及文化（服饰、手工制品、洗澡方式、烹饪等），返回家后再把旅行距离、异国情调、危机的克服等各种旅游经历方面拿来相互比拼，进行炫耀”[②]（Graburn，2007）。我们从对成都藏文化街消费者的考察中获知，除了文中我们已经讨论的喇嘛、各类信徒、世俗居士和藏族人，还有一大部分是要去藏区旅游和朝圣的人，他们要去亲自实践梦想中和视听到的香格里拉，神秘的藏传佛教和藏民族文化。和一些受访者的聊天中，他们真实地表露出了这些情绪，他们对现代千篇一律的景点已经非常的厌倦，高楼大厦的水泥城市也没有脉脉温情，他们在寻找一种“原来的人，原来的物”。来自广州的一位游客说：“我游遍了中国的大城市，到处是高大上的浮夸，当我从藏区回来我才知道我们原来的生活是挺美的，我们原来也有那么蓝的天，那么白的云彩，关键是那么悠闲真实自在的生活，这是生活的目的，所以我们最终富裕的指标偏向了一个极端。”还有来自天津、北京等地的居士们，从藏区朝圣回来，住在家庭旅馆，交谈他们每年去各地游历、各寺院朝拜的故事，反思着现代人民的生活，其中一

① [瑞典]奥维·洛夫格伦，乔纳森·弗雷克曼.美好生活：中产阶级的生活史[M].北京：北京大学出版社，2011：11–71.

② [美] NELSON GRABURN. 人类学与旅游时代[M].赵红梅，译.桂林：广西师范大学出版社，2007：124.

些是富有的商人、高层次的知识分子、退休的老干部们，他们经常经过藏文化用品街，在这里购买佛像、唐卡等宗教用品和各类的宗教纪念品，以示他们这次旅游的与众不同。

如果我们把有钱有闲的消费方式作为判断中产阶级的一个标准，这部分人具有中产阶层特征，他们对宗教与轮回并不像虔诚的信徒那么感兴趣，他们关注藏区的自然和人文景观，宗教只是一种有特殊意义的景观，他们在旅游期间进入一种“类阈限”（Graburn，2007）。[①] 寻找不寻常的生活体验，抛开日常生活中的各种繁文缛节和虚情假意，用一种神圣空间映射自己的生活理想。他们也要布施、购买宗教纪念品、参加民族风俗、娱乐活动等等，他们用花钱的方式消除自己凡俗的情绪，买回一种神圣的体验感，就像那些中产阶级迷恋的精英生活模式一样。这也是青藏高原旅游吸引人的地方，那里遗存着各类具有民族的、宗教的、原生态的藏地景观，随着人们生活水平的提高，它们被越来越多的游客喜爱，从而带动着宗教文化用品市场的需求不断增长，成都藏文化用品街也从中受益。

① ［美］NELSON GRABURN. 人类学与旅游时代[M]. 赵红梅，译. 桂林：广西师范大学出版社，2007：116.

第三节　流动的意义

—— 经济、社会和个体

对于一个社会，礼物的流动就像流水一样活化着僵硬的社会关系，并不断创造出新的社会关系，是一个社会变迁过程中维持社会秩序的重要方式，无论是在已经消亡的互惠关系型社会，还是在商业化社会中它都发挥着重要意义。对于个人，礼物有更加丰富的含义，“小小的礼物涵盖了包括阶级、社会流动性、婚姻、荫庇、雇佣、生产程序及有关赠礼的形式、仪式或传统的演变问题等诸多层面的意义”[①]，礼物的交换也总是一件快乐的事情，而且交换中得到的实惠又让人兴奋（戴维斯，1998）。研究礼物的学者们认为在各种社会形态中都可以找到礼物交换带来的快乐感，那些在藏文化用品街上购买宗教文化用品的信徒和游客们，在赠予礼物的过程中也表现出一种宗教兴奋，建立可信赖、可依赖群体关系的喜悦。他们会幸福地在藏族家庭旅馆度过几天等待上师，一位年轻的信徒告诉我：

我已经工作了很长时间，赚了不少钱，但商品交换并没有为我的生活带来兴奋感，而当我要送上师礼物的时候我有一种莫名的幸福，觉得因为送去了礼物给我带来了一种希望。以前觉得钱再多也不够，现在觉得非常

① [英]戴维斯. 交换[M]. 敖军，译. 台北：桂冠图书公司，1998：8.

满足，我舍弃了很多无聊的欲望和购买，现在我花钱的地方让我很放心，很快乐，因为觉得在为我的未来和我的家人做一件善事、一件大事。

这些信徒们对藏传佛教文化用品的交换非常着迷、乐在其中。这种不顾一切地付出就会创造庞大的市场，聪明的藏族商人发现了根植人们心底的永恒需求，即“好命好运”的现世需求以及修得福报的来世幸福，这些追求“催生和培育了人们心中业已存在的购买欲望”①。所以在物质欲望永远无法满足的世界，人们开始寻找一种可以替代紧张的、暂时的、风险的、不确定生活状态的方式，宗教所宣扬的永恒的、远离欲望的、充满希望的精神正好符合这种要求，而宗教“无须苦苦期盼，慈善本身已有回报”②。所以宗教的“布施”“功德”“业报”等特征给这些人带来希望，带来宗教商品的交换与流动。

藏文化用品街上的宗教商品的交换，以及形成的独特的圣物流动，它不仅是由个人行为构成，也不只是市场经济和利润动机促成的，它的过程中包含了复杂的社会文化活动，由多种条件共同促成，并形成多方面的影响。

一、对经济的影响

谢和耐（Gernet）研究认为，佛教带来了一种中国近代资本主义形式，一定程度上为中国经济带来新的观念和新的形式。藏传佛教的寺院经济曾经也是藏区的重要经济形式，历史上藏区寺院对资产的管理和流通、贸易方面积累了丰富的经验，形成了一套完整的制度，也形成了一个巨大的市

① [英]戴维斯.交换[M].敖军，译.台北：桂冠图书公司，1998：62.

② [英]戴维斯.交换[M].敖军，译.台北：桂冠图书公司，1998：52.

场网络。所以，藏文化用品市场的形成首先和它巨大的需求市场有关。尤其20世纪80年代以来，随着中国市场经济逐步发展，藏传佛教的影响扩大，藏区各地各教派寺院遍地开花，信仰藏传佛教的信徒群体不断壮大。来自全国各地的藏传佛教信徒、居士、旅行者等进入藏区听法、闭关、疗养身心，信徒们向寺院、上师布施供奉，游客朝圣者们在寺院花钱消费买平安，极大数量的礼物在藏区内外流动，累积起来形成了一个巨大的宗教用品市场。

这种宗教热情带来的市场需求庞大，有敏锐眼光的藏区商人很快抓住了这些信息，所以在藏区诞生了一批藏族商人、藏族企业家，崛起了很多优秀的民族企业。从我们采访到的一些藏族商业人士来看，他们大多数受过良好的教育（有些在学校、有些在寺院），有从商经验，对自己的民族文化有深刻的认知和强烈的认同，比较了解藏族社会历史、文化风俗，熟悉藏文化的各类符号，尤其熟悉宗教方面的知识。很多藏商有过寺院教育的经历或家中有出家的喇嘛亲属，他们了解寺院和信徒们对藏传佛教文化用品的需求。因为各种商业经历他们也懂市场的一些基本规则，所以他们一定程度上引导着宗教文化用品市场的风向，并发挥他们自身优势，利用市场需求，不断创造一个有古老的宗教意义和现代市场完美结合的市场。把传统的宗教布施方式、积累功德的需求转换成更加现代的、温情脉脉的礼物交换市场，在大城市的中心位置立足。

除了传统方式遗留下的宗教信徒市场，在新的民族文化经济发展需求中，还有一个传统文化创新中不断被创造出的宗教纪念品市场。一些藏族新青年和喜欢探险旅游、个性消费的“新生代”，他们更加喜欢宗教文化元素点缀的装饰品或纪念品，他们引领了宗教文化用品的另一种需求，比如装饰感和设计感十足的佛珠和首饰、佛系的家庭装饰、吉祥意义的纪念品等等。这些新创造出来的宗教商品和年轻人个性的生活状态融为一体，他们需要意义但也不愿意脱离现实的色彩生活，所以这些新的传统随着新的商品流行起来，成为宗教文化用品延续发展的新生力量。有一个观察市场敏锐的年轻藏族商人讲他创新的故事：

AK是做佛像生意的，他说宗教商品会因为时代不同具有风险，要及时应变。当他看到前两年传统佛像的生意不好做，消费群体有所变化，为了避免单一的佛像经营可能带来的亏损风险，他开始关注多样化的消费者，以佛像为基础创新造像的方式。他非常熟悉佛像的造型和内容，他用上等的纯黄金，邀请尼泊尔雕刻技术高明的匠人，把佛像雕刻成非常精致的小型艺术品和饰品、吉祥礼物等。这样的佛像更具有个性化，满足个人消费者的需求，无论是作为赠送给上师的礼物，还是赠送给朋友或至关重要的人都可以，也可以个人收藏，除了宗教方面的价值外，它本身就有价值。

这条街道上的宗教文化用品越来越有创新的特征，从传统的藏传佛教文化用品正在衍生出一些新商品，商人不断观察着市场的变化，不断用新的元素建构着他们的传统，这是市场和文化都能生存下去的方式。

这条街道为很多人提供了生活保障和经济来源，也为很多“城市的陌生人”（张鹂，2014）创造了一个公共空间，有认同、有熟悉感的城市空间，给他们带来不同层面的安全感。这个市场在不断的变化，但变化的结果是发展得越来越旺盛，藏传佛教和民族文化的繁荣是街道存在的基础，布施、礼物、好命好运的追求是宗教文化用品市场可持续发展的核心力量，文化经济发展、宗教性需求和个性化消费将拉动宗教文化用品的创新性增长。这条宗教文化用品街还是藏区宗教、经济发展情况的一个窗口，著名的色达五明佛学院虽然远离这条街道，而来往于这条街道的朝圣者和游客却能反映它的发展情况，一位藏族商人讲述了这个情况：

他说以前他熟悉粮食局，通过粮食局运往色达的粮食状况，他就知道每年去色达朝拜的信徒和游客状况，现在他在这条街道上做生意，他从这条街道的宗教商品流通情况能判断佛学院和各大寺院现在发展的状况，信徒流动的情况等。他讲有一年藏文化用品街生意非常冷清，最后得知是色达五明佛学院出现了一些问题，大量的信徒和游客超出色达的承载量，对寺院、当地居民带来了危险，政府限制了进入色达的人数规模，因此也影响了色达的寺院朝拜和旅游，最终反映在藏文化用品街的宗教用品市场上。

宗教文化用品的流动受藏区社会经济发展的影响，同时，有史以来形成的庞大宗教经济也影响着藏区社会发展，时代背景下诞生的藏文化用品街对来源地和所在地的经济都会产生重要影响，最直接的影响是生活在城市中、以这些文化用品的生产、销售为生计的藏族人的生活现状。

二、对社会关系的影响

礼物以特殊的交换方式创造出不同的社会关系，藏族社会宗教文化用品的流动连接了人、神、物之间的联系，形成一个共生系统，这个系统对于藏族社会结构起着重要的维系作用。成都藏文化用品街的形成依靠传统的社会关系，尤其在初建时期主要以血缘亲属关系和地缘邻里关系为主，同时也辅以方言、民族、信仰和行业等关系。

从调查中发现，街道上大多数店铺或者周边的宗教用品生产厂通过亲属之间的相互支持先后开设，卖店的老板和员工大都是亲属关系，其次是同乡关系，然后是同方言、同民族、同信仰和同行业，依次形成费孝通先生所说的“差序格局”。“涟漪”式的社会关系因为亲属关系之间天然的依赖和相互忠诚变得井然有序，而且由于这种特殊的礼物流动，使得这个关系网络不断扩大且变得紧密坚固，结果不仅降低了宗教文化用品商品化的各种成本，一定程度上还预防了市场风险。隐藏在其中的关系力量成为这些宗教商品在市场经济中的无形竞争力，维持着藏文化用品街的不断发展。

武侯祠横街的这条藏文化用品街上的藏族商人或居民大多数来自甘孜地区，只有少部分来自阿坝藏区（阿坝的多集中在成都西门附近），在生意发生竞争时他们有时候会维护地缘关系，但当他们面对陌生城市或商业竞争时却相互帮助，比如如果他们在日常生活中需要帮忙或询问消息时，找同乡排在第一位，然后是来自同一个县的，一个地区的，最后认同整个藏区的。

传统的社会关系会影响藏文化用品的生产经营，而商品化的宗教礼物却在冰冷的经济关系中增添了一些脉脉温情，把这些血缘或地缘关系融进了一个更大的关系圈，形成城市中一个独特的“藏族文化村”。因为文化的力量、信仰的力量聚集了大量来自藏区和各地的信徒们，构成各种关系嵌在藏文化用品街的表层之下，把亲属、同乡以及有共同方言、信仰，同一个民族、相同行业的人连接在一起，形成既有传统秩序也有新型关系交织在一起的新的社会关系。其中凝聚人心的主要载体是这些琳琅满目的藏文化商品，而隐形的文化力量却源自宗教商品所象征的神圣性，还有它能带来好命好运的理想意义。这些有意义的宗教商品表面上连接了卖店与顾客的关系，其实内部是一个复杂的社会关系，包括族群之间、寺院之间、信徒之间以及寺院和信徒之间等，通过宗教商品和礼物流动让社会关系具有活力，生生不息。

三、对个人的影响

对于生产商，他们更加在乎宗教文化用品的经济属性，他们学习宗教文化资源，创造性的生产宗教文化用品，在这个独特的礼物经济市场中获得经济利益。对于宗教文化用品的消费者，它们追逐的是宗教文化用品在赠礼过程中的回报，或者是有关来世轮回，或者是现世平安，或为达到特殊目的寄托的愿望，等等。

当这些宗教文化用品的消费者，把商品转换成礼物从商铺购买，然后加入自己的愿望赠给神或神的人间代表，这些礼物对他们就会产生重大意义。礼物的意义通常是众人认同的和共同分享而获得，比如一些传统的宗教文化用品，包括佛像、供佛用品、仪式用品等，它们本身是组成宗教的一部分，自身带有宗教的神圣性，信徒们对此共同认可并深信不疑。所以这部分宗教用品是藏文化用品街的核心，从生产到消费都需谨慎对待，正如佛像商铺老板所说："这是按部就班的传统，我们要完全按照经书记载来铸造，有很多仪式的。"它们体现了与众不同。

礼物对于个人的意义是多样化的，并与个人赠礼的动机紧密相关。对佛教徒和信众们来说，宗教物品的流动带着他们信仰的流动，供奉"三宝"为自己积累功德，而这些满是宗教符号的商品让他们的功德变得更加容易计算，送出去的礼物让他们清楚自己为此而付出的成本，从而估计能得多少回报，还要为此付出多大的努力，这是一条有效的途径。因为有了功德的可计量性，所以这些藏传佛教文化用品呈现出不同的特征，包括材质方面有各种档次的贵重金属、珠宝镶嵌等，种类方面对宗教符号意义的全面挖掘，尽量满足各种层次的信徒们的需求。有些是"业力宗教"需求，有些为"避难消灾"，有些信徒把这些宗教礼物作为宗教认同的必要标志和必备条件，也有些被创造的宗教符号礼品和宗教并没有紧密联系，宗教只作为文化产品的一种设计元素，通过它附加好运、吉祥等意义制成纪念品而已。

总之，无论这些宗教物品是进入市场流通的宗教文化商品还是转换成赠与神的礼物，它产生了重要的现实意义。通过这些宗教物品的商品化和礼物流动，购买者、赠礼者和受礼者（信众、游客、朝圣者、寺院、喇嘛等）之间创造了一种互惠关系、共生关系，从而诞生了一条宗教文化用品的街道。街道之外还有一个比街道更大的社会关系网络，一个庞大的“仪式经济”（CHRISTIAN WELLS，2008）市场，说明了宗教的神圣性和商品化的紧密关系，一位做生意的还俗喇嘛用自己的经历解释这种关系：

我刚从寺院出来还俗是因为我在当地没有亲属，寺院里没有认识的人，我在寺院的生活很苦，后来认识了几个做生意的朋友，我也加入了做生意的行列。因为我在寺院认真学习了佛教，喜欢藏族的文化，喜欢绘画唐卡，所以到城市里我会做的事情就是画唐卡，于是我就在这条街道租了铺子开了唐卡店。后来我专门在拉萨拜师继续学习唐卡，现在我自己还有几个徒弟。我们通过卖唐卡赚了一些钱，我现在也有钱去各大寺院朝拜。虽然我做了七八年生意，但我的心和我的唐卡都没有离开佛祖，这是我的精神寄托，也是很多请唐卡人的精神寄托。我们做宗教生意，必须要有规则和善念，以后我还想出家当喇嘛，并修建自己的庙子，这是我这一生的心愿，我们做生意的很多朋友都有一个这样的心愿，迟早我们都会实现的。做生意的同时我们也在信佛，这没有什么妨碍的。

其实，这条街道在20世纪90年代前后，店铺不多，最初做佛像生意的是汉族，一位开了十几年僧服店的汉族大叔说：

我们家是这里的老住户，这里原来是我们农民的菜地，最早在这里生活的都是老菜农。后来搞城市建设，农地被政府征购，这些地方就建了街道，街道上来往的喇嘛渐渐多了，我们当时承租了两个店铺做喇嘛服，那时候就我们一家在做。后来街道上的藏族人越来越多，也越来越聪明，各种生意都有了，越做越大，而且他们懂藏文化、懂藏语，还从尼泊尔进口僧服，他们的生意就做得越来越好，我们渐渐被挤出来了。大量的店铺被出租给藏族人做生意，店铺也变得非常值钱了，有钱也不一定租得到，他们现在什么生意都做，兴旺得很。

有一位做佛像生意的老板告诉我：

我们藏族人当然知道佛像的尊贵，我们的老一辈告诉我们不要做佛像倒卖生意，这种事情不吉祥，但这个传统的说法是指那些供奉在寺院中的佛像，那是佛的化身，是开过光有灵验的，我们不会去做这样的佛像生意。但佛像作为佛身在人间的化身，总要有人去制作佛像，这也是弘扬佛法，让我们的藏传佛教发展得更好，对我来说是积累功德，而且佛像生意我们要有规矩，不行诈骗。

很多宗教用品的购买者并不认为宗教用品的商品化损害了藏传佛教的发展，他们认为那些宗教用品是他们信仰宗教、朝拜寺院、尊敬上师的一种表达方式，而不是宗教本身。反之，人文宗教用品的商品化为他们提供了很多方便，比如方便轻巧的佛像、制作更加精美的唐卡、有宗教设计感的仪式用品等，这些新技术为现代宗教信徒带来更符合他们审美和体验的宗教用品。宗教用品并不在于形式的变化，对个人发生作用的主要是它所包含的意义，以及它附带的各种仪式感。住在藏族家庭旅馆的时候，经常会碰到信徒拿着各种宗教用品寻找上师，一部分是作为礼物赠与上师的，有一部分通过上师们的仪式获得神力，拿回家自己供奉来实践自己的信仰。

由此看出，藏文化用品街道上的宗教文化用品通过不同的渠道发挥着各种作用，而这种作用的核心并不是那些不断创新的宗教文化用品，而是蕴含在那些物品中的宗教神圣性。现代化的生产、市场化的流通以及发生改变的外观模样都是时代化的表面特征，藏传佛教的神圣“光环”是照耀这条街道的真正光芒，否则这条街道会随着现代化和市场化在商业竞争中很快消失。作为宗教文化商品，他们在商品特征之外具有受人瞩目的神圣特征：有史以来没有发生根本改变的宗教文化因素构成宗教商品的主要部分，比如佛像的主要材料包括金、银、铜、玉等；唐卡画布的基本材料和使用的矿物原料；宗教用品主要以金色、喇嘛红、黄等为主要色调；内容以宗教故事为基本题材等。即使那些衍生的新产品或旅游纪念品，也需要融合这些宗教文化要素，才有它独特的市场和消费群体。除此之外，这条街道上发挥的力量是隐形的，包括宗教戒律在宗教用品商品化过程或是在这条商业街道上仍然发挥作用，成为商业中的一种无形约定，比如藏文化用品街道上没有像其他商业街的促销活动，看不到商业街上常见的“买一赠一”“跳楼价”等字眼符号，店铺里面极少听到讨价还价的声音。访谈的老板说这种行为会对佛像不敬，其实在市场价格规律之外，他们和消费者有一种默契的价格和交易。另外，这条街道上店铺里传出诵经念咒的音乐和手持念珠的店员可能代替了商业广告。这条街道因藏传佛教文化而形成，即使商品也与宗教紧密关系，它的繁荣呈现出现代人的一种生活状态，无论世俗人还是信众们，只要有好命好运的向往与追求，宗教就有存在的空间，而且是活在人们的日常生活中。

藏文化用品街的发展充分说明宗教神圣性和宗教文化用品的商品化并不是对立冲突的，而恰恰是藏传佛教遇到现代化后的对话结果，“现代化同时把这些东西与他们所在的民族与地域分离开来，打破了这些族群的完整性，并把这些族群从传统的依附带入现代的世界，游客们在现代世界里可以努力发现或重新构筑某一文化遗产或某一社会标示物”①（Dean MacCannell，2008）。正是这些藏传佛教文化用品的商品化以及创新和衍生出来的一系列旅游纪念品让我们重新认识宗教，并了解宗教文化用品背后支撑的文化传统、宗教信仰、社会变迁、社会制度、时代背景等。藏传佛教文化用品既有传统的宗教属性，又结合时代需求加入创造设计的新文化要素，表现出传统的民族文化魅力，也融入不同的新文化力量，呈现出一种文化的延续和新的社会关系网络的形成过程，宗教的神圣和市场的庸俗同时发挥着维系这个网络的作用。

小结

藏文化的核心文化层离不开藏传佛教的影响，它是藏族社会延续和藏族价值观念形成的核心文化机制。藏族社会中不仅仅依赖血缘、地缘等传统力量建立和维系着社会关系，并以“布施 — 功德 — 业报”思想来指导日常生活中的各种行为。而在现代社会，血缘、地缘等传统关系越来越脆弱，很多人把抵御各种社会风险、生命风险的希望寄托于无处不在的神的力量，所以商品世界兴起，需要宗教神性的力量同时成长来补充人们对不确定性的迷茫。于是宗教需求不断增长，宗教用品商品化自然兴起，但冰冷的买卖却通过转换为宗教礼物馈赠实现流通，加强并扩大

---

① [美]DEAN MACCANNELL. 旅游者：休闲阶层新论[M]. 张晓萍，等译. 桂林：广西师范大学出版社，2008：15.

了传统的社会关系。成都藏文化用品街的活力正来自这种礼物馈赠形式存在的互动模式（纪念品 — 亲朋好友；寺院 — 僧侣、居士、藏族；堪布活佛僧人 — 信徒供养布施；信徒 — 神），但真正发生互惠行为的主体是寺院、僧人和信众，双方的群体以相互赠送礼物建立关系，信众慷慨供应实物及物质资源给寺院、僧人，寺院和僧众则通过仪式以“佛陀的智慧与教诲”“佛的护佑、力量”作为回报的礼物，也包含鼓励遵循道德上的行为纪律，解答人们日常生活中的苦恼。寺院也依赖彼此的互惠关系，通过财富的累积与重新分配，建立寺院、僧人和信众们的“功德施受”“业报转换”的共生体系。这种关系支持着这条街道卖店的生意，而这种“经济上的兴奋状态”并不源于疯狂赚钱、获得经济利润的物质主义，而是和宗教为核心的整体文化机制有更大的关系。宗教文化用品虽然经过市场商品化过程，但它的重要意义却不在市场之内（市场只是它继续存在的手段），而是超越于市场之外的礼物交换过程。宗教文化用品将人和超自然力量的特殊关系象征化和物质化，而这对于藏传佛教世界（宗教本身及其信徒）是至关重要的，使其存在并成为继续发展的重要力量。而这一切关系是宗教文化用品商品化的关键所在，也是维持藏传佛教文化发展的动力，通过商品化的形式，适应时空环境的变迁，使其在新环境中继续传承发展。

成都藏文化用品街的故事也记录了藏民族传统的社会结构发生的变化，例如寺院和世俗之间的共生关系的疏离，神圣文化和大众文化的边界的消失等，但这些藏传佛教文化用品正因为他们的两面属性，可以在一种新的背景中转换角色，制造新的文化意义，求得存续。

在现实的社会生活和矛盾中，民族意识与宗教信仰并不如书生们在自己的论文和著作中所描述的那么重要，具有决定性的影响力。那么在当今世界，是什么造成了不同民族与宗教信仰的群体之间持续的矛盾与冲突呢？多年的实地调查使我认识到，对于矛盾甚至冲突双方影响更大的是各种实际的利益，如经济利益、政治权力（个人和群体）、社会发展的机会等。族群性不是一种原因，而是结果。① （杨圣敏，2017）

没有传统的传统，意为全部传统都是具有全球意义的政治经济力量的产物。传统同样是文化力量的产物。②（罗伯特·C. 尤林，2005）

对于边缘族群来说，追求舒适便利也是天性使然吧，他们就理应“留守家园”“安于贫困”吗？在任何一个人类学社会的表象下都有一个实实在在的真相：只有文化能让我们接近生而为人的本质。所谓现代化，不论你是指全球化还是自由经济，都是对我们自身价值观的某种阐释，当我们认为这种现代化将是整个人类的共同命运时，这种想法非常极端。理解边缘文化并非要否定我们自身，而是学会谦卑。③（韦德·戴维斯，2017）

如果一种传统和一个既定族群相联系，那么，包含该族群，使之避免竞争，并让该文化的承载人自己处理其文化实践的真实性问题，这样来保护其文化传统较为容易。——（Graburn，2009）

---

① [德]李峻石. 何故为敌：族群与宗教冲突论纲[M]. 吴秀杰，译. 北京：社会科学文献出版社，2017.

② [美]罗伯特·C. 尤林. 理解文化：从人类学和社会理论视角[M]. 何国强，译.北京：北京大学出版社，2005：266.

③ 参见公众号“他者 others”文章《我们都是地球的土著 | 一凡访谈》，2017-03-18。

第六章 理解文化：藏文化用品街的启示

当再次打开罗伯特·C. 尤林的《理解文化：从人类学和社会理论视角》的第一页，发现我在攻读博士期间在上面写了一段话："对文化充满无限的兴趣，也对文化有满脑子的不理解和问题，读了诸多学者的解释，如此抽象的概念，加上各学者、各学派、各相关学科对它的不同见解，变得越来越庞杂。我想文化可大可小，可深可浅，假如我在做田野研究时，我的田野能让我对文化的理解更进一步就足矣，能吗?"

当我做完很长时间的田野工作，不断修改博士论文直到再次去做研究，我对自己的提问应该给一个肯定的答案——我的田野调查帮助我从"文化的了解"到"文化的理解"。这是我的研究最大的收获，而且文化不断变迁，当你理解文化后，你就不会那么唐突的想去给它一个固定的结论和概念，文化本身不是一蹴而就形成的，也不是固定不变的。

位于成都武侯祠周边的藏文化用品街，已经不是人类学传统研究中一个孤立的村庄、一个社区或街区，所以我的考察范围已经没有明确的界限，也无法设置界限。因为，这条街道的诞生和存在连接了不同的时空，包括城市藏人的原生地、城市的不同社区、宗教文化用品的产地和销售地等，它已经毫无疑问地跨越了传统的街区研究。以上几章分析了藏文化街的形成历史及其主要的动力因素（不仅是地方文化的动力，还有政治、经济利益甚至全球化的影响）、维持街道生存的各种力量。虽然在研究方法上笔者试图向“多点研究”[①] 靠近，但在本研究的框架结构第一部分中藏文化街仍然是我的“调查主点”，主要通过讲述这条街道上藏人的故事、日常生活状况，从个体的日常生活中来理解文化何以成为一种强大的力量 —— 有时是一种推动民族关系和社会发展的力量，有时也会成为民族冲突的助推力量。当然，这条街道上的文化、故事并不是深不可测的宗教、民族等抽象概念，而是那些陈列在商铺中看起来普通的藏文化用品，以及各种藏文化用品中承载的符号及意义，还有街道上的藏人们的日常生活琐事，以及它背后运行的逻辑。“民族”“宗教”“传统”等这些大概念在日常生活中很少提及，也许只是一种维持他们生活的隐形安全网，在必要的时候才发挥作用。所以，在这条街道上更能体验到：日常生活即是文化，文化为日常生活制造意义并诠释意义；传统在新文化力量推动中不断延伸，文化也在日常生活中不断生产，日常生活日积月累成为传统，适应当下并创造传统；理解文化从文化变迁开始，差异性和多样化才能构成文化生态的完整性；文化认同和身份认同一样有“先赋”和“获致”，不仅仅生而具有，也有理性选择。如果我们果真都理解了文化的复杂性，而又能从复杂性中理解“互相分离”又“互相尊重”（马林诺夫斯基，2002）的部分，就会减少因文化复杂性而起的争端和冲突。

① [美]罗伯特 · C. 尤林. 理解文化：从人类学和社会理论视角[M].何国强，译.北京：北京大学出版社，2005：272.

第一节　被改造的传统

如果说“你是你吃的东西”“衣服造人”等行为是自我识别的行动[①]，来到城市的藏人也有表达他们自己行动的各种方式。比如房子装修、家具购置与设计、家庭电器等生活用品方面出现了“藏式现代化”，街道上有一家店铺专营“卓玛电器”，所售卖的酥油机、牛肉风干机等已经被现代科技完全改装，店里的很多电器拥有了藏语名称或商标。他们一方面适应现代城市生活，另一方面也努力表达他们自己的文化身份，卓玛电器的店主解释道：

这是一款新式打酥油的机子，其实就是你们用来打豆浆的，我们现在让它发挥新作用，用来打酥油。我们在这里也不能把打酥油的木桶拿过来，不能说换了机器就说我们丢失了传统，不管用什么打，喝酥油茶还是我们古老的传统。你们之前也用石磨磨豆浆，现在有了新科技就采用电动的豆浆机，如果豆浆还是你们的传统，酥油茶当然也仍然是我们的传统，打酥油的工具改变了，并不能说明我们的传统就改变了。

藏文化用品街道上除了卖佛像、唐卡等一些宗教用品的店铺外，还有

① [美]乔纳森·弗里德曼. 文化认同与全球性过程[M]. 郭健如，译.北京：商务印书馆，2003：156.

像卓玛电器这样销售各类藏族日用品和一些餐饮、娱乐的店铺。当各类商铺由几十家增加到几百家时，这条街道渐渐变成了城市中一个正在城镇化的藏族村落，而且在这里生活的藏族有意识地在营造这样的一个村落。一方面，他们意识到自己不同于城市的其他群体，需要找到一些表达自己的方式和渠道，并向人们展示自己的另一种存在方式。这些表达自我的实践作为他们自身的扩展或延伸，包括民族服饰、商品形式的表达、宗教仪式、民族歌舞等，通过这些活动实现自我表达和城市之间的交流。另一方面，在大都市中，“藏族”及这个概念所附带的各种特征就是他们的品牌，也是他们的文化商品的竞争力，是他们在城市生活的主要依赖资本。所以他们既想凸显他们的民族传统，又向往和城市人一样没有差别的生活状态，在这样的两难抉择中就会发生一些奇怪的事情，从以下几个故事中我们可以了解一些情景。

一、城市中的锅庄舞

锅庄舞是我国藏族地区流行至今的古老习俗，种类多样，内容丰富多彩，在节日、庆典、婚嫁喜庆之日，男女老少聚集在田间地头或村落空地或自家院落里边唱边跳，是藏族人民日常生活中的一项重要活动，已经成为传统藏文化的一个特殊符号。记得有一次在泸定一个村落里的调查，有一群妇女以为我是政府里来的人，围着我说他们的诉求：“你们美化乡村是好事情，可我们这些妇女不能没有广场，我们需要跳舞的地方，你一定要给政府的领导说，给我们修建跳舞的大广场。”在成都的很多藏族中年人，尤其是中年妇女，他们也能和城里人一样去逛商场、吃火锅、参与各种休闲娱乐活动，但又不同于年轻人能完全融入现代快节奏的城市生活中，她们存在着一定程度的社交怯场，他们都表现出向往出生地的生活，具有很明显的怀旧情绪，渴望能够用跳“锅庄舞”的形式，找到故乡的氛围。但是“在城市的街道上应不应该跳锅庄舞呢？在街道上又怎么跳锅庄舞呢?”几年前碰到街道上的藏族朋友曾经问过这个问题，博士毕业再去的时候，发现到晚上，在街道入口处的一个空地上响起了音乐，一些藏族妇女先围成圈慢慢跳起来，后来人越来越多，男女老少都加入进去跳成了密密的圈。虽然不能像草原上那样可以自由奔放地跳起来，也不可能晚上绕着火塘或火堆跳，在很有限的空间内，他们就是围成圈，稍微摆摆手、踢踢腿，找不到家乡的原样，但能表达他们自己的生活需求。2016年再去的时候，一直都没看见有人出来跳，几天都没有人跳。一位西南民大的老师告诉我，因为他们跳舞的那块地方在银行楼下，每天在那个地方聚集很多人，银行有点紧张，跳舞结束后还可能会留下很多垃圾，影响城市里的卫生管理，也有些阻碍交通。所以，最后的万全之策就是重新找地方，现在规划到一个广场上专门的地方可以跳锅庄舞，地方大了很多，伴舞的歌曲和舞蹈的样子也发生了很大变化，和流行的广场舞融为一体。但是有些街道上的藏族朋友说，因为广场离居住的地方有点远，很多人也不去跳了。采访的几位藏族大姐这样表达他们的观点：

在这条街道上跳好像自在一些，因为大多数都是藏族人，但到广场上有点远，重要的是很多不认识的人，觉得跳起来不自在、不好意思，所以就不去了。其实，周围也有很多人在跳广场舞，我们穿着藏族服装跳舞好像就会变得不一样，大家都不是很自在。我们就是想跳舞，所以我们也要想开点，城市毕竟不是高原上、草原上，我们得改变我们的方式，以后我还是争取要去跳锅庄，还可以多学一点舞蹈呢！

二、画像的法度和裁衣的尺度

佛像店、唐卡店和藏服店是这条街道上重要的三大商铺类型。这些神圣的佛像进入商铺，变成商品进行贩售时会不会有一些特殊的规则呢？会不会因为市场需求而改变了造像的法度呢？藏族服饰、僧侣服装会跟随时代的潮流改变吗？几家佛像店和唐卡店的老板所给出的答案是一致的：

> 佛像从设计开始，画法和造法都是有说法的，根据古老的传统有很严格的规定，不同的佛像有不同的说法，比如佛像类、菩萨类、罗汉类等都有各自的规定，唐卡上所画的佛教故事也都要按照佛经规定，不是自己想画什么就画什么。现在新材料、新颜料、新画笔都有了，所以根据现代人接受的方式选择现代材料和装裱，因为现代人的经堂也发生了改变，比如城市里都住楼房，经堂都不一样了，佛像和唐卡供奉的地方也不一样了，所以一些请佛像的人对装裱的颜色和材料等提出他们的要求，我们铸造佛像和画唐卡的人会按照一定的规矩给他们定制。

藏服和僧服店的受访者都认为现在的藏族服饰，包括僧服都有很大的改变，因为条件和环境都变了，年轻人需要更时髦的款式，更新潮、更舒适的面料，只是在服装特定的部位比如领口、袖口或者装饰等突出藏族服饰特色。喇嘛服装也变得更加简单了，材料也变了，只是喇嘛服装在颜色上有规定，现在来城市里的喇嘛也需要好看的服装，他们用新的方式来区别各教派穿的衣服。

通过对这些商铺老板的访谈，揭示了一个现象，即传统和现代的关系包含了类似“造像的法度”“裁衣的尺度”一样不可变的规律，它是隐含在宗教中的一种价值观、审美规范和技术规律，它深刻地影响着一个民族的“隐性文化”；但根据时代时空的变化、人们的品味从形式到内容上会发生比较大的变化，即使佛像、唐卡、僧装等这些跟宗教紧密相关的物品也出现了比如材料、颜色、款式等方面的变化，这属于民族的“显性文化”。传统的改变首先会反映在显性文化方面，而隐性文化改变是很困难且很漫长的。

三、新仪式

跟我姐妹相称的唐卡店女老板XY告诉我在城市中他们如何做各种仪式，其中一个发生在他们铺子里的故事非常有趣，她说：

有一段时间我们店铺里闹老鼠，我老公从较远的藏区来，信仰虔诚，不杀生，他连一只蚊子都不杀，所以他绝对不会同意我用老鼠药和老鼠夹子，但又怕唐卡被老鼠咬了，所以就请街道上的一个活佛来念经。以前有事情经常请寺院里的喇嘛来念经，我们也经常去寺院里磕头拜佛，我们现在在城市里生活，离家里的寺院很远，我们自己生意忙也无法经常去寺院，所以街道上很多人家里有事情，都跟我们一样经常请那个喇嘛念念经，有一些活佛路过这里大家也都请他们。

XY的丈夫是个画唐卡的高手、商人，也是非常虔诚的信徒。XY是丹巴人，但因为从小接受双语教育，并在成都上了大学（大专），各种文化她都能接受，甚至有时候她觉得家乡的一些人太愚钝了。从她的语气里听得出她一方面嫌丈夫太传统、老顽固，一方面带着羡慕的口吻说他信仰很虔诚、很单纯善良，并很尊重丈夫的习惯，骄傲地夸赞丈夫给家里做了很多仪式，让她心里很踏实。她说在这条街道上做生意以后，她反倒学了很多藏族文化的事情，更加感觉到自己是个藏族人。我住在她家的时候她一直在努力学念经，并在教自己的孩子学藏语。

这种新的仪式还出现在这条街道的许多地方，比如AS的藏餐馆建成后举行了特殊的传统仪式，当藏餐馆开了5年后举行了新旧合一的庆祝仪式，邀请了很多知名的藏族歌手，也邀请了很多活佛喇嘛，不仅用现代时髦的宣传文化品牌的方式带动他的生意，也在特殊的场合用传统隆重的宗教仪式进行祈祷。另外，如果从商铺里买到一些宗教文化用品，想开光或举行某些仪式，街道上也住着一些喇嘛或活佛，有些是来这条街道上采购东西，有些是冬天来避寒，有些可能是去内地传法等，他们一段时间或临时住在街道附近，他们经常被邀请来做这些仪式。

宗教文化用品的商品化推动了这条街道的形成和繁荣，同时城市中的藏文化用品也吸纳了一股现代社会的新力量，这种力量又不断塑造着新的传统，成为文化和传统再生产的新要素。传统通过各种方式被不断地改造和再造，这个过程充满了艰辛和不安全，一方面，进入城市的藏人想及早地变成现代城市人，进入掌握“信息、财富和高科技”阶层；另一方面，城市中充满了孤单、疲惫和失望，他们进入的是一个竞争激烈、资源稀缺和缺少温情的现实社会，所以他们来城市首先寻找和他们相关的群体，通过自己熟悉的文化方式先暂时驻足，然后梳理自己的生活逻辑，慢慢找到自己的位置。一般他们无法或很难变成“城里人”，所以就会慢慢接受自己的差异，并学会用自己的方式表达自我，差异即成为一种生存方式，这也正是现在市场经济法则中取胜的一个筹码。很多这样的个体行为逐渐凝聚成藏文化用品街，一条与众不同的商业街道。与众不同的身体特征和文化符号都成为商业中的稀缺资源，他们开始关注和欣赏自己的差异特质，并学会创造与众不同的特征。

第二节 现代藏族人的市场观

文化现象背后运行的一套思想观念深深影响着一个民族每一个人的行为，从他们的衣食住行以及人们的交往等方面可以体现出来。藏传佛教文化用品伴随藏族移民从藏区的寺院、手工作坊、家庭等进入城市，那些曾经神圣的宗教用品从封闭的乡村走向开放的都市，面向普通大众、面向市场，这个看似一个简单的经济现象，但仅就这一个变化对于20世纪50年代才脱离封建农奴制的藏族社会，却是一个具有历史性的转变。物质和环境在变，人们也在悄悄地发生变化。

一、初到城市

在传统的藏区社会，藏传佛教文化用品是人们作为“佛祖”化身顶礼膜拜的对象，在市场经济条件下，却以商品的形式摆在大城市的商业店铺中，并明码标价以商品形式出售。从表象上看，他们和所有的商品一样，看不出有什么根本的区别，而我们主要讨论的问题却隐藏在这些宗教文化商品背后：在现代化、世俗化、市场化的发展进程中，创造、生产和使用这些宗教文化用品的人和他们所在的社会文化现象有什么样的关联？作为神圣的宗教文化用品是如何作为普通的商品生产、消费？这些商品化了的宗教文化用品如何表达藏族社会文化的变化，以及他们对文化外在表征变化甚至世界观的变化？

流动是现代性的一个显著特征，现代社会节奏紧张，为了舒缓心情，现代城市生活的人们不断地到处旅游，有些人想通过地理位置的变化来完成身份或地位的变化，有些游客在旅游的过程中寻找生命的真谛，有些想在另外一个世界追求一颗宁静的心，有些旅行者流动到更容易赚钱的大都市生活，等等。但无论如何流动，人们犹如潮汐一般涌来涌去，似乎只有在流动中才能找到真实的自己，在这股世界人口都在流动的潮流中，青藏高原的藏族从来都是参与者、推动者。从遥远的古代开始，他们就带着民族文化和别的民族交往、交流和碰撞。在今天这场更加开放的流动中，他们仍然用一种新的方式参与其中，创造着新的城市民族文化，他们流动到现代都市，更加丰富了其中的内涵，正如齐格蒙特·鲍曼所言："差异产生差异。"（齐格蒙特·鲍曼，2018）也许这是最为重要的一个特性。藏族移民在空间和时间之间的变动中对这一特性发挥得淋漓尽致，不仅实现了文化的传承和发展，而且在城市中创造了新的民族文化，民族文化的价值在现代都市中也实现了创造性发展。

一位从德格移民到成都的藏族阿妈，虽然没有上过学，但生意做得还是比较成功的，她说可以自由流动为她带来了现在幸福的生活：

大概20年前我就出来做生意了，刚到城市的时候日子过得非常苦，城里人很看不起从农村来的人，而且我又是从藏区来的，人们对我们的偏见很大，但城里人知道我们藏族人诚实，也知道我们藏族人做生意一般不用银行卡，直接用钱，所以卖房子的老板特别愿意把房子卖给藏族人，我们用麻袋装钱，一次性就付清了。作为藏族，我不愿意做佛像生意，于是卖起了家乡特产，刚开始挺赚钱，后来不好做了就开始开茶馆，也学会了做生意的一些路子，后来还做了一些其他生意。反正现在没有刚开始那么艰难，能做的事情也多了。经过这么多年，习惯了城市里的生活，现在觉得城市里生活很方便，家里人全都到了这里，有了自己的房子，孙女也在成都的好学校上学，成绩很好。

在这条街道的居民小区里，藏族占了很大比例，虽然没有具体的数字，但有一位汉族老住户说，他们小区一半以上应该是藏族。笔者也访谈了一位带孩子来游泳池的汉族妇女，她的态度呼应了上面藏族阿妈的说法：

这条民族街道的藏族很多都是老住户，他们在我小的时候就来这里了，他们人都特别好，但就是很多习惯不好，有时候会在楼道和房子里大声唱歌，还喜欢打架。他们心地善良，经常微笑，我们邻居也都挺好。再说，可能有些习惯不仅仅他们有，都是一个学习的过程吧。

还有一些藏族商人，回忆他们刚从家乡出来的时候的艰难，包括亲戚朋友的眼光、城市里人的眼光对他们都那么的不可理解，加之对外面世界的一无所知、害怕、冒险，最后慢慢地成长起来，有几个藏族朋友都亲身经历了这条街道的形成、发展和繁荣。其中，面具卖店的老板说：

刚到这条街道时特别失落，感觉我们藏族人怎么就这么笨，不会做生意，现在我不这么认为，我现在生意做得挺好，学会了跟各种人打交道，学会了合作。我做藏碗、茶碗生意，为了质量好点跟江西的一个瓷器厂合作，也跟尼泊尔的雕刻专家合作，学会了解市场，了解周围的世界，现在想做的事情很多，等我生意再做大一些，我会做出藏族最美丽的碗。

这些商人从藏族地区到内地市场淘得第一桶金，如同20世纪80年代中国第一批“下海”的商人，他们为后来者探索出一条看世界、看自己的新方式，更新了人们的价值观。俗语说：20世纪80年代的时候创业靠勇敢，而藏族文化用品街的繁荣不仅仅依靠创业人的勇敢，而且依靠传统藏族文化符号和象征意义的力量，以及中国经济发展和传统文化复兴带来的契机。藏传佛教文化符号、人们现实的宗教热情和宗教文化用品的结合，文化大众化等因素都是藏文化用品街这个市场的动力。

二、创造市场

这些进入城市的藏人在成都开创了一个独特的市场，同时市场也不断影响他们的生活和思想观念。市场对于传统文化的冲击也反映在文化符号的变化中，市场竞争导致一些传统的手工艺品的衰落，不断更新的复制技术尤其造成了这种结果，一家卖店老板埋怨说：

我原来主要做藏族手工艺品的生意，我自己花费很多心思去学习手工技艺，花好多年才设计出来的面具、佛像纪念品，开始生意挺好，但没过多久这条街道上就出现了一模一样的，因为他们的店铺大，机器制造，价格比较便宜，所以卖得比我的还好，我也竞争不过他们，我就不做了。

当然，还有另一种选择就是“假如你不能战胜它，就加入它”①，大多数人为了谋生，就会加入市场。藏文化用品街上的旅游纪念品在生产制作中采取了复古的、拟传统、小型化、微型化、大规模、机械的生产方式，

---

① ［美］NELSON GRABURN. 人类学与旅游时代[M]. 赵红梅，译.桂林：广西师范大学出版社，2007：44.

完全是因市场的需求而衍生和创造出来的。还有一些宗教文化产品，也因各种不同的市场需求，通过各种技术制作出了工艺不同、价格不等的各种替代品。这些被市场改造后的文化产品反过来也会影响人们的生活，因为“文化产品不仅是社会生活模式的源泉，还影响我们对待生活模式的态度”①。比如一种类似窗帘的风马旗，适应了城市藏族在楼上使用的需求，利用太阳能设计的转经筒可以装在家庭小轿车的里面，每天出门时，就像在寺庙前朝拜的朝圣者在祈祷，给驾车者一种心理安全感。智能化的转经筒、现代科技改造了的唐卡、光电做成的供养酥油灯等，这些产品的外在形式都发生了很多变化，但它们却凝结了一种宗教情感、民族习俗和价值观，表达了一种精神的需求和体验。诸如此类的旅游纪念品，包括一些微型化的佛像、佛珠串成的手链、八瑞祥物的背包等，都会给购买者一种多元文化体验，影响他们对这种生活模式的态度。

另外，在藏传佛教文化用品商品化的过程中形成了新的社会群体。因为这种产品的特征在于它们可以转换成一种宗教的象征，或者作为旅游纪念品的宗教文化用品，用宗教的文化元素来表达宗教内涵或宗教象征，即藏传佛教文化用品所负载的佛身、佛语和佛意等，可以增加和延伸人的有限力量，避免灾祸，求得好命好运。这些志趣相投的人，“他们都知道应该期待什么，能感觉到一种亲近感，即使实际上没有亲近对方，他们之间的关系在彼此相遇之前就开始了”②。通过购买、赠送或布施藏传佛教文化产品，形成了一个特定的社会群体，包括僧人、居士、游客、藏人等，成为藏传佛教文化用品的主要消费群体。而这些群体间紧密地接触，相互地

① [美] NELSON GRABURN. 人类学与旅游时代[M]. 赵红梅，译.桂林：广西师范大学出版社，2007：30.

② [美] NELSON GRABURN. 人类学与旅游时代[M]. 赵红梅，译.桂林：广西师范大学出版社，2007：35.

认知，也成为文化交流的一种方式。

市场经济下的藏传佛教文化用品商品化，既有积极意义，也不免有消极的影响，但这并没有扼杀其传统和真实性。虽然藏传佛教文化用品进入市场，进行商业化运作，在形式上发生了创新和改造，但人们真正在乎的藏传佛教文化用品所包含的深层含义从未发生变化，而创作者尽力在寻找一种方式，怎样让现代人更好地理解和体验这种意义。所以，藏传佛教文化用品进入市场也许是一种有效保存传统的现代方式。同时，在经济变迁背景下，它对进入城市的藏族发挥了积极的作用：为藏族人提供了经济生活保障，增强了藏族身份的认同感与自豪感，并且是藏族向世界展示自己的一种文化符号。但对于藏传佛教文化用品市场的进一步规范，使其更合理化的发展则是我们考虑的另一个问题。

在市场经济影响下，藏区和外界的人们来来往往，文化的交流和碰撞时时发生，人们跨越了各种边界，相互进入对方的生活，真正践行着“你中有我，我中有你”的文化模式。正如藏文化街道上一位唐卡商人有感而发：

我们一定要为自己的文化自豪，为自己的文化护航，但我们并不固守传统、排斥其他文化，我们要变，我们要懂得欣赏其他好东西，也希望留住我们的好东西，这样我们的好东西会越来越多，我们的文化才能继续生存下去。

第三节 商人的文化自觉

在为购物和科技疯狂的现代人面前，宗教意味着什么？宗教和现代生活是相去甚远，还是藕断丝连？那些声称心中有真神的藏族商人如何看待自己目前的地位、如何看待宗教用品的神圣与商业化？真的是“物的世界的增值与人的世界的贬值成正比”① 吗？

人类的科技发展日新月异，现代化进程不断更新，马克思·韦伯描述西方社会工具理性远远胜于价值理性，人们失去了宗教信仰，物质财富的追求也剥夺了人们原有的宗教伦理，走向他声称的“铁的牢笼”②。但在中国，信仰和仪式似乎历来就稳住脚跟，即使追逐物质消费的现代人也并没有抛弃宗教信仰，因为人类世界在追求理性的过程中却经常陷入更多的不确定性。当代藏传佛教的一个重要特征就是突破了特定的一个或几个群体的信仰，正敞开怀抱拥抱着来自世界各地的信徒，尤其越来越受内地人欢迎甚至追捧。首先，由于历史积累的原因，比如中国封建社会历来对佛教支持体系的崩溃，佛教更加大众化，对佛教的资助也多元化、草根化、社会化，促进了藏传佛教和汉传佛教的交流；其次，中国改革开放后，随着

① 刘凯.马克思·韦伯：宗教经济伦理思想产生的背景探究[J].云南大学学报，2013，12（2）：71-75.

② [德]马克思·韦伯.新教伦理与资本主义精神[M].彭强，黄晓京，译.西安：陕西师范大学出版社，2002.

世界范围内异域旅游兴起，中国民族地区的观光旅游发展迅速，加上从上到下的政府力量和民间力量联动，到20世纪90年代宗教旅游在中国大地上快速复兴，而且得到了东南沿海一带一些知识分子、商业人士等阶层的支持；另外，还有发展主义带来的社会、环境等问题引起人们精神信仰的缺失，高科技也带来宗教管理的真空地带；最后还有一个更重要的原因是因为宗教的主体性始终发挥作用，不同时代的宗教总会形成适应环境的文化策略，宗教从来都不是独立于社会和国家之外，而恰恰是与国家和社会保持紧密的关系，并不断的内省，适应现代社会。

一、从商的理由

作者访谈时，藏文化用品街的色达商人说起一件关于五明佛学院（位于四川省甘孜州色达县）发生信徒超载的事情。

还俗喇嘛C说他没有经受住外面世界的诱惑还俗成为商人的经历，还有以下将要讲述的故事，都反映了现代藏人寻找自我的斗争过程——拼命进入城市，却又向往着“诗和远方”。法国著名历史学家雅克·勒戈夫在一次接受采访中被问到有关法国中世纪的社会和文化书籍为什么在普通老百姓中很流行时，他回答了三个理由：新尚古论的出现；对探寻文化根源的兴趣；对奇风异俗重新感兴趣，即对原初意义的寻觅。① 其实，这用当下流行的话就是“不忘初心”，人类在发展中一直在寻找着最初的幸福密码，因为各种原因，有时只是临时遗忘，却从来不曾消失。

阿伊努人是日本的一个族群，曾一度被整合进了现代日本人中，到1970年阿伊努人发起文化运动，建立传授民族语言的学校，制造传统的

① [美]乔纳森·弗里德曼. 文化认同与全球性过程[M]. 郭健如，译.北京：商务印书馆，2003：118.

手工艺来吸引游客，举行各种传统的仪式活动和节庆活动，不断地塑造形象，创造传统，并且发展旅游业来有意识地构建文化认同，促进了他们的传统文化在接受现代文化的同时得到了创新发展。藏文化用品街道上藏族商人云集、藏文化商品琳琅满目、藏民族文化特色在现代城市中越来越流行。在城市落脚的这些藏族商人们，经历了很多创业的艰辛，对眼花缭乱的城市、商业逐渐接受，虽然他们对耳熟能详的民族、宗教、文化等概念没有过多的思考，但每一个人都在尽情地展示他们自己，无论是商铺的门头装饰，还是手里转动的念珠，或许就像阿伊努人说的："每一个阿伊努人都是一个'雕刻匠'，我们在雕刻是因为我们不能停下来。它就在我们的血液中……"[①]（乔纳森·弗里德曼，2004）藏文化商品的生产与消费，对藏人来说他们不仅仅在生产物品，那些文化用品也不仅仅是作为商品售卖，而是作为他们生活世界的构造元素，被作为一个世界和一种文化生产。对于消费者来说，购买的不仅是一种文化或宗教商品，更希望在购买的过程中或购买到的商品中能够找到原初意义的蛛丝马迹，或者在迷失的现实中能寻找到一些慰藉。

生活在城市里的藏人内心深处不一定都习惯或向往城市的生活。我采访了很多生活在成都的藏人，参与他们的生活，感受他们的喜忧，同时我也思考自己，作为一个工作在离家乡一千公里外的外乡人，十几年的工作我为什么不能变成当地人？这个变化绝对不像一种商品，你可以用消费者的口味来改造他们，但对生下来受神山、寺院、玛尼堆影响的藏族人来说，城市中的生产和工作并不代表着他们的生活。

下面要讲的故事中的主角都是离开寺院进入现代城市的喇嘛，现在的身份是商人，或者他们自己根本无法给自己的身份定位。大胡子喇嘛离开

① [美]乔纳森·弗里德曼. 文化认同与全球性过程[M]. 郭健如，译.北京：商务印书馆，2003：166.

了寺院，做了几年的商人，最后又离开现代城市进行常年的闭关修行。他的故事既在讲寺院里喇嘛的故事，也在讲城市现代人的故事，按照他自己的话说，这是他在“魔鬼与佛”之间的挣扎。他称自己是“城市的魔和山洞里的佛”。大胡子喇嘛说：

这个世界上的生活有另一种选择，另一种可能，另一种与这个世界互动的方式，我只是偶然或者不得已选择了它，有了条件后我也可以选择我想过的生活方式，而且我为此而努力奋斗。

大胡子喇嘛是我在一家唐卡店碰到的，因为说话风趣吸引了我的目光，所以我通过各种努力和他沟通，得到了他的信任，并记录了他的部分故事。故事的起因在于我碰到的一个难题。

成都的这条藏文化用品街因为生意兴隆、佛音缭绕，因此也聚集了很多乞讨的人。我看见一位老太太跪在地上，一只腿似乎不能动弹，我经过的时候总会给她几元钱。有一次我就蹲在她旁边和她聊天，她很坦白地说其实她有儿女，女儿在附近开餐馆，收入还可以，女儿不让她乞讨，但她不想呆在家里吃闲饭，而且她每月都可以要到一两千元钱，把这些钱寄给在北京读书的孙女。她说：“这条街上的藏族信佛，心肠好，我就跪在这里能要到钱，我其实不是为了我的腿要钱，我的腿只有一些小毛病。”她的一番话让我立刻觉得不舒服，这叫欺骗吗？我为什么要给她钱？我被骗了吗？我问大胡子喇嘛对这些问题的看法。大胡子喇嘛说：“要钱和给钱都是自己的事情，你既然给了，你只要关注你给的行为就够了，就和做生意、念经都一样，是自己发的心愿，不能欺骗别人更不能欺骗自己。”

那些时候我住在大胡子喇嘛侄女的家庭旅馆里，她给我讲了很多关于大胡子喇嘛的事情。大胡子喇嘛也是十多年前从寺院走出来做生意的，刚开始贩卖各种藏文化用品，赚了钱后他想做一种简单精美的新式转经筒，尝试了很多方法，把生意赚来的钱全花在转经筒的制作上面，最后做成了一种比普通手摇转经筒大两倍的新式转经筒，可以插在屋顶上或家里，可手摇也可以风转，但不是卖的，全部送给了寺庙或朋友等。我见到他的时候他也送了我一个，至今还在我的书架上。

第一次见面两年后我又去大胡子喇嘛亲戚家，他侄女说他闭关去了，她很难过地说大胡子连多余的衣服都没带，买了一些宗教佛像、经幡、经书和简单的日用品就去西藏的一个山洞里了，冬天的时候大胡子喇嘛的姐姐们哭着在山洞门口求他回家，还是没有劝回去。她说再过一个月就要回来了。等了一个月后我又住到那家家庭旅馆，非常幸运那天正好是大胡子喇嘛刚回来的日子，但我没见到人，他侄女说她丈夫带着大胡子喇嘛去一家认识的理发店理发了，其他的理发店因为嫌他脏不敢给他理发（长期的闭关，听说他的头发和指甲已经长得吓人）。然后他们要去三亚，有几个大老板陪着。她说：如果大胡子喇嘛像有些城市中的喇嘛贪点财，他早就不知道多有钱了，因为有好多大老板都想给他修寺庙、买房子、车子、电话等，都被他拒绝了，但这次旅行他被硬拉着去了，说去三亚放生和拜佛。

我等了几天，大胡子喇嘛终于坐在唐卡店喝茶了，藏红的僧衣披在身上，一年在山洞里却精神矍铄，脸上挂着非常舒服的笑容，像冬天期盼已久的暖暖阳光。我有些敬畏，胆怯地问他可不可以写他的故事，他还是和初次见面一样风趣地说：为何不可呢？我不是大明星，如果你觉得对你有用，你尽管写吧。我问他在成都住多久？他呵呵笑着说，我需要马上离开，再住下去我就变成魔鬼了，你看看我的这些大老板、亲戚朋友，赚了一千想着两千，赚了一万想着十万，完全着魔了，这种魔鬼把你们的笑容都夺走了，我回山洞有佛在。说着他们都哈哈地笑起来了。

喇嘛笑声里传出了很多疑问，喇嘛很执着，通过选择得到了自己想要的生活，但现代社会中的人为什么东西而疯狂呢？为之疯狂的东西里多少是人们真正想得到的呢？

另一位还俗的喇嘛，现在作为商人他感慨地说："还俗不是放弃自己，修行是为了找到善的自己。"

他在寺院学会了各种手艺，包括壁画、雕刻、佛教乐器等，20世纪90年代后他所在的寺院越来越热闹，旅游的人数远远超过了寺院的人数，寺院外面的商铺也越来越多，各种生意越来越红火，寺院与外界的围墙被撤除，僧人与俗众的界限也随之消失，他就是那个时候来到了成都，游历了中国其他地方的一些大城市后，在成都租房开了一家商铺。他说他认清楚了他作为藏族的身份是现代社会的一种资本，是他做生意的财富。以前他在北京也尝试过变成另一类人，他以为换上西装、会说普通话，他就和大城市所有的人一样了，但结果他发现不那么简单，因为他放弃不了已经存在的那个更加真实的自己，所以他回到成都藏文化用品街——虽然也是大城市里的一条街道，但这里同时是一个他们自己努力构建的庇护所。他又穿上藏装，和藏族朋友说着熟悉的藏语，他也有很多汉族朋友，他会用流利的普通话和他们交谈或做生意（单从他的普通话你无法区别他来自哪里），他也学会了一些基本的英语对话，为了和外国游客打交道。他说为了在城市里生存，他必须学会如何与他们打交道，四十多岁了他还在学很多东西，他要把自己的文化和寺院的故事告诉外面的人。他拍了很多关于寺院的影像资料，还有很多活佛的故事，他指着画面里的一个活佛跟我说："现在外界对藏传佛教、对活佛有很多意见和看法，我拍这些是想告诉人们，藏传佛教、活佛、闭关、藏文化应该是这样的。我是从寺院出来的，我现在无法回到寺院中去，但从小呆在寺院里，我知道真正的寺院是什么样的，我希望用我现在的生意和生活来告诉身边的人，虽然我现在回不去寺院了，但我希望我老了像一个喇嘛一样自由安静地走完这次人间旅行，我还俗了但从来没有放弃过自己”。

老板Z，从香格里拉来到成都，看望在成都藏文化用品街做生意的朋友，因为他们从小一起长大，有些是同学有些是老乡，在生意不忙的时候，他们经常聚在成都喝喝茶、聊聊天，一起娱乐。早在田野访谈的时候遇到这些藏族朋友，也一起和他们喝茶，听他们聊天，从生意买卖聊到寺院活佛，也聊各处旅游的经历和碰到的各种人和事：

喇嘛Z的藏文化知识渊博，所讲的故事情节多，所以影响深刻。他和我访谈过的很多生意人一样，大概20世纪90年代中后期离开藏区到城市去闯荡，在成都闯了几年后，他就去北京开了一家很有特色的藏餐馆，生意还挺不错。在2008年奥运会期间整顿清理了很多店铺餐馆，它的藏餐馆也属于清理范围，所以他把藏餐馆搬到了云南香格里拉，现在在香格里拉开了一家藏餐和藏歌舞演艺为一体的酒店，听起来生意也很不错。因为他比较了解藏文化，也知道消费者的口味，酒店的打造既不落俗套又藏味十足。他说：“我在藏区各地走访，找到了藏区的最佳弦子手、歌手和舞者，表演很受人欢迎。”Z读了很多书，社会经历也比较丰富，他知道如何经营文化，并努力地把生意作为他不断扩张自身文化认同的体验，在经营文化的同时也在不断向外界表述自我，不断地再现、创造、再造自我形象。时髦的天珠、具有设计感的藏服、昂贵的念珠等都在表明他的现代身份，说话时他的自信和喜悦溢于言表。他做生意的同时还在参与藏区的各种宣传活动，传统文化复兴活动，还有自己的文化创意活动，他给我看了他们自己组织拍摄的“根敦群培”，另外还有一些地方藏戏，有时候会把这些放在酒店里表演或者在藏历年、法会、各种节庆期间进行表演。在我着手写书的过程中，我从他的微信上看到，Z又在青海成立了一家关于藏经的文化产业公司。

来成都的这部分藏族商人是从寺院走出来的，他们较早的有文化自觉，不仅了解自己民族的文化，还善于观察周边社会和世界的变化，他们和寺院一起感知到改革开放和市场经济，而且他们也有相对丰富的社会资本、文化资本和经济资本，所以容易转型成为有成就的商人，他们自称为“有信仰的商人”。

二、商业中的文化力量

藏族社会受藏传佛教的影响深远，他们的生产生活无不与藏传佛教有关，思想观念和行为方式也在一定程度上受宗教约束。所以，佛教对商业的态度、规则、戒律及其禁忌自然而然会影响到他的信众对商业的态度。前面章节已经讨论了中国僧侣主要依据四部与商业活动有关的佛教戒律，涉及蓄钱宝戒、贸宝戒和贩卖戒等。比如蓄钱宝戒主要强调和尚或僧侣们不能蓄存金、银、钱币或其他贵重金属；不能碰触带有金、银等的宗教道具；尽量不要接受金、银或货币布施，如接受货币布施，不要亲手碰触，要使用“净人”（世俗仆人）。贸宝戒禁止通过以物易物来发财；不设法增值的以物易物在僧众内部是允许的，或者使用“净人”，但不允许像市场上那样讨价还价；要从事有利的买卖，既要有有利的卖也要有有利的买；不能从事欺骗性交易。贩卖戒，贵重金属买卖、货币兑换会受到谴责，或者通过“净人”交换所得必须为僧众利益行事，比如为僧众购买食品、衣物或是建房。

这些相关的戒律构成了商品和僧人之间的距离，也隐形地显示了商业买卖在僧人群体中地位的低贱，从而影响了藏人对商业的态度，尤其是对做宗教生意的态度，正如来自西藏的一位阿姐在接受访谈时说：“做佛像生意对他们自己很不好，我们去庙子的藏人不应该做这种生意。”还有很多采访的店铺都会找一个依托的寺院，说他们的生意是为寺院做的，商业利润所得大部分服务于寺院的需要，而且在实际行动中，这些商人也通过各种机会建立自己的宗教用品生意和宗教观念之间的平衡。2010年玉树地震后街道上捐款的事情就是案例：

经过“汶川5·12大地震”的四川人听到玉树地震的消息后心痛万分，当时大家都在捐款，就和当年全国人民给四川捐款一样。那时候我就住在藏文化用品街的藏家旅馆里，来来往往的房客谈论最多的自然是这件事情，大家都在纷纷捐款，有些人觉得这种大自然的惩罚似乎跟他们自己有关，我听到一位房客说：“你看，很多寺院都被地震毁灭了，很多人在地震中丧生，那是因为我们自己也造了孽。”

虽然这不是科学的解释，但说明了一部分藏族人对商业的情绪。街道上几乎所有的店铺都或多或少为玉树灾区捐款，他们自发组织了一个车队，拉着集中起来的各种救灾物资，直接开车到玉树救灾。救灾的事情结束了，但街道上对这个事情的讨论久久未能平息。有一天晚上，房主家里在聊谁的店铺捐款捐得多，根据他们生意收入的多少给街道上的商人排名，然后来权衡他们捐款的多少，同时预测他们来年生意的兴旺与否。这条街道虽然离玉树很远，地震后他们的捐款仅是一种善款，他们的谈话里这些行为却是和民族宗教牵涉在一起的。把自然灾害和喇嘛、做生意的藏族商人联系在一起，他们通过捐款来评判他们是否是“真正的藏族”。

藏文化用品街因为这些特殊的商人、特殊的商品而变得很特别，虽然在成都市一环主城区内，看似都在买卖一些文化用品，但仔细看看、认真听听，这条街道容纳的不只是这些物品和人，而是一个民族文化的面面观。这些商品已经不是经济学中所定义的商品，普通的经济规律无法解释它，比如这次捐款事件的讨论中他们把那些会做生意、信仰虔诚、捐款最多的藏族称为是“大人物”。说明做生意的藏族商人们除了商业逻辑外还相信另外一套逻辑 —— 一个真正的藏族。

什么样的人是“大人物”，如何才算是一个真正的藏族“大人物”？这是一个非常复杂的问题，虽然在学术界有各种理论和争论。“大人物理论”是19世纪产生的一种思想，来解释“大人物”或“英雄”在多大程度上影响历史的发展，即某些具有影响力的个人，因为他们具有超凡的个人魅力（charisma）、聪明才智（intelligence）、智慧（wisdom）或者高超的政治技能，通过实施的权力对历史有着决定性的影响。后来社会学家、人类学家霍尔珀特·斯宾塞提出的反驳思想影响至今，他认为“大人物”是社会的产物，如果在他们的生命之前没有创造社会条件，大人物的行动是不可能的。从此，在社会历史、经济历史和政治历史中“大人物”的地位不再那么神圣，被举得那么至高无上。早在1850年，在斯宾塞的著作《社会策略》（*The Social Organism*）中写道：那些视社会的历史是大人物的历史的人，他们认为大人物形塑了社会的命运，而纵观事实，这些大人物是社会的产物。斯宾塞拒绝“大人物理论”，但他强调发生社会改变时个人力量的重要性。他说：大人物崛起和被认可是因为其所在的社会条件，而一个社会的转变，需要那些大人物必须成为社会力量（social forces）的重要装备（instruments），没有人会否定具有血肉之躯的积极参与者将带来文化的变迁。[①] 无论学术界的争论结果是什么，藏文化用品街上的藏人们讨论的“大人物”就是这些新兴的社会力量，他们在引领一种新思想，在用他们的行动推动社会的改变，他们在民族中、村落里、社区中或行业中被所在的群体认可。

在古代，藏族社会的“大人物”地位显赫，但“大人物”是通过等级地位确定的，而且主要通过“先赋地位”（ascribed status），即指某人被指定，通常不能被改变的地位，包括民族、年龄、性别和某些家庭内的地位。比如古代西藏社会由于个体出身不同，出生后被归属为四个阶层：这四种人是俄巴（ngag–pa，神职人员）、格尔巴（ger–pa，贵族）、米赛（mi–ser，平民）和雅娃（yar–wa，贱民）。米赛（直译为黄色人）系指靠租种土地、缴纳实物地租维生的农夫。平民又依其世袭职业地位再细分为三个经济状况不同的阶层：绒巴（农民）、匆巴（商人）及堆穷（直译为黑色人，为仆人、雇工或以工匠、宗教服务为职业的流动劳动力）。贱民不会有土地，农民可以使用土地但不拥有产权，高级僧侣和贵族被封赠土地领有权，同时对佃农及政府负有相当的义务，除了贱民系从事打铁、杀生、丧葬、鞣皮等有罪、不洁的工作，诸多因素使得与贱民同饮同食及跨阶层婚姻不受认可外，其余三级的成员都可能因为家庭的财富聚集及经营产业的成功，享有与政治、经济相当的拟构地位，向上层提出联姻的要求，以此改变下一代出生的阶级成分。

尤其经济因素主导着西藏社会机制的控制及运作，人们所属的某一类人实质上按其经济状况划分为：土地拥有者、佃农、商人、乞丐和牧民。土地的占有者及租赁者由拉萨市人民政府登录在册，有案可稽，永不更改。家户是计算租税劳役的基准单位，对居民而言，只要一分家便如同加

① Robert L. Carneiro. Herbert Spencer as an Anthropologist[J]. Journal of Libertarian Studies, 1981（5）：171–210.

倍其徭役赋税。亦有因通婚而由一个集团转入另一集团的人，其地位也随之改变，其中父亲（可以是非婚生子）的位阶对子女的身份占决定性影响。追逐世俗的声名地位，再改变世袭的阶层标签，是每一位平民的梦想。总结Orner（1989）、Eiemberger（1993）研究的民族志事实，证实“先赋地位”（ascribed status）并非一成不变地为众人日常生活所奉行的判断标准，随着家户成员自觉注意经济条件、声望之间的变化与流动，通过社会各项文化机制的设计，追逐“自致地位”（achieved status），即在生命历程中作为自己努力获得的地位，现代社会中绝大多数职业都是“自致地位”，个人受教育水平、信仰宗教和教派、社会阶层地位等影响。无疑地，围绕着宗教信仰所衍生的种种习俗及仪式性行为，以及社区人际关系的营造、礼物馈赠网络的建立等，也是人们企图超越“先赋地位”来进一步营造“大人物”（great man）的机制。

根据这条街道的民族志考察资料，这条街道上的藏族商人大多数都是来自普通家庭，有个别是原来的贵族家庭，对于这些本来出生贵族家庭的人，或者家里曾有过有声望的活佛的人，街道上的人谈论他们的时候仍然带有羡慕和尊敬的口吻。唐卡店的女老板给我讲还俗喇嘛C的时候带着羡慕的口气说：

喇嘛C家曾经是甘孜的贵族，他舅舅曾是色达的大活佛，妈妈现在还是空行母，他们家德行都很高，大家都很尊敬他们，尤其他的母亲。喇嘛C在成都买了房子，把他母亲也接到成都住，有很多人经常去拜访她，一般的人都见不到，他们可是那时候的贵族，是大人物。

现代藏族社会的等级制度虽亦不复存在，但这些藏族商人们不断通过经济地位的改变来改变自己的社会地位。一方面他们努力经商，企图用经济实力来提升他们的社会声望和地位，有足够的财富才能有大量的布施，比如建造寺院佛刹、组织各种仪式活动或创办慈善机构等。另一方面尽力通过和一些寺院、喇嘛建立关系来获得大家的认可，而且这是非常重要的。所以，我们也能明白这些商人，为什么会不断地向人们展示他们的商业和寺院的关系。

比如还俗喇嘛C显然已经是这条街道上认可的“大人物”，他曾经是贵族的后代，在这条街道上已经经商20多年，是个富有经验的商人，他经营着藏碗、面具等生意，赚取利润后，布施成为他支出的一个重要项目，这正是让其他藏族人羡慕的地方。除此之外，他还创办了一所藏族的残疾人学校、参加藏族地区环境保护协会、制作藏族儿童木头剧。他是个大忙人，笔者约了几次才约到他，在他店铺里打工的藏族女孩告诉笔者，在家乡他也是一个非常繁忙的大人物，回到家总被人们预约了，他们跟他见面的机会很少。在这条街道上他是个有名的人，街道上几乎所有的人他都认识，他也很熟悉这条街道的运营规则。笔者在他的店铺采访他时，不断有人到店里找他，确实感觉得出他是个非常忙碌的人。

还有从西藏来经营古董的生意人、青海来的藏餐馆老板，他们都讲述了他们怎么样从苦难的生活中成长起来，从偏远的藏区山村进入城市。他们把这些所得归因于他们所积累的功德，也感谢他们的寺院、他们的活佛护佑，也不否认他们付出的创业代价。他们现在已经是家乡有名的人物了，在亲戚朋友中获得了荣耀，而且还带动了村子里的人和亲戚朋友们走出了村庄，还把藏族最美的歌声、文化产品等带给了更多的人，使之传播得更远，他们引以为豪。他们也毫不掩饰地标榜商业成功后给寺庙的布施，为修建寺庙出过力，还有自己修过的白塔个数。在他们的表述中，始终想把他们商业成功的前前后后都与他们的信仰关联起来。

藏族传统价值观中，“大人物”在历史上的地位是至高无上的，成为创造历史的伟大“英雄”，无论是吐蕃王室先祖聂赤赞普，还是传说中的格萨尔王，严格的等级制度表明了不同层次的人在藏族社会中的重要地位。政教合一制度更加强化了这种等级的不可超越性。现代的藏族社会中，生活由自己做主，做生意、当喇嘛，还是在家耕作放牧由自己选择，但是传统价值观的惯性仍然影响着人们的日常生活，比如曾经的贵族家庭、大寺院、大喇嘛等因素成为人们评价现代“大人物”的一个参考标准，即使在生意场中已经有较高经济地位的藏商，或者那些现代富起来的家庭，或街道上的各种商铺，都会找各种途径和理由和他们的寺院、喇嘛联系起来。

由此可见，藏族社会现代化的转型、变迁过程中这些早期自觉的商人具有重要的影响，大家把他们称为“大人物”是肯定他们对藏族社会发展的作用。这些藏族的商人，有着对藏族文化传统的认知和自觉，他们也积极参与社会文化的变迁，接受新的思想观念，用新的方式保护和传播藏文化，在新的社会背景中不断建构新的文化认同、民族认同。所以，在藏文化用品街上发生的各种故事，不仅仅和商业、物品、利润等有关系，它的故事内涵反映着藏族社会文化的变迁过程，表面上看是一些追求名利的商人、喇嘛，实际上他们的一言一行牵动着一个民族社会文化的转型结果。从采访的很多藏人的言行中可以感受到，他们仍然希望自己是藏民族文化的信徒或是藏传佛教的信徒，即使他们想借助民族文化商业化、宗教商业化来赚取财富。

第四节 理解文化

——从文化变迁开始

"文化"一词在16世纪之前的西方世界的主要含义是"居住""耕种""保护"等等，到16世纪延伸到对人类心智的教育[①]（陈滢巧，2006）。而早在中国古代的《易经》中就提到"关乎天文，以察时变，观乎人文，以化成天下"，文化意涵与"自然""武"相对，主要指人文及思想观念的教化等，如西汉刘向在《说苑·指武》中提到"圣人之治天下也，先文德而后武力"，其中"文"即指文化。无论是古代西方还是古代中国，文化在很长一段时间内都是动词，意指"培育""教化"，而到了近代，人类更加关注物质文明的时代，"文化"一词主要表现人类文明的成果，尤其指涉人类对美学、艺术与智力的发展所收获的成果。在人们的日常生活中表现为泰勒提出的文化概念，即"文化包括了全部的知识、信仰、艺术、道德、法律、风俗以及任何作为社会成员的人所掌握和接受的任何其他的才能和习惯的复合体"[②]。另外也包含了由人类的这些心智所产生的成果，即马林诺夫斯基提出的"文化是指那一群传统的器物、货品、技术、思想、习惯及价值而言的"（马林诺夫斯基，2009），其中指出文

① 陈滢巧.图解文化研究[M].台北：易博士文化，2006：12.

② [英]爱德华·泰勒.原始文化[M].连树声，译.桂林：广西师范大学出版社，2005：1.

化还包括“器物”与“货品”。文化的概念经历了很长时间的讨论和演变，至今仍然没有一个精准的概念，但文化与人类其他活动结合在一起，或者与另一种文化形态一起出现的时候，对文化的理解就会变得清晰。当我们看到风马旗、转经筒、糌粑、唐卡、高原歌舞、喇嘛寺院等等，我们知道这就是藏族文化，凝结了藏民族在发展过程中的生活方式所得，呈现出藏民族的审美情趣、道德观念、风土人情、生产生活方式以及价值观念。

通过对藏文化用品街的考察，从另一种途径真实地接触从高原迁徙到都市街道生活的藏族人，感受同在一城却不同传统、不同形态的群体、文化，以及他们的生存状态和相互关系，倾听他们的故事，观察他们的日常生活，理解文化不再是概念的纠缠，而是体验“人类本性在报复上、贪婪上、虚荣上、欲望上的相似性，以及在习惯上、信仰上、气质上以及最后但并非最次要的形体上亦即种族上，大家却有差异的复杂性”（马林诺夫斯基，2009）。从而更进一步理解“文化的同质性远不足以保证人们和平共处”（李峻石，2017）。反之，文化的异质性并不是造成人们冲突的根本原因。因为人类的文化本身一直处在或激烈或柔和的变迁过程中，文化之间既争锋相对、相互碰撞，又时常兼容并蓄、互联互通。藏文化用品街是中国社会转型和文化变迁过程中出现的一个现象，也是藏区社会文化变迁中的一个必然结果。

一、文化的生与死 —— 是一个漫长的过程

马林诺夫斯基在20世纪早期预言：“在一到两代之间，他们或者他们的文化在实质上就会完全消失。”[①] 以其文化功能论来解释，如果文化不发

① [英]布罗尼斯拉夫·马林诺夫斯基：西太平洋上的航海者[M]. 张云江，译. 北京：中国社会科学出版社，2009：1.

挥功能，不被需求，它们自然会消失或被另一种文化代替。和马林诺夫斯基一样，当年访谈的一位宗教局的领导也这样预测：藏文化用品街的发展可能持续两三年，这样特殊的宗教文化用品街道跟商品在一起自然就会消失，这是城市化、商业化的结果。然而，从目前藏族社会发展和藏文化用品街的繁荣现状来看，藏族社会的现代化转型并没有使传统文化消失或被代替，藏文化用品街并没在现代城市中被淹没，而是在新的社会背景和条件下，越是接近现代，传统却越发凸显，并创造了新的方式、新的途径、新的传统，并不断建构新的文化认同，加强了文化自信，彰显民族文化价值，“民族性”在城市现代化过程中有了新的功能和意义。

根据藏文化用品街的民族志考察，充分说明文化的基因非常强大，文化消失要比自然界中的物种、河流湖泊等慢得多，而且文化还可以蔓延到其他地方生根发芽，开辟出另外一番天地来。藏文化用品街的发展告诉我们：城市中所学到的各种生存技能、科学知识等并不是对文化造成威胁的根本力量，他们用最先进的技术，制造出最古老的宗教文化用品，适合现代人审美和需求的文化用品，只能说明戴维斯得出的结论：“文化适应的范围之广与多元便格外令人惊艳。从东南亚雨林及亚马孙到澳洲干燥平坦的沙漠，从卡拉河里到遥远冰封的高北极地区域，从宽广的美国平原到巴塔哥尼亚大草原，狩猎与群聚的社会无不蓬勃兴盛。”① 文化的含义虽难具体定义，但我们都深知它的复杂和深远，因为它牵涉到“语言、宗教、经济组织、装饰艺术、故事、神话、仪式、信仰，以及许多因环境而生的特质和特征后，认知到每支民族都是独特而不断变化的新群”。也说明：一种文化现象出现的原因复杂，历史也很漫长，消失的原因同样会很复杂、很漫长。

① [加]韦德·戴维斯.生命的寻路人：古老智慧对现代生命困境的回应[M].高伟豪，译.北京：北京联合出版公司，2014：28–29.

藏文化用品街中琳琅满目的宗教文化用品，和这些文化商品的命运紧密联系的藏人生活，足以显示“文化不是微不足道的。文化不是装饰或艺术品，也不是我们唱的歌，或我们吟诵的祈祷文。文化是一张舒适的毛毯，赋予生命意义，也是一套完整的知识，让个人能够从无穷无尽的生命经验中寻找价值，并在不具有意义与秩序的宇宙中创造属于自身的意义与秩序”①。所以用心理解文化、理解生活在每一种文化中的群体，以及每一种群体不断创造的文化，我们才会理解每一种文化都是人类的一种抉择，一个方向，一种智慧和一种偏好。

文化的生与死是非常漫长的过程。正如费孝通先生对文化的见解：文化的生与死不同于生物体的生与死，是有规律的、有条件的；文化中的有些东西是看不见摸不着，只能意会的，但恰恰是这种文化有着强大的力量，对一个社会的作用经常是决定性的。有些文化是不会死的，为什么不会死？它是怎样活下来的？是通过文化的自觉，依靠文化的力量，按文化的社会性和历史性规律代代相传，从而不朽。强调文化的社会性和历史性的两个重要特征，兼顾了文化个人和社会的双重身份，即个体既创造社会，社会同时又塑造个人。文化创造了人文世界，是在传统中不断创造的，创造的文化又不断形成新的传统，所以文化也跟所有的自然物一样是有生命的，而且这种生命是跨越时间、空间和生命的东西，是先于个体而存在的，不随个体的消失而消失。它不断转换成一种社会的能量在推动社会的前进。费先生认为文化有一种无形而巨大的力量，而且他认为这正是社会学研究中所缺少的研究，是一种“只能意会，不能言传”“心心相印”的东西。这种力量决定着一个社会的延续，一种文化的传承。先生还说真正弥散在日常生活中的文化因素，看似很小很琐碎，实际上却是一种活生

① [加]韦德·戴维斯.生命的寻路人：古老智慧对现代生命困境的回应[M].高伟豪，译.北京：北京联合出版公司，2014：191.

生、强大的文化力量，它是一张无形的、无所不在的网，在人们生活的每个细节里发生作用，制约着每个人每时每刻的生活，它对社会的作用，比那些貌似强大、轰轰烈烈的势力，要深入有效得多；它对一个社会的作用，经常是决定性的。尤其，在当今一种“文化消费”“符号消费”的时代中，文化力量非常强大，文化的这种特征也表现得尤其突出。先生对文化的关注焦点是随着时代特征的变化而变化的，也从文化的外层向内层深入，即从文化的“物态”研究到“心态”研究。①

在物欲横流、追求GDP和速度的时代背景下，文化被很多人认为是“在夹缝中求生存”，至于传统浓厚的民族文化，面临现代化的大浪淘沙更是岌岌可危。但是，恰恰是这种严峻的考验，才显示了文化的力量，那些看不见摸不着，只能意会的文化，对一个社会的作用经常是决定性的。身处藏文化用品街，观察这里忙忙碌碌做生意的藏人，通过发掘或创造各种民族符号，并镶嵌在文化商品和日常用品中，他们在做生意、创造产品，同时也在创造文化、寻找自我。那些来来往往的顾客、信徒、喇嘛、藏人等，和他们交流，会发现文化的基因就隐藏在他们身上，他们走到哪里就把文化带到哪里，告诉人们他们的存在。这就是费孝通先生说的“物态”和“心态”，这两种状态交融在一个人的生命中和一个社会的发展中。一个民族的“心态”也体现在唐卡画师“笔尖上的神韵”中，也会雕刻在“佛像的法度”中，还会记录在藏族人转一生的各种“圆圈圈”里，只是社会变化，它的表现方式和传播途径会发生变化。

① 窦存芳. 文化的生命与力量：费孝通的文化见解[J]. 贵州民族研究，2010（6）：24–28.

二、传统——在现代化的过程中强大

传统在现代化的过程中被更加关注，如同在地化（localization）在全球化（globalization）时代被强调一样，所以这二者的关系并不是非此即彼，也不是孰轻孰重，更重要的意义在于共存或相互推进和拉动。

当现代性通过政治、技术和社会文化等渠道，以人们很快察觉得到的速度在改变人们的生活时，“传统”这个概念也就因此应时而现，用来标识那些抵制变迁和即将消失的事物，或者用来标识那些显然不可能经历变迁的其他人群的生活方式（Graburn，2009）。这种不断强化的民族现代性，无论是外部强加的还是民族地区或民族社会内部自觉的，现代性的结果已经从各个方面影响到它的社会文化变迁。所以，“传统”面临的挑战不是抵制变迁，也不是让传统彻底毁灭而消失殆尽，而是适应变迁或在变迁中寻找传统再造的途径。人类学家推荐了一种经验，即“如果一种传统和一个既定族群相联系，那么，包含该族群，使之避免竞争，并让该文化的承载人自己处理其文化实践的真实性问题，这样来保护其文化传统较为容易”（Graburn，2009）。成都藏文化用品街的形成既是藏民族文化现代化实践的一个过程，也是一个结果，这个过程中“传统”和“现代”已经不是一个对立的概念，相反，“传统”在现代化过程中不断被本族群重新认识、重新构建，并被重新定义，以便更好地适应他所在的社会背景和生存需求。

穿着厚重藏族服饰的藏人进入城市后，尤其到和青藏高原的地形与气候完全不同的成都平原，他们终究会脱下藏服，换成轻薄透气的现代服饰；为了能让孩子赶上城市学校的要求，藏族父母和城市的父母一样让孩子学各种现代才艺，进入各种补习班。一位藏族妈妈曾骄傲地告诉我：

我的女儿也参加了各种培训班，现在在班里奥数成绩非常优秀，都是班里的前几名，班里没有同学因为她是藏族而看不起她，她自己也因为可以成为优等生而骄傲。对孩子来说，她的成绩、她变得优秀和她的民族身份没有冲突呀。

我见过她的女儿小拉姆，只要她不说藏语，从她的着装打扮上一点也看不出她是藏族女孩，她是个漂亮、自信而时髦的城市小女孩。在周围的人看来，藏族自己的传统文化正在消失，尤其在年轻一代人身上，但很多藏族人自己不觉得他们的传统在消失，而是在变化，并且在发展，像藏族街一样成为都市文化的一道亮丽的风景线。越是与现代文化靠近，他们越是自觉的寻找发展自己文化的出路，吸收周围民族的文化成分，也吸收现代文化元素，不断丰富壮大自己的文化，在多元的文化世界中保持自己的文化地位，这是一种民族、文化的本能。在藏区现代化的过程中，在大量藏区移民进入现代城市的潮流中，藏族传统文化并没有从此被“熔炉”铸造成一种新文化，也没有消失，而是以更加合乎文化发展规律的形式继续发展。成都藏艺商场的发展是以更现代化的方式发展传统文化，也是藏族传统文化适应新时代背景的有效途径。

在成都藏文化用品街的考察过程中，我一直在解释我长期以来思考的两大难题：一为现代化，一为传统文化。当今世界曾经一度特别的相信现代化的力量，相信这个世界能成为“平”的，一段时间以后，人们发现人类并不向往活在一个单一的世界里，更向往一个多样、精彩的世界。当人们从传统的家乡离开，到达现代城市后，却发现并不能消除一种根深蒂固的文化，文化的“影子”始终伴随自己。只有文化能让我们接近身而为人的本质，所以文化不能简单化为“传统”和“现代”两种二元对立的概念解释。“所谓现代化，不论你是指全球化还是自由经济，都是我们自身价值观的某种阐释，绝非人类历史的全部。当我们认为这种现代化将是整个人类社会的共同命运时，这种想法相当极端。”① 对于很多藏族人而言，现代化、城市化等也只是他们获得资源的方式之一，它并不代表着整个青藏高原人们的共同命运。同时也足以让我们肯定地说：文化是有生命的，它在适合自己的环境里不断创造自己的意义和秩序。现代化只是文化变迁过程中的一种外在影响力量，现代化并不能代替传统文化，传统文化不会因为某一个时代或者特殊的影响因素而发生本质的变化，它是一种传承，是一种有深远意义、丰富多彩、立体饱满，扎根在人们的日常生活中的隐形力量，而服饰、饮食、技术等外在形式的改变只是文化局部的变化，不会改变真正影响人们价值观的隐性文化。

三、文化认同是可以转换的

藏文化用品街道上的藏族在城市有了一种新的认同，他们通过各种方式和途径，以西南民族大学和西藏、甘孜、阿坝等办事处作为入口，以“原乡情感”为纽带，慢慢把个体化的迁徙发展成为一种共同体聚集在一起，最终在城市中建构了一种新的认同，新的归属感。正如卡斯特说：“人们将会抗拒个体化（individualization）和社会原子化（social atomization）的过程，而更愿意在那些不断产生归属感、最终在许多情况下产生一种共同体的、文化认同的共同体组织中聚集到一起。”②

曼纽尔·卡斯特引用了卡尔霍恩（Calhoun）对认同的解释：“自我和他人，我们与他们之间的区别，就是在名字、语言和文化当中形成

① 参见公众号“他者others”文章《我们都是地球的土著｜一凡访谈》，2017-03-18。

② [美]曼纽尔·卡斯特. 认同的力量[M]. 曹荣湘，译. 北京：社会科学文献出版社，2006：65.

的……自我认识——不管如何觉得自我是发现出来的，终归是一种建构的结果——永远不会和他人按照独特的方式所做出的判断完全相脱离”（曼纽尔·卡斯特，2006）。这种区别不管对于来到城市的藏族个人还是他们的原生社会，都是客观和必需的存在，同时也成为认同的条件和基础，并根据历史记忆或集体记忆和当前的所处状态不断进行交融，成为具有一种隐形存在的强大力量，这种力量包括防御性、进攻性、团结性等不同力量。在成都藏文化用品街的考察过程中，通过语言、服饰以及人们相互之间的凝视等可以感受到这些力量，并且这种力量在不同场域中不断转换、不断被构建和强化，并发挥不同的作用。这种认同可能正是曼纽尔所谓的规划性认同（project identity），即社会行动者基于不管是什么样的能到手的文化材料，而构建一种新的、重新界定其社会地位并因此寻求全面社会转型的认同（曼纽尔·卡斯特，2006）。

生活在成都的藏族，新视觉的经堂和房间布置、现代化的个人装饰，还有他们使用一种介于四川、普通话、地方语调之间的腔调，他们正在改变的饮食、各种城市中形成的新仪式等等，很多传统在新的生活中悄悄发生着改变，正如一位做佛像生意的老板这样说：

有些人认为做佛像生意对自己和家人不好，我不是这样认为的，现在信佛的不仅是藏族人，很多内地人都信佛，他们需要佛像，那我们做佛像生意也是做好事，让更多的信佛的人可以请到佛像，我们也有钱可以去寺院朝拜、布施，我觉得没什么不好的。旧社会我们没有条件，现在我们都可以靠自己的本事，社会已经变成新的了，我们总不能还待在旧社会里。

有很多人对这条街道上的藏族有各种评论，说“他们变得不像藏族了”，“信仰不虔诚了”等等，和佛像老板一样，面对这样的声音他们也总会有自己的解释和处理办法，一方面这看起来似乎是人们对于自己处境的认识，另一方面也是文化变迁过程中的一种合理现象：当环境改变到有利于新的思想模式和行为模式时，社会文化变迁的先决条件就具备了，然后通过传播或借用形式发生创新，而且创新成为所有文化变迁的基础。①（克莱德·M.伍兹，1989）在一套新的文化创新机制中，认同变得可以转换，并发挥新的作用。

认同不仅仅是上面提到的因为民族的一套传统文化，或者与血缘、地缘及族群有关，认同还存在一种利益判断。李峻石在解释族群并不是冲突的主要原因时归纳了六种先入为主的“族群性”观点：（1）文化差异即“族群性”，是族群冲突的原因。（2）文化碰撞反映了古老的、世代相传的、根深蒂固的对立。（3）“族群性”是普遍存在的。这意味着每一个人都归属于某一个族群。（4）“族群性”具有先天性归属性。这意味着在常规情况下一个人不能改变自己的族群归属。（5）族群是一个有共同祖先的群体。（6）族群具有地域性。分析了这些观点的依据不足之后，他得出了其中的一个结论：在不同族群之间有常规习惯的转换形式，族群归属是可以转换的。我们研究的一些案例也能说明这种情况的真实存在，并且认同的问题也遵循同样的道理。当这些城市中的藏族人碰到不同的情景，他们可能会先审视族群或认同与自己的利害关系，从而进行慎重的选择。无论是族群认同还是文化认同，都是可以根据情景转换的。

“先赋地位”（ascribed status）对应的认同会在特定的场合中才发挥力量，往往关联到地缘和血缘关系，比如在自己的出生地，或和自己的家庭、宗族密切相关的活动中，往往会强调民族、宗族或血缘关系形成的认同。但在离开出生地，社会关系不以血缘关系为主要关系时，其身份认同

① 克莱德·M.伍兹.文化变迁[M].何瑞福，译.石家庄：河北人民出版社，1989：2.

和文化认同便随着情景而发生变化，在日常生活中更多的表现为与“自致地位”（achieved status）相一致的认同，即和他/她当前身份一致，并努力让各种认同在自己所在的环境中使自己处于有利的地位。

成都的藏文化用品街道，在一些特殊的场合，比如做生意时介绍他们的产品，根据不同的顾客，他们叙事话语会很有技巧地选择“西藏”“藏族”这样的字眼，他们更愿意提及“青藏高原”“雪域”等地名。当他跟熟悉的藏族朋友在聊天的时候时候更多地使用了“甘孜人”“阿坝人”等来表示他们的身份。街道上的藏族朋友跟我说：藏区各个地方的人，除了语言、服装等不同外，在性格上也完全不同，他比如说西藏人比较温柔而小心眼，而康巴人比较热情粗放，等等。而在实际的商业过程中，尤其近几年随着藏文化用品在成都的发展势头越来越热，从藏区进入成都的藏人越来越多，族群的认同在不断发生变化，对族群的认同范围更加缩小，比如他们说：在洗面桥街、武侯祠横街东街聚集的主要是甘孜人，都以甘孜老乡作为基础关系，而西门的金鱼街、抚琴西北街的藏文化用品街上主要是阿坝人，而且分别成立了各个地方的商会，比如主要以县为单位成立的商会，以突出更小范围，为增强更紧密的联系，原来的最紧密的族群认同越来越分散成以地方为主，或以文化产品输出地为纽带形成认同，如不同的唐卡画派、不同的造像风格等。

文化是一个历史积淀与传承的过程，一种文化在其发展的过程中具有顽强的生命力，在一定的历史时期内和空间中具有稳定性，但当环境发生变化的时候具有不断的变革性和适应性，不同的社会环境下文化的差异性和相似性表现出的差异或相似的程度也不同，并随社会发展在不断变换。随之，承载这种文化的群体在认同上会做选择，尤其离开土生土长的文化环境后，这种选择更具有“理性”。

四、理解文化——从文化变迁（culture shock）开始

藏文化用品街的文化特征会成为成都城市文化的一种特征吗？或者至少说它可以成为成都武侯区的文化特征之一吗？我访谈的很多藏族已经在成都买了房子，孩子在成都上学，同时他们的社会关系也慢慢发生了变化，他们的朋友圈已经突破了血缘和地缘关系，因为居住、上学和生意原因，他们的邻居或朋友很多是成都人，他们的合作伙伴有汉族或其他民族，等等。即使这样，住在高楼大厦中的藏族，房间最重要的位置还是留给了唐卡佛像，厨房的灶具现代了，但还是打酥油茶，做藏饼、藏面。在藏文化市场上的念珠不仅是诵经用的佛珠，有一部分也成为现代年轻人喜爱的流行装饰物。类似的变化发生在他们的服饰、各类日用品、节日仪式等方面。藏文化用品街上处处都可以看到传统在不断吸收周围文化成分，来丰富自己的文化。很多事实告诉人们：世界永远是多元文化的世界，文化亦永远在不断的变迁中，而不是通过“熔炉”铸造成一种，维护民族文化是每一个民族的本能。这个结论在藏文化用品街发展中再明显不过，无论是通过缓和的还是有时候表现为对抗形式。下面的几则故事可以佐证。

（一）牦牛的贬义

在武侯名苑里认识了生意做得很大的一家人，20世纪90年代初期，当时在德格县政府部门工作的N先生已经看见市场的力量，辞职开始经营虫草生意，这是20世纪90年代在藏族人中做生意最常见的一类。N先生刚开始在成都、青海、甘肃等地倒卖虫草，后来积累了资金后，在成都武侯藏文化用品街投资经营一家茶馆，生意不错，家人也先后来到成都，又租了两家家庭旅馆，最终攒够了钱后买下，租来做旅馆生意的房子。采访人是N先生的妈妈，她讲了一则故事，真实表达了十几年来她在成都的感受。她说：

城里人认为藏族都不讲卫生，是的，在高原上生活的时候，我们住的地方没有便利的洗澡设施，湖里河里是不能随便下去洗的，而且高原上气候冷，不容易流汗，洗澡很少，有人就说我们跟牦牛一样不懂得卫生。见到有穿藏装的人，有些人会离远一点，他们不是主动让座而是躲开，经常会发生这种事情，让我们很难受。因为习惯的改变是需要一段时间的，就像我一样，我也是花了几年才熟悉成都，熟悉了这里的规矩后，我也理解了他们对藏族的称呼，这是一种刻板印象，我经常给一些年轻人说，要想要改变这种印象，要自己先学会改变，学会适应城市的生活。

其实在实地调查中，很多藏族年轻人表示：成都宜人的气候、便利休闲的生活以及包容的城市性格是吸引他们的一个重要条件，他们很快融入了城市的生活，逛街、城市娱乐、交朋友，生活比较丰富和满意，正在学习家乡和城市生活之间的转换，他们逐渐习惯了他们的传统和现代化之间的碰撞，也正从一种传统的生活方式，到一种更复杂，技术更先进，变化更快速的生活方式转变，这被克莱德称为“现代化”（克莱德·M.伍兹，1989）。

（二）城市中的白塔

“藏语称佛塔为‘曲丹’，主要指供养所依靠的处所，又称‘图丹’，意思是心意之所依，心愿之所归。”① 藏区的白塔不仅是佛陀真身和佛陀精神的象征，正如它的本意一样，也是藏区人民精神生活的依赖。来自甘孜的一位老人说：

我们的家乡，在寺庙前后，村头村尾，每家门口修了不同的白塔，我

① 意娜．佛塔[M]．西宁：青海人民出版社，2015：4.

们在主要的节日和仪式活动都会去寺庙转白塔，平时进出村里也要去转白塔，茶余饭后都会在村里转各自家门口的塔，我们转塔、修塔都是为了感谢佛菩萨给我们的恩赐，也为自己积累福德。现在，我们生活条件好了，儿女孝顺，把我们接到成都来，因为冬天高原的天气太冷了，但我们没有白塔，就像你们内地的老人退休了没有娱乐活动一样，他们退休了可以打打牌、跳跳舞等，我们老了就转转寺院转转塔，要是成都有这样的白塔就好了。

听过老人的故事后，就开始寻找城市白塔的故事。在成都双流区（原来是双流县，被称为甘孜的第十九个县），居住了很多藏族，主要是当时在成都及周边工作的藏族退休后居住在双流，后来双流就成了内迁藏族主要居住地。经过访问得知在双流修建白塔也是经过了一个长期的讨论过程，当地的有些老百姓认为在内地有内地的特征，居住在当地的任何人都应该入乡随俗，而不应该改变当地的环境和习惯。但随着居住在双流的藏族人增多，他们确实成为一个大的群体，“老有所依”的愿望很强烈，除了去寺院的活动，老人们想在最近的地方转白塔，所以多次协商和讨论在社区里面修建白塔，最终在双流社区中建造了一座小型的白塔，满足了部分老人的“转塔”愿望。

图 6-1　双流某小区内的白塔

（三）城市中的藏茶馆

茶传入藏区的历史有不同的说法，有学者认为是文成公主进藏时候开始传入（罗桑开珠，2011），[①] 也有学者考察文献典籍认为茶叶在东汉至魏晋时期传入藏区（杨海潮，2010），[②] 等等。无论什么观点，但都很确定茶对高原人们的重要性和重要地位。从茶开始作为高原上的奢侈品到近代以来人们生活的必需品，用高原人们的俗语“宁可三日无粮，不可一日无茶”“酥油、茶叶、糌粑和牦牛肉高原四宝”中表达得非常清楚。不管社会发生了怎样的变化，高原人们无论走到哪里，酥油茶如最佳伴侣始终在一起。所以，在成都藏文化用品街集中了很多茶馆是情理之中的，而且不同的民族和社会总是试图在给外界传递“我们存在，我们不同；我们能做一些让自己骄傲的事，我们拥有自己独特的东西”（Nelson Graburn，2009）。

来自阿坝藏区的藏族阿S，西南民族大学毕业后开茶馆和藏餐馆，他说：

我刚开茶馆的时候，想开和成都老茶馆那样的怀旧茶馆，但同行们劝我说，你最好开一家像我们藏区茶馆一样的酥油茶馆，那样的茶馆你才会被大家接受，也才会安全地做好生意。所以，我的茶馆从装修风格、经营的业务都是有藏地特色的。这条街道上的商铺竞争还是很激烈，一方面是藏文化用品店和其他普通商铺的竞争，藏族商人会保护藏族人的商铺，他们除了买卖藏文化用品、做藏餐、开茶馆外没有更专业的商业知识和经

① 罗桑开珠．论藏族饮茶习俗的形成及其特点[J]．中央民族大学学报（哲学社会科学版），2011，38（3）：85–90.

② 杨海潮．茶文化初传藏区的时间与空间之语言学考证[J]．青海民族研究，2010，21（3）：111–115.

验，也不懂市场，所以他们害怕做生意做不过其他生意，所以会故意排挤其他类型的商铺。另一方面，藏商内部也有竞争。比如佛像、唐卡、餐馆、茶馆之间也有竞争，所以加入一个行业中做生意，也需要这个行业内的各种关系，在这条街上的藏族既有一种团结力量，也有相互之间的矛盾。

这样的例子在我们的考察中很多，有大事件和小案例。实际上，这不仅是文化认同的问题，同时也是在新的环境中生存的问题。正如前面提到很多在成都打拼的藏族人一样，在陌生的城市中他们需要一个“姆庇之家”，大家也努力地保护建设它，使之成为他们更加舒适、更加熟悉的地方，藏文化用品街通过各种努力，成为城市藏族生存发展的一个依靠或做生意的一种技能。

藏文化用品街和一般的商业街相比有着自己显著的特征，包括藏族商人和他们经营的商品，尤其商品化了的藏传佛教文化用品，文化意涵和价值偏好对这类商品的影响远远超过了市场规律的影响。所以对这条街道的考察、对聚集在这条街道上的藏族群体的理解、以及对藏文化用品的认识，不仅仅是一种商业模式或经济行为，而是需要全面地理解其社会、文化变迁等一整套复杂体系。其中一个重要的方面最终还是回归到人类学伟大的任务是：“旨在阐明在何处及如何可以相互合作、相互迁就、相互和合及在何处及如何必须相互分离、相互尊重、相互放任的科学”（马林诺夫斯基，2002）。

差异并不是冲突或敌对。敌对或冲突产生的一个因素往往是人们将差异看作怪异的东西，并且试图努力的把差异整合在一个同质化的集体中，如果方法粗暴就会制造成暴力冲突。比如我们上面提到的各种例子，一部分人经常以大众媒体中的视听为认识导向，形成刻板影响，然后先入为主的假定一些与我们不一样的人是制造事端的一分子，最终在日常生活中表现出排斥或贬低，基层的一些管理者也会有类似的经验，在管理工作中过多的关注消除差异，往往会“忽略了通过接受差异来达到在更高层次上的整合这一可能性”（李峻石，2017）。比如在街道办事处采访时，工作人员的语气中带着这种情绪和愿望，认为在城市居住生活，所有人就应该变成“城里人”，如果接受不了这种改变，就应该乖乖的留在农村。这种观念忽略了城市特征，城市正好是突破农村的封闭性和排斥性，接纳不同群体、不同文化，保持差异间的一种张力和动力，促进各种差异自然整合在一个大体系，正如利奇的讨论“维护和坚持文化差异本身可以变成一种表达社会仪式行动…… 在这一背景下，诸如语言、服饰和仪式进程等文化属性都不过是象征性的标志，用来表明一个单一的、庞大的结构体系中的不同领域而已”（Leach，1954）。所以，看待差异的观念对处理差异的方式有极大的影响作用，在成都形成一个繁荣的藏族人聚落，也是跟成都这座城市自古以来具有的一种包容性格有关，所以城市治理工作中的“疏导”理念和制度宽容显得更加重要。

理解文化变迁，我们就会减少把文化固化，消除刻板印象，突破自我中心。没有哪一种文化是完全独立于世的，文化被不断的传播或采借，这在人类历史上一直在发生。但我们有时候习惯把一些表面上的文化形式的改变，简单的冠名为“汉化”或“藏化”，然后带着某种情感进行品头论足，忽略了文化本身的特征。其实仔细剥开文化变迁的层层外壳，它是不断的按序渐变过程，或者只是根据环境变化会产生保护色，真正“隐性文化”数千年的变化甚微，那正是被费孝通先生称之为文化的“根性”，是一种世代传承并维系社会和个人情感的文化基因，是一种幸福的记忆，它的存在不仅是在一个民族的记忆中，因民族间的文化交融，它的影响是极其广泛的存在于很多民族中，甚至人类的文化基因中，深刻认识它们才能接受它们，才能“和而不同”。

小结

从20世纪初开始的“文化战争”在西方已经持续了近百年，从里维斯（F.R Leavis）开始，到阿多诺提出文化工业，消弭了艺术的神圣与世俗的界限，而这种反对神圣文化低俗化、商业化的声音也一直存在，但是最终从早期的约翰·瑞斯（John Reith）开始，通过霍加尔（Richard Hoggart）和威廉斯（Raymond Williams）一生致力于倡导大众文化，瑞斯（John Reith）主张通过娱乐等公共服务式的方式把文化带进千家万户，然后来提高大众的文化素养，威廉斯提出文化的边界就意味着跨越，霍加尔始终倡导大众文化和精英文化的同等地位，现在看来他们的努力已经取得了很大的胜利（陈滢巧，2006）。[①] 取得文化权利的大众文化打破了原来的文化优劣论，冲开了用文化构筑起来的社会等级，并发挥了文化对社会各阶层的作用。如同文化研究的先驱法兰克福学派积极主张人的主观能动性，揭示了社会现象不仅仅受着经济环境决定，也受其他因素，比如价值观、宗教、习俗等文化因素的影响。正如藏族文化用品街的形成，因为很多神圣的界限被现代化的观念和实践打破，古老的社会等级也因此失去了意义，文化回归到创造他们的大众世界，并在新的环境中不断创新。新的社会中新的力量重新诞生，身份地位不断通过新的渠道重新获得，文化认同随着环境不断变化而不断被重构，并呈现多元化，这些并没有违背文化变迁的规律，而且正说明变迁即是文化本身的特征之一，是我们深刻认识文化的关键。

---

① 陈滢巧. 图解文化研究[M]. 台北：易博士文化，2006.

Abner通过研究Hausa人和Ibo人的文化变迁和文化认同，最后从这两个族群的发展总结了族群发展的两种情况：第一种是某一族群适应一个新社会，吸收其他族群的文化习俗并适应他们，或者发展新的风俗习惯，这些风俗习惯源自其他群体并与这些群体共享。第二种情况是：某族群适应一个新的社会现实，重新组织他们的民族风俗习惯，或者在其民族符号下发展新的风俗习惯，常常用其民族常规和意识形态去展现他们的现代社会状态下的区别特征（Abner Cohen，1974）。[①] 位于都市中心的藏文化用品街，是藏传佛教文化和藏文化在新的社会现实自然生成的一种新生存方式，他们发掘祖辈们创造的文化资源，世代形成的独特民族符号，开发出各种文化产品，开辟了独特的文化商品市场，既实现了文化价值向经济价值的转换，同时用新的方式、新的特征让民族文化在新时代背景要求下存续。

有学生问：老师，从电视电影、纪录片、新闻等媒介看到藏族文化那么传统有魅力，藏族人那么淳朴善良，但到藏文化街看到那些喇嘛也讨价还价，有些藏族人还不友好，他们做生意也把他们的文化变成商品了，人也商品化了，除了一些吃穿用品有民族特色，和城市里的人没什么区别，我们怎么看待这个问题？我告诉学生：他们在城市里做生意，他们是藏族人也是生意人，讨价还价是作为生意人的正常行为，他们住在城市里和学习成为城市人也是正常的需求，这些都是作为人们生存生活以及文化实践过程中正常的行为，从人性本质上、最深层次需求方面，他们和我们相比并没有那么特殊，只是环境改变，人也要随之改变，这是再简单不过的道理。各种媒体制作出来的印象是媒体行为或者是一种美学设计、广告宣传，或者是人们怀旧理想的表达，但并不完全就是他们的实际生活。

---

① Abner Cohen："Invisible" organisations ：some case studies. In Two-dimensional Man. Routledge & Kegan Paul，London.1974。

藏文化用品街并不代表藏族文化，它只是现代符号化消费社会中的一种文化适应，是现在藏族社会发展、文化变迁中的一个信号、一种趋势或一种特征。而且藏族文化也并不会停留在这样的商业状态中，正如上述所言文化是变迁的，而变迁不仅包括向外表达（文化商品化），也包括再内化的过程（文化创造、民族建构等）。正如约翰·史都瑞说：文化并不是一系列的客体或文本，而是一个创制（making）与化成（becoming）的动态过程，运用文化工业所提供的文化商品，以达到创制和化成的目的。消费者在一个必然异化的生产结构中，从异化（外化）的文化产品中，转换出一种塑造自身文化的潜力，也就是说，把外化到产品中的创造力重新加以挪用，再度内化成创制文化的能力与资源。[①] 因此，文化一直是一个过程，我们通过各种引导或干预，希望它们能躲避文化的“适应不良”，而具有正面的“化成”影响。

理解文化要从尊重文化的差异开始，并理解文化变迁，这种变迁总是反应在显性的物质文化方面 —— 民族文化用品，它们不仅是民族文化最重要的日常，也是民族文化变迁最基本的逻辑。

---

① 约翰·史都瑞、张君玫译：文化消费与日常生活[J]，台北：巨流，2001：xv。

文化并不是一系列的客体或文本，而是一个创制（making）与化成（becoming）的动态过程，运用文化工业所提供的文化商品，以达到创制和化成的目的。消费者在一个必然异化的生产结构中，从异化（外化）的文化产品中，转换出一种塑造自身文化的潜力，也就是说，把外化到产品中的创造力重新加以挪用，再度内化成创制文化的能力与资源。[①]（约翰·史都瑞，2001）

结　语

从文化自觉到文化再生产：一条民族文化用品街道的诞生

本研究以民族志的方式考察了一条位于城市中心商业街道的形成过程。从博士论文的写作到这本著作结尾的写作过程中，我的大脑中一直思考如何回答这条街道诞生的原因？又为什么会持续生存下来？不知道以后它还能不能继续存在？看似是一条贩售民族文化用品的商业街道，会因为不同的卖店主人、独特的文化用品而变得与众不同吗？宗教文化用品商品

① 约翰·史都瑞、张君玫译：文化消费与日常生活[M]. 台北：巨流，2001：xv。

化后与宗教如何发生关系呢？在城市中生活的这些藏族如何与自己的传统文化连接？虽然我的田野延续了很长一段时间，也访谈了很多人，但直到写作完成，也感觉没有完全找到答案，而心中的疑问却增加了不少。所以我的结论主要结合学者们对相关问题的研究和这几年的实地观察做出一些解释，而很多问题的回答还需要有一个时间验证和更深入的研究。

藏文化用品街的形成过程呈现出现代藏族社会变迁、民族经济发展的特征以及民族文化日常表达的新秩序，是一种富有时代特征的社会和文化现象。从街道的形成历史和街道上藏人的生存现状，我们可以发现藏族社会正在发生的变化，迭代人群的思想观念变化、新时代民族关系的变化等各种社会现状；从街道上售卖的藏文化用品的形式，我们可以感知宗教文化的发展、藏文化符号的魅力和生存智慧以及消费者需求、审美、情感等方面的新的表达方式，如果从更深一层去理解，这些现象的背后却包含着一种文化的生成机制，或者是一种传统的守护策略。

文化的概念有几百种，不同的视角有不同的解释，本书结合藏文化用品街的形成过程和现状，对文化的理解是：它是人类——作为天地万有物种之一存续下来的一种方式和结果，是人和自然之间关系的表达，无论是无形的价值信仰，还是有形的物态万象，在不同背景下有着不同的表达和呈现方式，或作为宗教形式，或作为艺术形式，甚至是现代的商品形式，然后通过实践又内化于价值观，即文化被人类不断地生产出来，即“对象化”（马克思，1844年经济学-哲学手稿），然后文化物品通过被消费的过程又不断地影响着人们的心理结构，如此周而复始完成文化的再生产、再创造，最后这种影响将波及社会、经济、政治或文化等，带来社会的不断变迁。

一、藏文化用品商品化：消费社会的一种文化智慧

成都藏文化用品街的诞生，微观层面涉及藏族社会内部社会的变革，宏观层面涉及全球化、世界消费主义和中国文化消费的崛起。

波德里亚研究“物”和“消费社会”时指出：传统的“物”（object-symbol）与人的关系是一种真实的使用和消耗，是用来满足需求的物品，而消费社会中的“物”已经脱离了它作为人们真实生活的一种内在连接，而变成了一种“符号”，是一种作为消费的“物符码”，它重要的价值在于标示社会身份。他说：“那被消费的并不是物，而是关系本身——它既被指涉又是缺席，既被包括又被排除——在用于显示它的物品系列中，那被消费的正是关系的理念本身”。[①]“物”可以作为一种与人沟通的象征工具，物品属于一个有生命的讯息系统。[②]

消费社会是西方世界提出的一个概念，无论是安·伯明翰（Ann Berminghanm）认为它是伴随资本主义形成过程而不断成长的，还是普兰姆（J.H Plunmb）、麦肯崔克（McKendrick）等认为它是18世纪英国发生了一场消费革命后而诞生的，总结学者们对于消费社会的讨论，认为一些前提条件是需要的。首先，消费社会是基于经济条件达到一定的程度，无论是麦肯崔克认为文化消费是一种“社会效仿”（McKendrick，1982），还是卡琳·坎包尔（Campbell，1983）所说的“浪漫主义”的文化实践，有一定的经济资本是前提条件。其次，社会的开放程度比较高，人们具有文化自觉意识，人口流动比较自由，才有条件识别文化所代表的意义和传达的信息。最后，一些必要的设备条件，比如各类科技水平足以支持人们

① 吴兴明. 简析波德里亚的“物”理论——关于物的理解与消费社会批判的一个简明讨论[J].雕塑，2012（2）：38–41.

② 约翰·史都瑞. 文化消费与日常生活[M]. 张君玫，译. 台北：巨流图书公司，2001：57.

的流动和信息的传播。在这些必要条件相对成熟的情况下，效仿行为才能够得以实现，文化消费建立起来的阶层壁垒具备跨越的基础条件。

关于文化消费的特征，学者们也形成了不同的观点，社会学家凡勃伦（Thorstein Bunde Veblen，1994）把文化消费定义为一种“炫耀性消费”，因为有钱有闲阶级的兴起，“炫耀性消费”成为他们标示成功、财富、权力的方式，这个“休闲阶层”逐渐主导了大众的消费观念，并认为在消费金字塔模型中，永远是社会下层或中层仿效金字塔顶端阶层。齐美尔也支持这样的社会仿效理论，但他认为社会上还有一股重要力量和仿效力量共同推动社会发展，即除了下层的模仿外，还有上层的创新，即他定义的“目的型”（Georg Simmel，1957）的阶层，他们通过不断的创新来制造与众不同、领导潮流、形成区隔。而布迪厄在阶层的形成中重点考察了文化消费和权力的关系，把文化消费看作“用来满足把社会差异正当化的社会功能”（Bourdieu，1984），消费制造了阶层的差异。

从藏文化用品街的实际情况来看，我们更加赞同玛丽·道格拉斯（Mary Douglas）和巴伦·艾雪伍德（Baron Isherwood）的观点：“物品属于一个有生命的讯息系统”，而其“消费的实践是一种‘联合生产’，与其他消费者共同创造了一个价值的体系……文化是一种‘仪式活动’，人们透过消费与其他消费者沟通，而这些文化消费的行为累积起来，就构成了文化的创造”①。费孝通先生也曾深入讨论过“文化的生与死”，传统与创新，文化有自己生存的根性和基因，是一个非常复杂的整体，一面之词很难解释文化的复杂性（费孝通，1988）。在藏文化用品街表现出的各种生产和消费，更加生动地呈现了一个多元的文化交流、沟通的过程，这个过程不是一个阶层的简单生成问题，也不是一种简单单向度顺应，其中

① 约翰·史都瑞. 文化消费与日常生活[M]. 张君玫，译. 台北：巨流图书公司，2001：59.

包含着效仿、创造，适应和反抗。藏文化在现代社会成为一种商品，一种消费品，是现代社会转型中文化生存一种策略、一种方式，是文化变迁过程中的一个时代性特征。

英国学者葛凯说，他在过去的25年里（从1986年）几乎走遍了中国的所有地方，亲眼见证了中国的诸多变革，关注了中国消费的崛起，也揭示了因消费而付出的代价，并完成了关于中国社会的两本著作《制造消费：消费文化与民族国家的创建》《中国消费的崛起》。在后一本书的封面上他写道："中国消费者对世界产生的影响，远比碳排放量、贸易争端更深刻！"今天中国的发展足以验证他的预测：中国消费者正在迅速地代替浪费的美国人，成为推动全球经济增长的引擎，但在这个过程中，中国也在剧烈地重塑世界的经济——而且这种重塑将无法逆转。[①] 20世纪80年代，中国的文化消费随着物质消费的萌芽被唤醒，年轻一代对于参与式、体验式的消费领域更感兴趣，现代教育、流行娱乐文化、观光旅游等消费领域不断扩展，从地域到内容不断地超越单一的发展方向。20世纪90年代以后，各种文化活动承载着社会各阶层的思想和理想，通过新的科技，新的表达方式传播到千家万户，消费主义转型升级，一场文化消费运动正在展开，20世纪以来"消费社会"的概念和意义正在影响着中国人的日常生活，这形成了藏文化用品街诞生的社会经济大背景。

青藏高原，作为"世界第三极"，有着极高的海拔、极端的气候、极珍奇的动植物，当然也积淀了极富特色的文化。神秘的藏传佛教文化和其他宗教文化一样，在宗教用品方面极其讲究，对各种贵金属有特殊的喜好，另外政教合一制度所带来的权力，为寺院积累财富提供了便利和制度保障，当然寺院也因此创造了独特的藏族文化艺术。所以在旧时代，寺院

① [英]葛凯. 中国消费的崛起[M]. 曹槟，译. 北京：中信出版社，2011：8.

及喇嘛的各类消费行为和习惯成为人们日常生活的向导，但因为等级制度的边界之隔，重要的文化用品包括唐卡、宗教器物等多在贵族和僧侣阶层中流动，大众极少拥有和使用这些宗教文化用品。到中华人民共和国成立后，政教合一制度被废除，随着改革开放，禁锢的思想被解放，尤其20世纪80年代藏区旅游开放，新事物、新观念、新技术在中华大地上开始蔓延，包括藏区。人们已经闻到了来自全世界的各种新气息，休闲娱乐、电视广播、新闻广告等等不断呈现他者的不同世界，现实的空间不断被虚拟和想象世界压缩，传统的生产生活方式在极短的时间里面临重重风险，人们为了获得新世界中改变身份的许可证，通过后天努力不断去获致新身份，然后改变现状或命运。所以藏区的内迁移民和千千万万的流动人口一样来到一个新的世界，而在突然变得陌生的世界里，他们发现自己的文化、自己的身份既是一种符号，也是现代社会里一种稀有资源，一种资本。从此，传统文化变成一种进行文化产品的再创造/再创作的资源，神圣的宗教文化拉开神秘的帷幕，被作为商品进行生产和消费。

文化商品化是大众文化发展的一个结果。以宗教文化为特色内容的藏文化商品化，是一个艰难而长期的奋斗过程，在多种力量的共同努力下，才获得今天的自由，包括自由的社会环境，先进的商业市场运营观念，科学的技术手段等，这些力量既有从上而下的引导，也有从下而上的自觉。

经济现代化给藏族社会生活带来了翻天覆地的变化，文化现代化却为藏族社会带来了思想的解放和自由。政府力量引导各种力量加大对藏区发展的投资，通过发展民族文化旅游丰富了简单粗放的生产方式，提高了生活收入，保护了农林牧场，留下了蓝天白云。鼓励农牧民改变生产方式，利用优势特色文化资源，使得文化商品生产合法化。一些早期接触了外面世界的藏族学生、商人、公职人员，把新思想、新技术带到家乡，让传统文化资源转变成文化资本，促进传统的唐卡艺人、佛像艺人转变成现代职业经理人、生产商甚至企业家，在文化消费的引领下也崛起了一批表演、歌舞等方面的民族艺术新秀，为藏文化走出家门、寺门，搭建了一座桥梁。消费者层面，藏区自身就是最大的市场，另外快速成长的藏传佛教信徒对宗教文化用品有大量需求，还有现代新型文化创作者，博大精深的民族文化是他们灵感的来源，他们既是消费者也是消费市场的创造者。“现代社会的经济秩序和文化表达系统正日趋发展趋同”[①]，这诸多社会消费的力量，让神秘的藏文化向商品转化成了可能。

二、文化再生产：文化自觉的力量

文化再生产的概念既有复杂的一面也有浅显易懂的一面，即文化再生产的物质层面和观念层面。很多学者都讨论过文化再生产，从马克思到布迪厄都对文化再生产和社会再生产有过深度的研究。国内学者则从另一条途径阐释了文化再生产，尤其结合中国传统文化发展的实践，讨论我国各地方的民俗风情、文化制品以及文化传统是怎样再生产的（高丙中、方李莉、麻国庆等）。本研究的文化再生产是从文化消费的角度理解，并赞同戴维·英格利斯（David Inglis）的观点：文化不是静态，而是一个动态的过程，不断和他们身边的物质世界发生关系，通过消费不断呈现、表达，而且消费并不是对物的被动适应，而是在消费的过程中不断地创造意义。如同薇克芮肯定了“文化消费对文化与意义的创造所做出的积极的贡献”（Amanda Vickery，1993）。而对于本书研究的藏文化的再生产，深刻地反映了民族文化自觉的力量，生产者和消费者的文化自觉，一起实现了文化的再生产。

① 多米尼克·鲍尔，艾伦·J.斯科特. 文化产业与文化生产[M]. 夏申，等译. 上海：上海财经大学出版社，2016：3.

如前所述，首先是中国社会向消费型社会的转型，带来的结果之一就是消费者的文化自觉。20世纪80年代后，人们经过一段文化被压抑的时代，在改革开放后对未来的憧憬和理想，对新生活的各种情感表达突然爆发出来，形成一股新的文化力量，乡愁、爱情、艺术、个性等主题成为时髦、有品位的消费，随之一些新富、新贵对这些文化的追求为中国创造了一个极大的文化消费市场，而媒体、网络科技的发展将这些文化理想转变成了现实。一种文化主题中混合了多民族的、世界的元素，地方性和全球化的混搭消费模式成为年轻人的价值偏好，这为民族文化的再生产创造了适宜的外部环境。

其次是藏族文化生产者的自觉。顺应正在变化的各种消费市场，文化自觉首先在藏区的旅游开发中进行了实践，曾经被人们遗忘的传统、记忆或文化活动，在各种力量的推动下被再造、再现出来，比如节日、服装、仪式等等各种文化符号，并且加入了消费者的喜好元素、时代的流行趋势进行创作，成为旅游观光客喜爱的纪念品。在这个过程中游客和当地人共同完成了文化的再造，并且经过一段时间，逐渐被当地人接受、认可，并相信那些就是他们自身所具有的传统。最终，文化再生产在“自上而下”的政策推进下和“自下而上”市场激发中得以实现。而这些经验和结果进一步加强了他们对于自己民族文化的思考，在商业化的社会中，本地的、民族的文化如何成为更有价值的文化资源，这些资源又如何为自己带来维生的经济收入。

商业自觉为文化自觉带来了一股强大的力量。一部分思想开放、具有一定经济资本、社会资本和文化资本的藏族人士，包括采访中从国家企事业单位走出来的藏商、从寺院还俗的喇嘛商人、在内地工作的藏族带出来的亲戚朋友、地方上崛起的一些个体户，以及已经成功的藏族企业家，认识到藏区、藏族文化独有的魅力，意识到文化可以带来财富，他们变成了现代藏族社会的“新富”，也成为新时代藏族文化符号意义的再生产者，藏文化潮流的引领者和传播者。他们见多识广，熟知藏族社会，并且有一定的影响（包括曾经的社会名流和现在的新贵），他们一方面尽力保卫传统，强调通过民族文化传统、情感认同以及地方精神来凝结原生力量；另一方面讨好市场，与消费者沟通，不断进行文化创新创造，来显示与众不同，制造一种稀有文化资源，形成藏文化用品街中无形的文化市场网络。

因此，如果解释藏文化用品街和其他商业街有什么不同，也许正是这种从内到外充满了的文化力量，既有强大的内部文化认同力量，也有柔韧的外部适应性创新力量。任何社会所发生的一切都取决于其技术向前的推进，以及其仪式体系向后的压力的共同影响，才会让社会维持一种平衡发展，如果我们总试图去消减仪式层面的力量，总会感觉到一种失衡带来的紧张和焦虑。

参考文献

1. [英]ABNER COHEN. “Invisible” organizations : some case studies. In Two–dimensional Man. Routledge & Kegan Paul，London.1974.

2. CALHOUN C. Social Theory and the Politics of Identity [C]. New York：John Wiley&Sons，1994：9–10.

3. [美]CHRISTIAN WELL. PATRICIA A. M C ANANY. Dimensions of Ritual Economy[C].UK：Emerald Group Publishing Limited，2008.

4. DAN SMYER YU. The Spread of Tibetan Buddhism in China[M]. London：Routledge，2012.

5. [英]JAMES HILTON. Lost Horizon[M].London：Pan Books Ltd.，1991.

6. MCKENDRICK，N. The Birth of a consumer Society[M]. London：Europa Publications，1982.

7. RIALL W.NOLAN. Development Anthropology：Encounters in the Real World[M]. Cambridge：Westview Press，2002.

8. ROVERT V. KEMPER. Urvan Anthropology in the 1990s：The State of its Practice[J]. Urban Anthropology，1991，20（3）.

9. ROBERT L. CARNEIRO. Herbert Spencer as an Anthropologist[J]. Journal of Libertarian Studies，1981（5）：171–210.

10. SIMMEL，S.The Metropolis and Mental Life[M]. New York：The Free Press，1964.

11. SHERRY B. ORTNER. Theory in Anthropology since in the Sixties[J]. Comparative Study of Society and Histor，1984，26（1）：126–166.

12. Vickery，A.Women and the world of Goods：A Lancashire Consumer and her Possessions[M]. London：Routledge，1993.

13. [美]爱德华·T.霍尔. 无声的语言[M].刘建荣，译.上海：上海人民出版社，1991.

14. [英]阿诺德·汤因比. 历史研究[M].刘北成，等译.上海：上海人民出版社，2005.

15. 安世兴. 寺院——历史上藏族文化的中心[J]. 民族研究，1991（3）：19–27.

16. [瑞典]奥维·洛夫格伦，乔纳森·弗雷克曼. 美好生活：中产阶级的生活史[M].北京：北京大学出版社，2011.

17. [英]爱德华·泰勒. 原始文化[M].连树声，译.桂林：广西师范大学出版社，2005.

18. [美]巴伯若·尼姆里·阿吉兹（AZIZ BARBARA N.）藏边人家：关于三代定日人的真实记述（*Tibetan Frontier Families*）[M]. 翟胜德，译.拉萨：西藏人民出版社，1987.

19. [法]布迪厄. 文化资本与社会炼金术[M].包亚明，译.上海：上海人民出版社，1997.

20. [英]常向群. 关系抑或礼尚往来？——江村互惠、社会支持网和社会创造的研究[M].毛明华，译.台北：Airiti Press Inc. 2010.

21. 陈滢巧. 图解文化研究[M].台北：易博士文化，2006.

22. 才让加. “藏传佛教寺院经济”正义[J].西南民族大学学报（人文社会

科学版），2007（3）：64–66.
23.[英]C. A. 格雷戈里. 礼物与商品[M].杜杉杉，等译.昆明：云南大学出版社，2001.
24.[美]麦坎内尔（DEAN MACCANNELL）. 旅游者：休闲阶层新论[M].张晓萍，等译.桂林：广西师范大学出版社，2008.
25.[美]道格拉斯·C. 诺思. 制度、制度变迁与经济绩效[M].杭行，译.上海：格致出版社，2014.
26. 丹珠昂奔. 藏区寺院的社会功能及其改造[J]. 中央民族学院学报（哲学社会科学版），1992（6）：39–43.
27. 多米尼克·鲍尔，艾伦·J. 斯科特. 文化产业与文化生产[M].夏申，等译.上海：上海财经大学出版社，2016.
28.[英]DAVID HESMONDHALGH.文化产业[M].廖珮君，译.台北：韦伯文化国际出版有限公司，2006.
29. 东·华尔丹. 从西藏与周边地区的沟通看藏族文化变迁[J]. 宁夏社会科学，2008（6）.
30. 丹珠昂本. 丹珠文存[M].北京：中央民族大学出版社，2013.
31.[英]戴维斯：交换[M].敖军，译.台北：桂冠图书公司，1998.
32. 迪克斯. 被展示的文化：当代"可参与性"的生产[M].冯悦，译.北京：北京大学出版社，2012.
33. 窦存芳. 文化的生命与力量：费孝通的文化见解[J]. 贵州民族研究，2010（6）：24–28.
34. 费孝通. 民族研究文集[M].北京：民族出版社，1988.
35. 费孝通. 文化的生与死[M].上海：上海人民出版社，2009.
36. 费孝通. 反思·对话·文化自觉[J].北京大学学报（哲学社会科学版），1997（3）：15–23.

37. 方李莉. 从艺术人类学视角看西部人文资源与西部民间文化的再生产[J]. 民族艺术.2006（1）：6–17，80.
38. [美]凡勃伦. 有闲阶级论[M]. 北京：商务印书馆，2004.
39. [法]古斯塔夫・勒庞. 乌合之众[M]. 北京：新世界出版社，2010.
40. 格桑塔杰. 解放前后西藏商品经济发展之比较[J]. 西藏研究，1991（2）：62–67.
41. 耿昇，何高济，译. 柏朗嘉宾蒙古行纪・鲁布鲁克东行纪[M]. 北京：中华书局，1985.
42. [英]葛凯. 中国消费的崛起[M]. 曹槟，译. 北京：中信出版社，2011.
43. 高丙中. 对节日民俗复兴的文化自觉与社会再生产[J]. 江西社会科学，2006（2）：7–11.
44. 黄建国. 雄鹰在新世纪的风云中翱翔 —— 西藏文化产业发展论[J]. 西藏文学，2002（6）：82–84.
45. 何景熙. 简论藏族聚居区可持续发展与产业结构调整导向[J]. 中国人口・资源与环境，1995（3）：35–39.
46. 哈罗德・伊罗生. 群氓之族：群体认同与政治变迁[M]. 邓伯宸，译. 桂林：广西师范大学出版社，2008.
47. [英]JOHN TOMLINSON. 最新文化全球化[M]. 陈惠慈，等译. 台北：韦伯文化国际出版有限公司，2005.
48. [英]卡尔・波兰尼. 大转型：我们时代的政治与经济起源[M]. 杭州：浙江人民出版社，2007.
49. [美]克利福德，马库斯. 写文化[M]. 北京：商务印书馆，2006.
50. [美]克利福德・格尔茨. 文化的解释[M]. 纳日碧力戈，等译. 上海：上海人民出版社，1999.
51. [美]科塔克. 文化人类学[M]. 徐雨村，译. 台北：巨流图书公司，2009.

52. [美]克莱德·M.伍兹.文化变迁[M].何瑞福，译.石家庄：河北人民出版社，1989.
53. 良警宇.牛街——一个城市回族社区的变迁[M].北京：中央民族大学出版社，2000.
54. 李柏文.中国少数民族地区旅游业发展30年：业绩、经验及趋势[J].广西大学学报（哲学社会科学版），2009，31（6）：10–16.
55. 李培林.村落的终结——羊城村的故事[M].北京：商务印书馆，2004.
56. [英]雷蒙德·威廉姆斯.文化与社会[M].北京：北京大学出版社，1991.
57. 刘晓蓉.文化产业发展成文化创意产业之特性研究[D].广州：中山大学，2006.
58. LUKE ERIC LASSITER.欢迎光临人类学[M].郭祯麟，等译.新北：群学出版有限公司，2010.
59. 陆学艺.当代中国社会阶层研究报告[M].北京：社会科学文献出版社，2002.
60. 陆扬，王毅.文化研究导论[M].上海：复旦大学出版社，2015.
61. [美]罗伯特·莱顿.他者的眼光：人类学理论入门[M].蒙养山人，译.北京：华夏出版社，2005.
62. [德]李峻石.何故为敌：族群与宗教冲突论纲[M].吴秀杰，译.北京：社会科学文献出版社，2017.
63. [美]罗伯特·C.尤林.理解文化：从人类学和社会理论视角[M].何国强，译.北京：北京大学出版社，2005.
64. 刘凯：马克思·韦伯：宗教经济伦理思想产生的背景探究[J].云南大学学报，2013，12（2）：71–75.
65. 罗桑开珠.论藏族饮茶习俗的形成及其特点[J].中央民族大学学报（哲

学社会科学版），2011（3）：85–90.
66.[美]迈克尔·赫茨菲尔德.人类学[M].刘珩，译.北京：华夏出版社，2009.
67.[美]马歇尔·萨林斯.石器时代经济学[M].张经纬，等译.北京：生活·读书·新知三联书店，2009.
68.麻国庆.全球化：文化的生产与文化认同——族群、地方社会与跨国文化圈[J].北京大学学报（哲学社会科学版），2000，37（4）：152–161.
69.[美]MELFORD E.SPIRO.佛教与社会[M].香光书乡编译组，译.嘉义：香光书乡，2007.
70.[法]莫里斯·郭德烈.人类社会的根基：人类学的重构[M].刘宏涛，等译.北京：社会科学出版社，2011.
71.[英]布罗尼斯拉夫·马林诺夫斯基.科学的文化理论[M].黄剑波，等译.北京：中央民族大学出版社，1999.
72.[英]布罗尼斯拉夫·马林诺夫斯基.西太平洋上的航海者[M].张云江，译.北京：中国社会科学出版社，2009.
73.[英]布罗尼斯拉夫·马林诺夫斯基.西太平洋上的航海者[M].梁永佳，等译.北京：华夏出版社，2001.
74.[德]马克思·韦伯.新教伦理与资本主义精神[M].彭强，黄晓京，译.西安：陕西师范大学出版社，2002.
75.[美]梅瑞迪斯·高尔，乔伊斯·高尔，等.教育研究方法[M].徐文彬，等译.北京：北京大学出版社，2016.
76.马丽华.藏东红山脉[M].北京：中国社会科学出版社，2002.
77.[美]曼纽尔·卡斯特.认同的力量[M].曹荣湘，译.北京：社会科学文献出版社，2006.

78. [法]莫斯. 礼物：旧社会中交换的形式与功能[M]. 汪珍宜，等译. 台北：远流出版公司，1989.
79. [美]NELSON GRABURN. 人类学与旅游时代[M]. 赵红梅，译. 桂林：广西师范大学出版社，2007.
80. [法]让·波德里亚. 消费社会[M]. 刘成福，等译. 南京：南京大学出版社，2000.
81. 迈克·费瑟斯通. 消费文化与后现代主义[M]. 刘精明，译. 北京：译林出版社，2000.
82. [美]乔纳森·弗里德曼. 文化认同与全球性过程[M]. 郭健如，译. 北京：商务印书馆，2003.
83. 恰白·次旦平措，诺章·吴坚，平措次仁. 西藏通史简编[M]. 北京：五洲传播出版社，2000.
84. 任乃强. 任乃强藏学文集[M]. 北京：中国藏学出版社，2009.
85. 任乃强. 康藏史地大纲[M]. 拉萨：西藏古籍出版社，2000.
86. 莎拉·贝克韦尔. 存在主义咖啡馆[M]. 沈敏一，译. 北京：北京联合出版公司，2018.
87. 石硕. 历史上藏人向中原地区的流动及与西藏社会发展的关联[J]. 中国藏学，2012（2）：33–39.
88. 温军. 西藏现代化新战略[J]. 西藏研究，2001（2）85–91：.
89. 素德·文卡特斯. 城中城. 上海：上海人民出版社，2016.
90. 瓦特·本雅明. 机械复制时代的艺术作品[M]. 王才勇，译. 北京：中国城市出版社，2002.
91. 吴兴明. 简析波德里亚的“物”理论——关于物的理解与消费社会批判的一个简明讨论[J]. 雕塑，2012（2）：38–41.
92. 吴从众. 试论西藏封建农奴制的形成、发展和解体[J]. 西北民族研究，

1993（2）：173–191.
93. 王希恩. 中国民族识别的依据[J]. 民族研究，2010（5）：1–15.
94. 王玉平. 浅谈西藏封建农奴制[J]. 民族学研究第八辑，1986（5）：194–210.
95. 王立桩. 西南民族学院选址及管理模式决策过程考释[J]. 西南民族大学学报（人文社会科学版），2012（8）：195–199.
96. 王永耀. 拉萨有座假日酒店[J]. 国际人才交流，1992（3）：10–12.
97. [加]韦德・戴维斯. 生命的寻路人：古老智慧对现代生命困境的回应[M]. 高伟豪，译. 北京：北京联合出版公司，2014.
98. 项飚. 跨越边界的社区[M]. 北京：生活・读书・新知三联出版社，2000.
99. 谢世忠. 族群人类学的宏观探索：台湾原住民论集[M]. 台北：台大出版中心，2004.
100. 谢世忠. 山胞观光：当代山地文化展现的人类学诠释[M]. 台北：自立晚报，1994.
101. [法]谢和耐. 中国5—10世纪的寺院经济[M]. 耿昇，译. 上海：上海古籍出版社，2004.
102. [美]杨庆堃. 中国社会的宗教[M]. 范丽珠，译. 上海：上海人民出版社，2006.
103. 阎云翔. 礼物的流动：一个中国村庄中的互惠原则与社会网络[M]. 李放春，等译. 上海：上海人民出版社，2000.
104. 杨美惠. 礼物、关系学与国家：中国人际关系与主体性建构[M]. 赵旭东，等译. 南京：江苏人民出版社，2009.
105. [美]约瑟夫・派恩，詹姆斯・吉尔摩. 体验经济时代[M]. 夏业良，等译. 台北：经济新潮社，2008.

106. 袁庭栋. 成都街巷志[M]. 成都：四川教育出版社，2010.
107. [英]约翰·史都瑞. 文化消费与日常生活[M]. 张君玫，译. 台北：巨流图书股份有限公司，2009.
108. 意娜. 佛塔[M]. 西宁：青海人民出版社，2015.
109. 杨海潮. 茶文化初传藏区的时间与空间之语言学考证[J]. 青海民族研究，2010，21（3）：111-115.
110. [美]张鹂. 城市里的陌生人：中国流动人口的空间、权力与社会网络的重构[M]. 袁长庚，译. 南京：江苏人民出版社，2014.
111. 周晓红. 人类学跨文化比较研究与方法[M]. 昆明：云南大学出版社，2009.